藝術家

基督救恩史與視覺預表論
《貧窮人聖經》古帙探幽

羊文漪
———
著

前言

　　1950年前後著名藝術史期刊*The Art Bulletin*上，刊載關於西斯汀小教堂天庭壁畫的一場論戰。兩位作者一位是牛津大學藝術史教授溫德（Edgar Wind, 1900-1971），一位是方將崛起的美國學者哈特（Frederick Hartt, 1914-1991），兩人對於西斯汀天庭壁畫上放眼望去無以數計的《舊約》圖像閱讀，跟預表論神學（typology）的運用有著不同地見解；而且不約而同援引根據預表論神學編纂完成的古帙《貧窮人聖經》（*Biblia pauperum*）。這是10多年前，筆者初次接觸基督教預表論以及《貧窮人聖經》的事，也是催生本書的緣起。

　　最早流通於德、奧多瑙河流域兩岸修道院間，後遍及至荷、比、法等地的《貧窮人聖經》，原本屬於中、初階修道院修士研讀基督神學的基礎性讀物，因而有「中世紀第一本預表論神學教科書」（the first medieval textbook of typology）之稱，無疑對中世紀盛期至文藝復興初期，耶穌基督救恩神學知識的再製作與傳遞有一定的貢獻，這可從《貧窮人聖經》今傳世近60帙手抄繪本、近200本善本古書略見一斑。然，《貧窮人聖經》並不同於傳統《聖經》彩繪慣見的再現樣式，它擁有一種共時並置的獨特表現形式樣態，將《舊約》與《新約》文本並陳托出，十分稀奇。晚近20年西方學界稱之為視覺預表論（visual typology）圖像，取其《舊約》圖像預告《新約》耶穌福音圖像，後者應驗前者的思維原理之意。此一含帶秘契色彩與論述旨趣的表達方式，建立在基督中心論（Christocentrism）的標的上，儼然不同於一般再現式的傳統基督教圖像，而其淵源襲自於基督教早期教父接合《舊約》與《新約》的解經釋經傳統，此為其最顯著特色所在。

　　基督教的視覺預表論圖像，其實在早期基督教藝術時業已零星單獨出現；鼎盛時則採整合系統化的樣式呈現，時值11至14世紀之際。《貧窮人聖經》跟稍早成書歸法國皇室所有的《道德化聖經》（*Bible moralisée*，13世紀初）、以及同期稍晚

撰就成書之《救贖之鏡》（*Speculum humanae salvationis*，1309-1324），譽稱為中世紀3大預表論神學著作，便屬此時期最著名的代表作。它們共同分享耶穌基督道成肉身一生救恩史的宣講，而且是以視覺圖像為優先，闡説性文字為輔。

　　本書以奧地利聖弗里安修道院圖書館（St. Florian, Stiftsbibliothek）所藏編號cod. III 207的《貧窮人聖經》為考察對象。該卷帙完成於1310年前後，為今已知最早的一本古典卷帙。在繪製上，人物造形修長纖細，線條流暢嫻熟，一氣呵成，以中世紀哥特式風格完成，也是今傳世古帙中名列前茅者。全書蒐羅耶穌生平代表性事蹟，共計34則。在每一則單元上，圖文共陳，計含7圖9文，十分多樣也琳瑯滿目，包括一幅耶穌生平主圖居中央環圈裡，左右搭配各1幅《舊約》敘事圖，環圈四角工整安頓各1先知半身圖，以及他們手邊每人各持著1則取自《舊約》的引言。除此外，各單元中也收錄2則頌經文、3則短詩句，出自編纂者之手，它們齊聚一堂，娓娓道來，共同闡説耶穌基督受難犧牲拯救世人的救恩史，相當程度回映了中世紀盛期，基督教經院哲學系統神學的崛起，以及運用視覺圖像做為訊息傳遞載體發展的與日俱增。

　　進一步看，聖弗里安《貧窮人聖經》全書包括《舊約》126文本、68敘事圖及人像、《新約》34敘事圖，咸精心萃取自跨新、舊兩約的精華片段，因而規格上，頗有濃縮版微型簡明聖經的架式，故今亦稱為「圖解聖經」（picture Bible），成為西歐中世紀視覺文化上一珍貴的歷史古文獻，其來有自。

　　本書針對聖弗里安《貧窮人聖經》的探幽考察，主要在兩方面：一是就其拉丁文的3類9文本進行中譯及評述，一是就耶穌生平系列敘事圖像，如何在基督教預表論神學機制下，跟冊頁其他圖文元素共構相融，進而宣講勾勒耶穌福音救恩史，此

為本書兩個主要關照面向。而此一知識再生產跟視覺技術的製程，在聖弗里安繪本古帙中，無疑因圖文的並置，彼此環環扣合，有著完整的呈現。期待本書拋磚引玉催生未來研究，對基督教浩瀚知識建構，有一初步開啟之用。

　　不應遺漏，最後需做提及的是，本書內容取自筆者過去就聖弗里安《貧窮人聖經》所撰4篇論文。現經彙整潤飾結集做完整呈現，內容結構沿襲前文，有耶穌童年時期（8則單元）、領洗宣教時期（5則）、受難犧牲時期（13則），與復活升天時期（8則）等4區塊鋪設，收錄於本書第二章繪本篇下。在本書啟首第一章上，則增列4節次的論述篇，綜理有關基督教預表論神學的源起、特質功能、運用範疇、轉向發展、與基督生平視覺圖像等主題擇要內容，說明其梗概原委。以附錄方式，在本書書尾，另收納一篇有關視覺預表論概論性文章，先前也曾發表，將基督教視覺藝術自早期至文藝復興盛期發展做一扼要梳爬，以提供跨時代史觀輪廓，相信有所助益。

　　在撰寫及刊印本書期間，筆者曾獲多方協助：任教大學及所屬書畫藝術學系造形碩士班提供研究教學良好的環境、聖弗里安修道院圖書館給予古帙研讀機會、以及圖檔跟出版使用權的授予，尤其Dr. Friedrich Buchmayr主任全力支援，而維也納國家圖書館給予無償使用及刊印該館藏圖檔，在此須特別提及。除此外，在資料收集跟文稿修潤校閱上，後博士生黃慕怡、史辰蘭、研究生林政昆、蔡承芳、陳昱廷等人從旁協助。還有外子郭克，以及此次藝術家出版社繼前《米開朗基羅與教宗的黃金時代：十面金銅圓牌研究》一書，再次慨允刊印發行，在此一併表達誠摯謝意。

目錄

圖版清單

聖弗里安《貧窮人聖經》冊頁

附錄圖版清單

- 圖1、朱尼斯巴索斯（The Sarcophagus of Junius Bassus）棺槨，359年，高浮雕，1.2×2.4m（正面），Storico del Capitolino di San Pietro, Rome收藏 ©TPGimages
- 圖2、『聖母與聖子』，3世紀初，壁畫，羅馬普奇莉亞地下墓窟（Catacomb of Priscilla, Rom）©TPGimages
- 圖3、義大利拉維納聖維托（San Vitale, Ravenna）教堂後殿祭壇及左右牆面鑲嵌畫 ©TPGimages
- 圖4、『亞伯拉罕設宴天使』與『亞伯拉罕獻子圖』，540-547年，鑲嵌畫，拉維納聖維托（San Vitale, Ravenna）教堂祭壇北牆 ©TPGimages
- 圖5、『亞伯與麥基洗德的祭獻』，540-547年，鑲嵌畫，拉維納聖維托（San Vitale, Ravenna）教堂祭壇南牆 ©jozef sedmak /Alamy Stock Photo
- 圖6、尼可拉凡爾登（Nicholas of Verdun），『凡爾登祭壇畫』（Verdun Alter），1181年，鍍金琺瑯，30.5×23cm（51塊），維也納北郊克羅斯騰堡修道院（Klosterneuburg Monastery, Klosterneuburg）©TPGimages
- 圖7、尼可拉凡爾登（Nicholas of Verdun），『亞伯拉罕獻子圖』（上）、『十字架受難耶穌圖』（中）、『木竿上的葡萄』（下），1181年，30.5×23cm（3塊），『凡爾登祭壇畫』（細部），維也納北郊克羅斯騰堡修道院（Klosterneuburg Monastery, Klosterneuburg）©INTERFOTO/Alamy Stock Photo
- 圖8、《道德化聖經》（Bible moralisée）『雅各的天梯』（上）與『使徒約翰入神圖』（下），約1248-69年，手抄彩繪，法皇家委製，維也納國家圖書館藏（Codex 1191, fol.12）© Österreichische Nationalbibliothek
- 圖9、安德烈（Andrea di Bonaiuto），『聖靈降臨』（上）與『阿奎那登基圖』（下），1365-68年間，西牆壁畫，佛羅倫斯新聖母教堂西班牙小教堂（Spanish Chapel, Santa Maria Novella, Florence）©TPGimages
- 圖10、安德烈（Andrea di Bonaiuto），『阿奎那登基圖』，1365-68年間，西牆壁畫，佛羅倫斯新聖母教堂西班牙小教堂（Spanish Chapel, Santa Maria Novella, Florence）©TPGimages
- 圖11、喬托（Giotto di Bondone），『聖殤』及『約拿吞入鯨腹』（左側），1304-13年，壁畫，斯克洛維尼亞小教堂（Cappella Scrovegni, Padua）©Archivi Alinari, Firenze
- 圖12、唐納太羅（Donato di Niccolò di Betto Bardi），『大衛』像，1440-1460，銅雕，158cm，佛羅倫斯巴傑羅美術館藏（Museo Nazionale del Bargello, Florence）©Raffaello Bencini/Alinari Archives, Firenze

論述篇[1]
（代緒論）

　　本書關注對象為1310年後成書，奧地利林茲近郊聖弗里安修道院珍藏的《貧窮人聖經》古帙手抄繪本。該古帙冊頁在圖文設置上，運用中央1幅耶穌生平系列代表性敘事圖為主要核心基底，左右兩側配置2幅《舊約》敘事圖、4則《舊約》先知半身像及出自其書卷摘引文來做見證，進而宣講耶穌生平系列底蘊中的基督救恩神學，且循照基督教傳統「預表論神學」的機制布局。以下本緒論將從4方面做介述：一、何謂基督教預表論神學？二、視覺預表論的源起與發展，三、視覺預表論的轉向與類比學，四、善用視覺圖像與耶穌生平圖像等，分別針對基督教預表論神學、視覺預表論及其發展、以及操作技術模組上樣式以及轉向，提供扼要資訊。同時，本緒論也在基督教善用視覺圖像的文獻層面上勾勒一二，期望利於讀者閱讀聖弗里安《貧窮人聖經》古帙及本書後續評析。

一、何謂基督教預表論神學？

　　2005年《聖化的視域：早期基督教聖經詮釋導論》（*Sanctified Vision: An Introduction to Early Christian Interpretation of the Bible*）一書中，兩位作者John J. O'Keefe & R. R. Reno，指出了基督教早期教父將《舊約》融入《新約》的工程浩大，而當中「最重要的詮釋策略」正是預表論神學。他們說道，預表論神學：

> 讓他們[指早期釋經者，筆者按]循此發展出一套整合新約與舊約的閱讀方式，並指出一條道路，讓基督徒的實踐與經驗，環繞在耶穌基督身上，以及聖經全書整體的結構系統裡。預表論神學詮釋，十分正確地在基督教早期被視為最重要的詮釋策略。若非預表論，很難想像，基督教早期教父神學，跟定義及支撐它的基督教正統觀，得以存在[2]。（O'Keefe & Reno, 2005, 69）

1　為因應本書的出版編排與閱讀便捷，筆者將之前4篇已發表論文，相關論述部份，挪前集中至此，特此說明。該4篇論文資料見後參考書目。

2　摘引原文如下："It allowed them to develop a unified reading of the Old and New Testament, as well as provided a means to bring Christian practice and experience into the structured economy of the scripture, all drawing upon the central figure of Christ. For this reason, typological interpretation is rightly viewed as the most important interpretative strategy of Early Christianity. Without typology it is difficult to imagine patristic theology and the concept of Christian orthodoxy it defined and supported as existing at all." 參見O'Keefe & Reno (2005), 69。

由上知悉，預表論作為一種閱讀聖經的解經方法論，緊密關係著基督教早期教父時期的論述。除了《舊約》與《新約》的整合之外，對於基督教正統教義的提出，如「聖三論」、「救恩史」、「彌賽亞觀」、「原罪論」等，咸有著舉足輕重的貢獻。

　　從傳統認知上看，聖經被視為是在天主聖言與在聖靈充滿下所完成。從實務技術面上看，希伯來人《塔納赫》於西元前2世紀前撰就，亦即後稱的《舊約》聖經，它如何與西元後1至4世紀所成書的《新約》合為一體，無疑是一項艱鉅工程。基督教早期東西方教父與神學家，就此不遺餘力地投入與鑽研不懈，成果豐碩有目共睹。而如上文所述，預表論神學觀點的運用為其主要操作工具之一。

　　根據20世紀中葉著名文學理論家奧爾巴（Erich Auerbach, 1892-1957）所做的最早闡說，預表論聚焦在《舊約》跟《新約》相互指涉的關係上：「前者不單示意自身，也示意後者；後者包含前者，或使之應驗[3]。」《舊約》中所記載的人、事、物，被視為是原型（type）；《新約》所記載有關耶穌生平救恩事蹟，則為其「對範」（anti-type）。原型與對範、《舊約》與《新約》，它們自然天成，如鑄造相生相成。這即是說，《舊約》所載的對象物，為《新約》的前身（prefiguration）、預告以及影子（foreshadow）。耶穌道成肉身降臨，是出自於前身《舊約》的預告、影子的實現，以及具體化的結果而來。「新約隱於舊約，舊約顯於新約。」（Novum Testamentum in Vetere latet, et in Novo Vetus patet）如西方哲人、也是基督教早期教父之一的奧古斯丁（Augustine of Hippo, 354-430）所說，即見證新、舊兩約密不可分的共生結構，最晚在西元4、5世紀之際即已抵定完成。

　　今眾所周知的詮釋學，源自基督教針對聖經的解經詮釋。「解經四義」（the four senses of Scripture）做為閱讀聖經標準技術與方法論，同樣也是在奧古斯丁之前，大抵建制完成的。根據「解經四義」的認知，《舊約》包括字面、道德、寓意、末世等四層意義[4]。而預表論觀點，則屬於寓意項下的一個支脈。它所關注的對象十分聚焦，單單在《舊約》與《新約》兩者之間的互涉，意即預表意義的生成。前

3　摘引原文如下：…the first signigies not only itself but also the second, while the second involves or fulfills the first. 參見 Auerbach（1984），53。
4　聖經出自天主之言，句句皆有所指，為早期教父從事解經索其真義起點。當代學者Gerard E. Caspary探討俄利根舊約詮釋方法論時，總結4種含意：字面身體含意（律法與歷史的）詮釋、寓意含意（基督與教會的）詮釋、喻說性詮釋（tropological），以及密契或末世（anagogical, eschatological）詮釋。另4世紀聖卡西恩（Saint John Cassian, ca. 360–435）整合歸納兩種：歷史詮釋及精神含意，後者精神含意項下再分：道德喻說含意（tropological）、寓意含意（allegorical）、神祕含意（anagogical）三種；此與中古著名「聖經四義」（the four senses of Scripture）內容接近。參見Gerard E. Casiday（2007），244。

引的文學理論家奧爾巴即說，通過「預表論神學的詮釋，改變以色列民族有關律法與歷史的舊約，成為一系列有關耶穌基督的預表以及有關耶穌的救贖觀……。」（...the figural interpretation changed the Old Testament from a book of laws and history of the people of Israel into a series of figures of Christ and the Redemption...）（Auerbach, 1984, 52）

《舊約》經文為《新約》所用，需要經過去脈絡化以及再脈絡化的程序，方得以嵌入《新約》耶穌救恩史福音中。相關案例夥眾，例如今藏劍橋大學聖體學院圖書館《詩詠畫家》（Pictor in Carmine）手抄書卷，完成於約12世紀末的預表論神學高峰期，收錄《新約》對範138則，搭配《舊約》原型508則案例。其中如關涉《新約》「天使報佳音」這段經過，便有21則《舊約》原型文本的配對；或是「耶穌十字架刑」，也有17則的《舊約》原型前身。（Rigg, 1992, 129; Wirth, 2006）然而，比較著名的案例則應如在〈創世記〉中，耶和華對蛇蠍所做的詛咒，它是針對「耶穌誕生」以及「最後勝利」的預告。再如摩西帶領族人橫越紅海，便為預表耶穌基督的聖洗禮典章。而雅各避走他鄉逃脫兄長們的報復，也預表聖家族前往埃及，避開希律王對於幼兒的殺戮。再或是大衛斬砍歌利亞首級，歸返時受到族人們歡迎，則預告耶穌凱旋勝利進入耶路撒冷聖城。約瑟為兄長出賣，亦預表耶穌為猶大所賣。挪亞裸裎為二子訕笑，預告耶穌遭獄卒嘲弄。還有約拿被投入鯨魚肚腹三日，預告耶穌入殮與復活。再又大力士參孫徒手扳開獅口，預告耶穌下煉獄。而以利亞火輪車升天，預告耶穌復活升天等等，以上這些《舊約》經文記載，經原脈絡的淡化，形成為前身、影子，一如編碼般，成為"耶穌基督的預表以及有關耶穌的救贖觀"。

上面引據案例，出自基督教早期教父解經成果中，幾個廣為周知的抽樣案例。在本書探討的聖弗里安《貧窮人聖經》古帙中，它們兩兩成為一組，以視覺圖像並置的方式出現；耶穌生平代表性的事蹟圖，從視覺再現模組轉軌為有關基督救恩神學的表述，主要便建立在「基督中心論」之標的上，亦通過預表論神學的橋樑而完成。

有關預表論歷史任務及其運用，簡述如上。以下就其源起接著做一概括。

2011年，哈佛著名中世紀手抄繪本學者漢柏格（Jeffrey F. Hamburger, 1957-），在討論稍晚於《貧窮人聖經》，以及同樣以預表論神學編纂成書的《救贖之鏡》（Speculum humanae salvationis, 1309-1324）繪本時說道，預表論神學

是「一種回顧性的閱讀模組，在舊約事件中，看到有關耶穌基督生平預告的影子、含訊號的片段。」（A retrospective mode of reading that sees in Old Testament events the prophetic foreshowing of signal moments in the life of Christ. Hamburger, 2012, 73）

上引文中，學者漢柏格一針見血，饒富新意地從"回顧性的閱讀模組"以及"看到"的角度，來描述預表論的操作。循此路徑，我們能不意外地發現，耶穌是第一個進行"回顧性的閱讀"，及在《舊約》篇章中，"看到……含訊息的片段"的主體。在《新約》〈馬太福音〉12章29節上，作者摘引一句耶穌說的話：「約拿三日三夜在大魚肚腹中，人子也要這樣三日三夜在地裏面[5]。」（馬太12：39-40）在〈羅馬書〉中，舉足輕重的使徒保羅也提到，一般公認為預表論思維的第一個案例：「亞當是那以後要來的人的預像。」（羅馬5：14）這裡中文翻譯的"預像"，原文是希臘文typos（τύπος），亦type，原型之意；"那以後要來的人"，指的自是耶穌基督。在四大福音中，另一個著名案例是：「摩西在曠野怎樣舉蛇，人子也必須照樣被舉起來。」（約翰3：14）（Goppelt, 1982, 5）出自《舊約》〈民數記〉21章4節的這段經文，為〈約翰福音〉作者引據對象，後也成為原型，預告「耶穌十字架刑」或其後的「復活升天」。

繼《新約》作者之後，基督教早期教父，如殉道者游斯丁（Justin the Martyr, 103-165）、俄利根（Origen, c. 185-254）、聖安博（Saint Ambrose, c. 337-397）、奧古斯丁等神學家，系統化也專業化地"在舊約事件中，看到有關耶穌基督生平預告的影子、含訊號的片段"，進而奮力疾書，為預表論神學體系打下堅固基礎。然如法國著名學者丹尼勒（Jean Danielou, 1905-74），在《從影子到現實：早期教父對聖經預表論的研究》（*From Shadows To Reality Studies In The Biblical Typology Of The Fathers*）一書所寫，基督教早期這一波釋經書寫的浪潮，主要也跟異端與「文化它者」的爭辯有關，如當時的諾斯底派、摩尼派，以及猶太學者等不同觀點的提出。身為耶穌會修士，後職任主教的丹尼勒於1972年成為法蘭西學院成員。該書1950年出版，1960年英譯發行，為一開創性探討，之後學者經常引用，為預表論神學源起的時代背景也稍做提示。

5　本書聖經摘引文，未特別註記，咸以和合版中譯本為準。

除此之外，上引哈佛藝術史學者漢柏格，稍早在2004年《心眼：中世紀西方藝術及神學的爭論》(*The Mind's Eye. Art and Theological Argument in the Middle West*)一書前言中，也語重心長地指出，今天基督教神學在當代的沒落，頗有遭到誤解之嘆。他說神學在中世紀人文七藝中居首席，佔有支配性的地位；然而來到當代，卻面臨一連串，尤其是後結構主義學者跟哲學家們的抨擊，如薩依德、羅蘭巴特、德里達等人的評議，十分遺憾。(Hamburger, 2004, 3) 依筆者淺見，時代更迭，歷史命題流轉，反倒是視覺性的藝術創作，如《貧窮人聖經》古帙一書所示，做為映照基督教神學成果的歷史見證物，能以古鑑今，說明了本研究涉入探幽的必要。

二、視覺預表論的源起與發展

基督教的視覺藝術，以再現天主聖言與基督救世福音為首要課題，早期屬於預表論的《舊約》圖像，在羅馬地窖墓穴壁畫與棺槨浮雕上最早出現。約在3、4世紀之際，如有『挪亞方舟』、『亞伯拉罕獻子』、『火窯3少年』以及『約拿復活』等題材的創作。它們具有「互文以及預表」(intertextual and typological) 的質性，如早期基督教藝術史學者Robin M. Jensen在《編纂敘事故事：早期基督教視覺藝術中的視覺策略》(*Compiling Narratives: The Visual Strategies of Early Christian Visual Art*)書中說到；(Jensen, 2015, 25) 而其旨趣即在架設與針對「耶穌基督、教會、或是聖事儀禮的預告」。(prefiguration of Christ, the church, or the Christian sacraments) (Jensen, 2000, 78; Nees, 2002)

對於這一組非直接再現聖經經文的創作，之前西方學術界稱之為「預表論系列」(typological cycles) (Sears, 1996, Vol. 31, 501) 創作，因其「主動建構解經意涵，而非被動再現它」(actively constructed exegetical meaning, rather than passively representing it. Hughes, 2006, 180)。另外也有「視覺解經圖像」(visual exegesis) 之稱；(Melion, Clifton & Weemans, 2014) 或如晚近漸次通行的「視覺預表論圖像」(visual typology) (Hughes, 2001) 一詞，它們最大共同特色，在於基督中心論的闡揚，亦涉入基督救恩史的神學議題，以內容意義為重點取向所在，跟傳統藝術史取徑—如風格學、形式主義、造形心理學、研究圖像流變的圖像學等—未必一致，在此需做一強調。

預表論神學，建構完成於基督教早期教父時代，然而，此一藉由文字媒介傳遞的神學知識，並未隨基督教合法化、國教化而備受矚目，反而沉寂千年後，至中世紀盛期進入視覺藝術的創作，成為宣教的載體，且大放異彩地以整合系統化的面目復出，登鼎盛期。

誠如圖像詮釋學創始人潘諾夫斯基（Erwin Panofsky, 1892-1968）所言，預表論神學的藝術表現，最著名的案例是1147年，位於巴黎北郊聖德尼修道院（Saint-Denis Abbey）院長絮吉（Abbot Suger, 1081-1151），開啟哥特風格教堂進行擴建時，他委製的一座光彩奪目黃金十字架座。這座今天僅存文獻記載的聖十字架，罕見地高達6公尺，底座上鑲崁琺瑯的圖像，計包括68幅「新舊約圖像系統化並置[6]」作品（systematic juxtaposition of scenes from the Old and the New Testament）（Panofsky, 1979, 180）遠遠超出先前5世紀中葉，羅馬莎賓娜教堂（Basilica of Saint Sabina, Rome）木門浮雕上，8幅跨兩約並置的作品，或是1015年，德國希德斯罕大教堂（Hildesheimer Dom）銅門浮雕上，收錄新舊約8比8的並置預表論圖像。（羊文漪，2012）

繼絮吉院長黃金十字架座之後，1181年歐洲當時最富盛名的金工師尼可拉凡爾登（Nicholas of Verdun, 1130-1205），為維也納北郊克羅斯騰堡修道院（Klosterneuburg Monastery）製作今稱『凡爾登祭壇畫』（Verdun Alter）的鉅幅創作。這件原屬教堂講經壇，於1331年改裝為三翼祭壇畫的琺瑯作品，也十分壯觀，結合一字排開，共17幅耶穌生平事蹟圖，位於中層；上下兩層，則各有1幅《舊約》預表敘事圖像配置，總計51圖並置呈現[7]，至今仍供世人瞻仰，為中世紀盛期，視覺預表論系統化指標性創作。（Buschhausen, 1980, 116-120）

6　潘諾夫斯基對絮吉修道院院長開啟哥特藝術風格推崇備至，1946年將絮吉院長3篇拉丁論文：《絮吉任職報告》（de rebus in administratione sua gestis）、《聖德尼教堂啟用祭禮》（de consecration ecclesiae sancti Dionysii）、《1140或41年頒定條例》等（ordinatio a.d. MCXL vel MCXLI confirmata）譯為英文加註出版。關於絮吉黃金十字架的重建與基底復原相關討論，潘氏書中並未涉入，惟鉅細靡遺列20條參考書目。參見Panofsky (1979), 180。

7　『凡爾登祭壇畫』一作，由維也納近郊屬奧古斯丁教派的克羅斯騰堡修道院（Stift Klosteneuburg, Wien）委託中世紀首席金工師尼古拉凡爾登（Nicholas of Verdun）所鑄製，全作品鍍金琺瑯材質，每則敘事尺幅面30.5×23 cm，計3層×17塊，共51塊，先是單獨製作，後組裝為3翼祭壇畫。稍早1150年前後，同屬琺瑯製的，還有今藏倫敦維多利亞艾伯博物館（Victoria and Albert Museum）『奧爾頓塔祭壇畫』（Alton Towers Triptych）。具代表性的其它重要創作，還有彩色玻璃窗類，見英國坎特伯利大教堂（Canterbury Cathedral）『耶穌受難』（Passion）彩窗（1200-1207年）、法國布爾日大教堂（Bourges Cathedral）後殿環廊『好撒瑪利人』（The Good Samaritan）彩窗（1210-1215年）、夏特大教堂（Chartres Cathedral）後殿環廊『浪子回頭』（Prodigal Son）彩窗（1215-1220年）等；以及中古3大預表論手抄繪本類，《道德化聖經》（Bible moralisée）（1220-1230年）、《貧窮人聖經》（Biblia pauperum）（13世紀下半葉）與《救贖之鏡》（Speculum humanae salvationis）（1309-1324年間）。參見Sears (1996), Vol.31, 498-501; Bloch（1969), Bd.4, 395-404；羊文漪（2012），27-62，特別參照註3。

預表論視覺圖像的下一階段發展，則是被譽稱為中世紀盛期至晚期的4大預表論手抄繪本，分別是：《道德化聖經》（*Bible moralisée*，13世紀初）、《貧窮人聖經》（首發完成於13世紀下半葉末）、《救贖之鏡》（*Speculum humanae salvationis*，1309-1324），以及《慈愛匯編》（*Condordantiae caritatis*，約1355年），分別運用3：1、2：1、3：1、4：1配比，來呈現《舊約》及《新約》並置圖像，共同來勾勒耶穌一生犧牲受難的救恩史福音，此外還有中世紀神祕學作者菲奧雷的約阿勤（Joachim of Fiore, c. 1132-1202）所編纂的《新舊約合編》（*Concordia Veteris et Novi Testamenti*）一書，將《新約》《舊約》經文排比並列，也為《貧窮人聖經》參照的資源之一，同屬此一脈絡的創作表現。16世紀宗教改革以前，筆者前曾做一綜理，歸納有6種類型的視覺預表論創作，收錄於本書附錄中，提供一個史觀的梗概。（羊文漪，2012）

　　晚近針對跨兩約之視覺預表論的研究，有著增溫的發展。2017年《視覺解經的藝術：修辭、文本、圖像》（*The Art of Visual Exegesis: Rhetoric, Texts, Images*）論文集中，部分作者從「讀者接受論」角度出發，擱置編者及作者意圖，採從讀者閱讀時產生「靈視的生成」為關注對象。（Robbins, Melion & Jeal, 2017）此一角度也受到後結構主義影響的觀視取徑影響，與本文所指涉並不同，在此做一強調。不過書中多篇論文，皆以視覺預表論圖像為探討課題。

　　2014年，《解經圖像：做為解經工具的視覺圖像》（*Imago Exegetica: Visual Images as Exegetical Instruments, 1400-1700*）研討會論文集中，蒐錄「視覺預表論」（Visual Typologies）、「視覺類比做為解經工具」（Visual analogy as an exegetical instrument）、「精神性形構的解經意象」（Exegetical imagery of spiritual conformation）、「從圖像閱讀聖經」（Reading the Bible through images）、「預告與變相」（Prefiguration and transfiguration）等8大主題，集結近30篇學術性論文。當中第一類「視覺預表論圖像」與本文所涉最為接近。當中收錄有西斯汀南北牆面耶穌與摩西對望並置的壁畫群組、凡艾克『聖母及凡德帕勒牧師祭壇畫』（Madonna of Canon van der Paele），以及維梅爾『信仰的寓言』（The Allegory of Faith）等3件作品的3篇論文討論。（Melion, 2014）

2018年甫出版的《歐洲近代視覺預表論》（*Visual Typology in Early Modern Europe*）一書，以「視覺預表論」一詞為書名，也引人注意。全書包括中世紀晚期至17世紀德國、荷蘭、意大利和法國等地各類型的創作，共12篇學術性論文。一如其書背上所寫，該書是試圖在解開視覺預表論於16世紀衰竭，甚至不復存在的謬誤。（Eichberger & Perlove, 2018）書中收錄了一篇討論馬丁路德跟聖經圖像的關係，甚至運用了「懺悔性預表論」（Confessional Typology）一詞，十分獨特；另一篇則從跨媒材角度，看17世紀初巴黎預表論模組如何運用於真信念的爭辯中。此外，就藝術家單件或系列性作品為主題的，如波希（Hieronymus Bosch）今藏普拉多美術館『三王朝聖』、甘巴勒（Lattanzio Gambara, ca. 1530-1574）在帕瑪大教堂創作的壁畫系列，以及老布勒哲爾（Pieter Bruegel the Elder, ca. 1525-1569）傳世5幅月令圖等3篇論文的探究，皆屬質優嚴謹的學術性發表。

　　由上所示，「視覺預表論」的學術性探討方興未艾，未來成為西方藝術史針對特定視覺表述模組的關鍵詞，是可以預見的；而國內這塊研究考察仍於起步中，值得期待它未來與時俱進地展開疆土。

三、視覺預表論的轉向與類比學

　　以上針對預表論神學及其視覺表現發展，跟幾本論文集做了概括勾勒之後，本小節將焦距在預表論互涉並置的模組上，亦《舊約》原型與《新約》對範兩物件的不穩定性結構，以及轉向類比學的發展。此一現象，在中世紀盛期與晚期視覺藝術的表現上惟不在少數。

　　簡單地說，「基督教解經學」（exegesis）屬於「傳統詮釋學」（hermeneutics）下的一支[8]。其首要任務，不外乎對天主聖言，亦即聖經經文進行鞭辟入裡、完整而全面性的闡說及解釋。至於基督教的預表論神學，為由基督教早期東西方教父所建制發展完成，其主要關注在將《舊約》轉軌為預告《新約》基督福音的學理上。如前述及，它不單屬於解經學的範疇，也為傳統閱讀聖經的4途徑—字面意義、道德意義、寓意意義、跟末世意義，即「解經四義」（The four senses of Scripture）—寓意項下，獨立出一支脈絡。

8　《神學辭典》一書中，就exegesis、hermeneutics兩詞的中譯，與本文不一。前者譯為「詮釋學」，後者為「解釋學」。如該辭書中寫到：「exegesis是指對經文所作的詮釋，而hermeneutics則是這種詮釋工夫的理論。」此提出供參。參該書biblical exegesis詞條，見網頁http://www.apostles.tw/dict/m/dict32m/T578.htm（最後瀏覽日：01/26/2018）。

然而，從基督福音救恩史的傳播來看，文字語言及視覺圖像媒介載體畢竟不一，無論在操作面、創作端、使用面、閱讀/觀畫端上，特別在中世紀社會知識普及化差異大的情形下，文字遠遠不如視覺圖像的傳播性、感染力、與易懂性來得有利。預表論神學，為基督教早期教父釋經成果，相對高不可攀，呈靜態的狀態；然預表論的視覺圖像於中世紀盛期大放異彩，反映傳播的優先，反而有著活躍的發展樣貌。此外，前者屬於基督教神學家論述展演場域，為封閉性的；預表論視覺圖像，則訴諸社會之中廣大、無緣於知識的普羅大眾，故也與預表論神學有著截然不同的發展軌跡。

德國著名藝術史學者Wolfgang Kamp，在探討中世紀哥特式大教堂彩色玻璃窗時，發現預表論原本《舊約》原型與《新約》對範的預告型結構發生變化。前者當中滲入了宗教傳奇、神話、自然史等新的文本，並且以「類比物」（Analogon）的概念出現，來跟對範─亦即耶穌生平事蹟─做配置。而預表論核心預告與預表的意義也逐漸流失。（Kemp, 1987, 106）此一發現，反映預表論神學的並置手法不單廣為周知，也已成為再利用與展現當代思維的一個發展空間；人們更在意的是，提出新的類型如何跟耶穌救恩史扣合。Kamp因此接著指出，預表論神學的配對概念，當時質變為一種「思維的模式」（pattern of thought），這也是說，《舊約》原型的位置出現鬆動以及替換的可能性。以下將以與本書關係密切的《貧窮人聖經》為例，進一步就此闡述。

1959年奧地利學者傑哈·施密德（Gerhardt Schmidt）撰寫《14世紀貧窮人聖經抄本》（*Armenbibeln des vierzehnten Jahrhunderts*）一書中，曾針對14世紀《貧窮人聖經》近50卷的不同繪本，做了比對分析。據他研究所見，《貧窮人聖經》中《新約》與《舊約》圖像並置的模組，共計有4種：「情境韻」（Situationsreime）、「意義韻」（Bedeutungsreime）、「象徵韻」（Symbolreime），以及「平行應驗韻」（Erfuellungsparallelismus）（Schmidt, 1959, 109-110；1962, 34）。當中第1種「情境韻」，主要是指《新約》與《舊約》兩端圖像外觀具相似性（äußerer Ähnlichkeit）、視覺具類比性（optisch wirksame Analogie）的案例。第2種「意義韻」，則指《新約》與《舊約》兩端圖像，並非完全建立在視覺（weniger augenfällig）關係上，而是在它們神學意義（theologische Deutung）的相似

性上，包含《貧窮人聖經》中如『疑惑的多瑪』及『耶穌復活圖』兩則敘事單元。至於第3種「象徵韻」，主要包括帶含救贖含意（heilsgeschichtlichen Sinn）或超自然性格（übernatürlichen Charakter）的《舊約》圖像，進而跟《新約》對範圖像產生互動者，如『基甸與羊毛圖』、『摩西與火荊棘』、『亞倫的發芽杖』等3敘事單元。而最後一種「平行應驗韻」，亦屬於預告及應驗的圖像；依他所見，全《貧窮人聖經》僅有啟始首頁『聖告圖』單元這一個範例。（Schmidt, 1959, 109-110）

　　預表論神學，傳統上主要指跨兩約、以及包含預告跟應驗的一種整合型的結構。在上述施密德對於《貧窮人聖經》的研究分析，還有上述德國藝術史學者Kamp針對中世紀大教堂彩色玻璃窗的研究發現，可知約在中世紀盛期出現了轉向，取而代之的是一種「思維的模式」─類比學的概念，成為當時創意發揮的所在。

　　所謂類比（analogy），乃是人們為了增進相互理解、提升溝通效度，經常運用的一種思維手法。藉由讓一事一物跟另外的一事一物做排比，來深化人際間溝通與互動色彩，此舉不單見諸日常生活，更深植於過去與今天文學、哲學、科學、神學、甚或各學門的範疇中[9]。中世紀晚期1309至1324年間成書的《救贖之鏡》，在與耶穌生平配對的3組圖像中，2幅揀選自《舊約》，1幅卻來自於動物跟植物的世界。前面也提到，具有彌撒書性格的《慈愛匯編》手抄繪本，在回應教會全年性節慶現實之需求下，書中納入聖徒傳記、自然界、動物、歷史、神話圖像，組成4：1的結構，也反映視覺預表論擴充增值的色彩，向類比學轉向的發展趨勢。

　　在人們類比的過程中，不免牽涉到去脈絡及再脈絡的操作，以達成最大化的修辭效果，當代語言符號學尤可支持此一論點。上個世紀，不論瑞士語言學家索緒爾（Ferdinand de Saussure, 1857-1913）、美國學者皮爾斯（Charles Sanders Peirce, 1839-1914）、二戰以後的法國哲學家、語言符號學家羅蘭‧巴特，以及90年代文化研究者霍爾（Stuart Hall, 1932-2014）等學者們，紛紛提出有意義的操

9　關於類比學一詞解釋，國家教育研究院彙編「雙語詞彙、學術名詞暨辭書資訊網」所列跨領域資源中，在類比（analogy）詞條寫道：「類比在文學、科學、邏輯乃至神學中都經常應用。文學中，用類比在使說明事項的性質能為讀者深刻的了解，擴大想像空間。科學中，類比的使用在提供研究及努力的方向；因為用一事物來說明另一有相同點之事物時，科學家可視兩項事物之間的相同處為推論的起點，用來了解那不為人所熟知的事物。邏輯中，類比用在說明關係的相似性。但常指外在的相似，如兩個或多個事物的共同之處。在西方的神學中，常用類比來說明上帝所具有的性質。」在該資源網的類比法（analogy method）詞條下，亦釋義到：「類比研究法最大優點是選定一種較易觀測或確知的自然物理現象，模擬另一種較難以觀測或試驗的研究現象，不但簡化試驗研究的複雜度，同時有助於研究者進行研究推論與解釋，並加速研究成果的發現。但類比法也有缺點，如果研究者選定不佳或錯誤類比模式或對象時，將阻礙研究者後續研究的推論。」上引資料參見http://terms.naer.edu.tw/detail/1315488/?index=9、http://terms.naer.edu.tw/detail/1678726/，（最後瀏覽日：2018/06/01）。另，西方文學評論學者Northrop Frye晚年封筆作《大解密：聖經與文學》（*The great code: The Bible and literature*）全書8章特闢兩章涉入預表論（typology）做討論，重要性可見一斑。Frye（1982）。

作性詞彙，如符徵、符旨、詮釋項、索引、神話模組、編碼及解碼等。俄國文化歷史心理學者維高斯基（Lev Vygotsky, 1896-1934），也曾從心理精神層面與溝通認知角度，揭櫫「去脈絡化」（decontextualization）實屬人類語言認知過程中不可或缺的必要程序。他觀察到，在人際溝通上，人們習於將固著在特定時空話語及文本獨立釋放出來，以為己用，易言之，轉軌之後，來進行個人化所需的言說。此一主張，後稱為維氏「調停手段下的去脈絡化原則[10]。」（the principle of the decontexualization of mediational means, Meshcheryakov, 2007, 166）此原則無疑對任一個符號在初始誕生時，可作為提供較為細緻與可供參考的觀點。因為，在預表論神學的建構上，《舊約》文本做為訊息採集的對象，即在編碼的過程上，首先經由"調停手段"之後，再經過"去脈絡化原則"的移轉操作，以獲取所欲表達的對象物及其效果。這也說明聖徒傳記、自然界、動物、歷史、神話圖像進入預表論結構中，與《舊約》原型等量齊觀，其標的不外在溝通、擴大說服修辭效益；而其底層究其本，則在將耶穌救恩神學廣被於生活周遭所見所聞的各種事物上，謀求一種系統化思維的欲求，符合12世紀經院神學，整合現實世界、歷史、百科知識，建構以「神為中心宇宙微型觀」（theozentrischen Mikrokosmos）生命觀的發展。（Suntrup, 2000, 287）

以上概括地關照了基督教預表論演進，於中世紀晚期視覺化之後的轉向，也提到類比學、語言符號學與語言符號心理學的幾個觀點，目的在期使11到14世紀視覺預表論新的發展透明化，提出一史脈背景上初步的梗概勾勒，以及其心理認知學及溝通學上可能的關連。而其底層，最終反映出當時追求系統化思維，將世界各個面向一一嵌入基督救恩神學的意念及願景。相信這幾點的描述跟觀點提出，對於理解本書研究對象聖弗里安古帙，有所助益。

四、善用視覺圖像與耶穌生平圖像

2016年第15版《穿越歷史的藝術》（Gardner's Art Through The Ages）一書中，作者Fred S. Kleiner說道：

---

10 此原則為維氏回顧符號學發展，討論思想與話語關係時，將符號視為記憶工具所揭示的概念，後經哈佛社會學者James V. Wertsch進一步解析歸納而來。其旨意之一，在人類社會文化發展進程上，特定時空的文本脈絡（the unique spatiotemporal context），經常讓位給具有特殊含意符號的趨勢，而後，原脈絡失去功能，僅留下符號傳世，此為維氏文本去脈絡之本意，屬人類心智運作與文化承傳上一重要特色。另參The Cambridge Companion to Vygotsky一書中對維氏去脈絡化的界說。見Wertsch（1985），33；Meshcheryakov（2009），155-77。

耶穌一生事蹟主導著基督教視覺藝術題材，遠超過古代希臘羅馬，宗教及神話的古典藝術表現。……耶穌生平圖像，在某些時期，雖不曾、或鮮少透過藝術家做處理，但耶穌一生做為系列性的創作，在西方藝術史上，是最常見的表現題材，即使在文藝復興時，古典文化及世俗題材，廣泛復甦以後亦然11。

（Kleiner, 2016, 240）

上面引文中，強調"耶穌一生做為系列性的創作"，在歐洲歷史的視覺創作上佔有重要一席之地，為"最常見的表現題材"，究其源由，自與社會經濟持續快速發展，以及宣教傳道上擴張需求關係密不可分。參照下面兩則西元4世紀教會早期人士的聲音，可做為基督教善用視覺圖像作為宣教工具的佐證。

其一是東方教父凱撒利亞的大巴西流（Basil of Caesarea, c.330-379），亦屬東方卡帕多奇亞三教父之一，在西元373年3月9日為40位殉道者（320年於Sebaste殉道）紀念日的講道辭中，有一段話特別引人注意。他說到，視覺圖像遠超越語言所可喚起的視覺心象的能量，因為前者是活生生的，直接將殉道事件的記憶帶回到人們的眼前，讓人有感，也激起效法之心。視覺圖像依大巴西流之意，能量遠遠大於語言文字，主要因含「記憶」（memoria）與「效法」（imitatio）兩大功能。（Allen, 2003, 67-77）

其二是他的好友尼撒的貴格利（Gregory of Nyssa, 335-395），也是東方卡帕多奇亞三教父之一，曾撰寫著名的三一神論。在一篇獻給306年殉道武士阿馬西亞的特奧多（Theodore of Amasea, ?-306）的講道詞中，他也分享到，在教堂中看到表現特奧多殉道作品，便有如看到"一本會說話的書"（a speaking book）。（Lyotard, 2011, 430; Leemans, 2008, 82-106）

尼撒的貴格利發表於383年的這篇講道詞，稍晚於大巴西流前引的講道辭。兩位西元四世紀末的東方卡帕多奇亞教父、神學家，也是教會神職人士，在面對齊聚一堂教堂的信徒時，提及視覺圖像具有記憶與效法兩大功能，以及視覺作品足可等同"一本會說話的書"，凸顯出視覺圖像潛在無比的感染力量。

---

11 摘引原文如下：The life of Jesus dominated the subject matter of Christian art to a far greater extent than Greco-Roman religion and mythology ever did classical art…. Although during certain periods artists rarely, if ever, depicted many of the events of Jesus's life, the cycle as a whole has been one of the most frequent subjects of Western art, even after the widespread revival of classical and secular themes during the Renaissance. 參見Kleiner（2016），240。

接著在即將發生長達兩個世紀之久的反偶像運動前夕，西方教會也遭逢激烈的爭辯。惟教宗額我略一世（Gregory the Great, 540-604）立場十分堅定，對於視覺圖像內在神秘力，以及圖像含帶「眼見為憑」的效益，能讓人們進入更高的境界，深信不移。在他派遣傳教士前往英國傳道時，便特別讓傳教士們隨行帶著耶穌聖像過去，以期打開當地人們的眼目。之後599年，在他給馬賽主教的信中，諄諄教誨地告誡，為了聖像而引起任何的衝突是毫無必要的。那一段影響後世頗深的話，他是這樣說的：

> 文字提供讀者閱讀，好比圖像提供未受教育者觀看。在圖像上，無知者看到所應遵循的，不識字者從中閱讀到所應遵循的。圖像所提供的，一如文字，特別是就異教徒而言[12]。（Schildgen, 2015, 67）

教宗額我略一世上面的話，在繼任者教宗哈德良一世（Hadrian I，任期772-795）遵循下，傳達給了東方教會。但十分可惜地，未能力挽狂瀾發揮正面效益。相反的，視覺聖像創作做為啟迪教化與教誨兩面向功能，在西方教會正式進入教會法（Cannon law），明載於787年尼西亞第二屆大公會（The Second Council of Nicaea）的決議中，西方基督教視覺藝術此後蓬勃的發展，產生如眾所周知深遠的影響。

就本小節第二個主題耶穌生平系列圖像而言，在《穿越歷史的藝術》（*Gardner's Art Through The Ages*）書中，作者從西方視覺藝術史中慣常的耶穌生平系列圖像，綜理出3個分期，包括一、「道成肉身及童年時期」（Incarnation and Childhood），納入8則敘事；二、「公開宣教」（Public Missionary）有5則敘事；三、「受難犧牲」（Passion）最多，計12則敘事，蒐羅耶穌生平事蹟一共25則敘事。（Kleiner, 241-242）在這3段分期中，屬於「耶穌復活升天」區塊的圖像，如「耶穌復活圖」、「空墓圖」、「不要觸碰我」、「多瑪的疑惑」、與「耶穌升天圖」等，並未遺漏，但納入耶穌「受難犧牲」的分期中。若可獨立另闢出「耶穌復活升天」的分期，便更完整，也與聖弗里安《貧窮人聖經》抄本，蒐羅耶穌生平共4分期（含復活升天，餘同），呈現完整34則敘事相當接近。

---

12 摘引原文如下：For what writing provides for readers, this a picture provides for uneducated people to looking at it, for in it the ignorant see what they should follow and the illiterate read the same from it. Thus a picture serves as a text, especially for pagans. 取自Schildgen（2015），67

針對耶穌基督的視覺創作，從訴求面上看，大致可分為兩類型創作。一類是從敘事角度出發，是具有奉獻性格（devotional character）的創作；一類是訴諸精神質性（spiritual quality）的，強調聖子救世主色彩的。前者主以文藝復興時期視覺創作為主，後者屬於早先中世紀的創作表現。（Ferguson, 1959, 76）

　　從斷代發展角度看，耶穌生平圖像早在羅馬墓穴壁畫中已受到重視。「拉撒路的復活」、「治癒盲人」與「治癒癱瘓病者」等3個題材最為普及。4世紀初後，羅馬棺槨上的耶穌生平圖像開始以群組並置方式出現，如359年辭世的羅馬首長「朱利斯巴索棺槨」（Julius Baaso Sarcophagus）高浮雕為一著名案例。之後基督教成為羅馬帝國國教，在耶穌生平系列圖像當中，童年時期的題材與受難犧牲系列的作品，率先引受關注。前者以羅馬大聖母教堂（Santa Maria Maggiore）祭壇上方的壁畫組群，後者以羅馬聖莎比那教堂（Santa Sabina）入口木門浮雕為著名代表作。從圖像學層面上看，耶穌受難犧牲時期的創作，在6世紀初拉維納新聖亞波里納教堂（Sant' Apollinare Nuovo）製作完成，一共蒐羅有13幅鑲嵌畫，在規模上頗為完備，具有里程碑意義。（Kirschbaum & Braunfels, 1968, Bd 3. 45）

　　隨後在卡洛林京王朝（Carolingian dynasty）的手抄彩繪，與鑲飾象牙的珍貴書盒上，耶穌生平圖像，不意外地也佔據重要一席之地。此外，如有攜帶式祭壇畫、琺瑯類聖骸座、祭儀用聖秩織品、聖事玻璃製或玉石聖杯禮器、教堂外牆面石刻浮雕，以及教堂內高聳彩色玻璃等等，也都是表現耶穌生平所運用的多元載體。當中兼負知識傳遞及傳播的彩繪古帙，在歐洲印刷術發明前，任務尤其重大。伴隨基督教擴張，教堂林立遍布與需求量激增之下，最大宗轉寫抄繕對象的是《舊約》〈詩篇〉書卷以及《新約》四大〈福音〉書。不論是王公貴族、豪門諸侯，或教會上層神職人員一如教宗、大主教、主教以及修道院執事長等等一所委製的手抄本，經常製作上敷設金泥，上色鮮悅明亮，成為今天重要視覺的遺產。今藏巴黎國家圖書館，成書850年前後的《德羅戈聖事抄本》（Drogo Sacramentary）計含24則耶穌生平圖像綴飾於首字母內，十分精美，尤值得一提。其後11世紀在義大利南部福米斯的聖安傑洛教堂（Sant'Angelo in Formis）南北牆面壁畫，共囊括60幅耶穌生平事蹟圖，宏偉壯觀，展現企圖心，見證天主人間聖殿堅貞不移祭拜的宗教情懷。

同樣自11世紀起，由於城鎮人口集中，社會經濟穩健發展，卡洛林京王朝原責成修道院附設學堂從事人材培育的機制，不敷新時代的需求。西歐先進城市開始設立大學，部分附屬於在地的大教堂所管轄。此時向上提升的學風熱潮，風行草偃，促進經院士林哲學的形成。不過，羅馬教會針對體制外的世俗事務，態度頑強也十分保守。一般庶民不得閱讀聖經，宣教佈道時不能使用在地方言，也禁止武加大版聖經（Biblia Vulgata）以在地方言翻譯，因而衝突與對峙此起彼落；而12世紀宗教裁判所的成立，也與此不無關係。這無疑透露視覺藝術關注對象，跟非視覺社會現實政治的命題，兩者之間有著落差。

　　本書探討主題聖弗里安《貧窮人聖經》古帙，在製作年代上，與中世紀晚期藝術史上著名的指標性創作屬於同一時期。1308-1311年間，杜秋（Duccio di Buoninsegna, c. 1255-1319）為西耶拿大教堂繪製『聖顏尊容』（Maestà）多翼主祭壇畫；1296至1304年間，阿西西上教堂喬托（Giotto di Bondone, c.1267-1337）繪製的聖方濟傳記大型壁畫；1300至1305年間，喬托個人在帕多瓦斯克洛維尼小教堂獨立完成的耶穌與聖母生平系列曠世壁畫等等先後完成，精品備出，反映耶穌生平系列藝術創作，進入美學造形發展的範疇。然聖弗里安的抄本，既非教堂之作，也不具公開宣示需求，它是一本為教會內部基層的需用而編纂，擁有「中世紀第一本預表論神學教科書」（the first medieval textbook of typology）之稱，（Clarke & Clarke, 29）也是有關基督救恩神學知識的一古帙，因此在其冊頁上繪製視覺圖像之外，配備相當數量的解說性以及闡述性的文本，提供對於耶穌生平事蹟圖，更充沛完整的神學訊息知識。

本書以聖弗里安《貧窮人聖經》古帙為考察對象。在進入耶穌生平系列事蹟冊頁介述前，先擬就《貧窮人聖經》相關基本資料做一說明，以釐清語境脈絡及其特色所在。本篇設計故分做下兩大類，一類是屬於聖弗里安《貧窮人聖經》前置基本資訊，另一類是聖弗里安抄本34冊頁的分析及評述，也是本書核心處理對象。循此規畫如下7個章節：一、《貧窮人聖經》卷帙名、使用功能與特色；二、《貧窮人聖經》過往研究與現況；三、聖弗里安《貧窮人聖經》形制及基本資料；四、耶穌童年時期8則敘事圖像；五、耶穌領洗宣教5則敘事圖像；六、耶穌受難犧牲13則敘事圖像；七、耶穌復活升天8則敘事圖像等，進行討論及考察。

一、《貧窮人聖經》古帙名、使用功能與特色

《貧窮人聖經》為傳遞基督教神學知識的圖繪型古帙。書名《貧窮人聖經》（拉丁文*Biblia pauperum*；德文*Armenbibel*；英文*Poor Man's Bible*；法文*la Bible des Pauvres*）實為一通稱，泛指西歐13世紀下半葉至16世紀初，根據基督教預表論神學編纂成書的古卷書帙。今天總體傳世約近三百餘冊，1460年後木刻本的古書數量最多，約近兩百本。手抄繪本大約近70卷，也包含少量純文字無圖的《貧窮人聖經》。

《貧窮人聖經》早期14世紀的抄本，主要流通在多瑙河流域，德國、奧地利修道院之間。15世紀後，散見於荷蘭、英國、法國、匈牙利、義大利等地工坊的刻印。從修道院來到大眾面前，前後歷經兩百多年，《貧窮人聖經》受到關注以及歡迎，號稱為當時的暢銷書，實並不為過。

《貧窮人聖經》書名中的"貧窮人"一詞，無關乎今天認知物質匱乏、社會底層生活困頓的貧窮人士。學界就"貧窮人"一詞一致的看法，主在指稱性靈上的匱乏者（arm im Geiste），取其對基督信仰欠缺不足的含意；（Berjeau, 1859, 4;

Schmidt, 1959; Weckwerth, 1972; Wenzel, 1995, 9; Rasmussen, 2008, 76-77）特別是早期以拉丁文書寫的《貧窮人聖經》，反映學院的色彩，並非一般普羅大眾或物資匱乏的"貧窮人"可以閱讀。

今天《貧窮人聖經》的書名，沿用自18世紀德國沃芬布特圖書館（Wolfenbuettel Bibliothek）為該館所藏抄本（Wolf II）的登錄名。據奧地利中古手抄繪本專家施密德於1959年針對《貧窮人聖經》書名所做之相關探討，*Biblia pauperum*此一書名對於中世紀晚期的人並不陌生，不過指的是簡明版聖經，根據其韻文所彙編的集子，也未配置任何視覺圖像。（Schmidt, 1959, 117-120; Wimmer, 2016, 31-32）

歐洲中世紀盛期11、12世紀，是經院哲學崛起及大學建制化的肇發時刻。《貧窮人聖經》成書於13世紀下半葉，見證此一學風的延展，地方修院自給自足，展現主動編纂所需用的教材，以提供修道院內中階、高階修士僧侶，基督救恩神學入門基礎知識的能量。不論做為默念、默禱、記誦之用，皆有助於進階的研修、未來佈道宣教傳播之準備。這裡需特別強調的是，《貧窮人聖經》古帙，在形制上採以圖文並置的編排方式，也反映基督知識在傳遞上，以圖像資佐記憶的功能充份受到認知，且達到極大化的發揮作用。誠如教宗額我略一世前引所說，"在圖像上，無知者看到所應遵循的，不識字者從中閱讀到所應遵循的"。圖文並陳的《貧窮人聖經》，更進一步說明基督神學知識的傳遞，已離不開視覺圖像支援的效用。"

《貧窮人聖經》做為修道院中高階修士的讀物，它自然跟上層神職人士或豪門王公社會頂層階級的關係有限。惟今日已知兩卷《貧窮人聖經》抄本，在繪製上運用珍貴的金箔敷塗，符合傳統手抄彩繪（illunimated manuscript）書的規格。這兩卷帙，一卷為今藏大英圖書館編號King Mss. 5.抄本；一卷是羅馬梵諦岡圖書館（Biblioteca Apostolica Vaticana）所藏編號Cod. Pal. Lat. 871抄本。前者由德國貴族克雷夫的瑪格莉特（Margaretha von Kleve）委製，成書於15世紀初，因從巴伐利亞嫁至荷蘭，間接促成《貧窮人聖經》傳播到了異地。（Backhouse & Marrow, 1993）後者則據傳為邦貝主教所委製，於14世紀中葉成書，以拉丁文及德文對照呈現，獨具一格。（Wetzel, 1982）其餘14世紀的手抄本，則咸屬在地修道院製作。或也因此，這些抄本中的拉丁文，並不如理想。誠如《貧窮人聖經》

手抄繪本專家奧地利學者施密德所表示，《貧窮人聖經》屬德語系的產物，任何拉丁語系的「一位法國或義大利作者，肯定寫得更為流暢，而非繞口的學生風格。」（ein Franzose oder Italiener haette gewiss einen fluessigeren, eniger schuelerhaften Stil geschrieben. Schmidt, 1959, 87）《貧窮人聖經》冊頁上，出自編者之手的文本有兩類，包括2則頌經文以及3則標題短詩句，它們在措詞斷句跟語意上的表達，是被摘指的主要對象。

《貧窮人聖經》原編纂人，今業無可考。針對編纂者所隸屬的修院，學者鎖定本篤教派或方濟教派。早先研究者經考據，結論偏向前者，而自1980年後，多位學者則持不同的看法。主張《貧窮人聖經》出自方濟教派者所持的理由，乃因抄本起始冊頁單元關涉聖母瑪利亞「無原罪始胎」（immaculate conception）的神學觀，而卷尾則以『聖母之死』收尾。這跟方濟派以聖母瑪利亞為守護神祇的建制，頗為契合。不過，此立論猶待補強，現階段仍需觀察。（Thomas, 1989, 33-34; Rasmussen, 2008, 90）

今天《貧窮人聖經》傳世抄本中，並無一為首發原著。究其原因之一，根據施密德所見，在傳世14世紀所有《貧窮人聖經》的抄本中，無獨有偶地，咸出現相同的誤植，這委實令人訝異。如在耶穌公開宣教時期『拉撒路的復活』冊頁中，配置一旁《舊約》敘事圖『以利沙的奇蹟』，刻劃顯神通的先知救活一名孩童。冊頁上寫到這名孩童母親身份為寡婦（Vidua），此與《舊約》記載背反一孩童父親依舊在世一這一個身份上的誤植，出現在14世紀所有抄本中，便讓學者主張，應是導因於輾轉傳抄更早的抄本所致。（Schmidt, 1959, 77-87）

不過，從今傳世最早的聖弗里安《貧窮人聖經》，以及稍晚成書的巴伐利亞國家圖書館館藏的Clm 23425抄本看，它們也非首發之作。一方面在繪製用色跟風格表現上，起始冊頁跟後面冊頁處理有顯著的殊異性；另一方面，嚴格說來，這些版本皆屬未完成之作；如在敘事圖中的字捲軸，或是先知手持的字捲軸上，均有多處留白未做抄繕處，也因而《貧窮人聖經》首部原作，理應遠早於這兩卷帙完成的時間。原始抄本未來若是出土，則可一窺原貌，提供更多關於原編者身份，與所屬修院的相關訊息，亦可填補從『凡爾登祭壇畫』到聖弗里安《貧窮人聖經》百多年的空白。

以上針對《貧窮人聖經》卷帙名、流通地、數量種類、用途、首發原作以及特色等等，做了多方面的描述，出自過去諸學者研究的成果。筆者下面進一步針對1925年、1956年兩位學者撰就《貧窮人聖經》的專題研究先做個案回顧，後再就晚近研究現況分別來釐析。

二、《貧窮人聖經》過往研究回顧與現況發展

　　這兩位針對《貧窮人聖經》投入鑽研探討的學者，一位是瑞典藝術史學者Henrik Cornell，另一位是前述已提及的奧地利中世紀繪本專家施密德。前者於1925年出版《貧窮人聖經》（*Biblia pauperum*）專論著述；後者於1959年發表《14世紀貧窮人聖經手抄本》研究，針對《貧窮人聖經》均提出重要的貢獻成果，也是今天入門認識《貧窮人聖經》不可或缺基礎性讀物。

　　Cornell的《貧窮人聖經》一書，資料蒐集鉅細彌遺，十分豐富，所涉議題層面也很廣，為一扎實深入，也具開創性的學術研究。該書撰述背景，來自1921-1923年間Cornell的田野調查，穿梭在西歐各地圖書館所覽閱、收集到的各《貧窮人聖經》抄本古帙，包括1460年以前抄寫及繪製完成總共67卷帙，一一就基本面上資料，如抄本尺幅、紙張、冊頁數、蒐藏所在、主要特色、風格繪製等做了描述。該書主要貢獻之一則在分門別類，為《貧窮人聖經》傳世抄本列出5大系統8種細項，依冊頁上各別圖文元素，抽絲剝繭比對而來；包括冊頁敘述單元的同異、耶穌生平事蹟收錄的多寡、《舊約》圖像搭配上的差別，還有先知4摘引文、2則頌經文、3句短詩文（tituli，或譯標題文）細部的分析對照。在方法論上，藉此釐定《貧窮人聖經》抄本間的隸屬關係與早晚斷代分期，紮實嚴謹。至於藝術史上關注的圖像學與跨媒體間創作的互相影響，瑞典學者Cornell也未漏失此面向，做了相關追溯與個人建議。

　　在歷史文獻回顧上，Cornell亦特別指出三位自19世紀中葉起至1925年間的作者，及其著作為其研究的主要資訊，它們分別是Hans Tietze所寫的《烏利修院長的慈愛匯編手抄本》（*Die Handschriften der Concordantia Caritatis des Abtes Ulrich von Lilienfeld*）、J. Lutz及P. Perdrizet合著的《救贖之鏡》（*Speculum humanae salvationis*），以及法國著名藝術史學者Emile Males有關基督教圖像學的相關著作，為他撰寫該書參照基礎。（Cornell, 1925, VIII）

他也自謙《貧窮人聖經》一書的研究，仰賴先前學者的探討。對於本研究而言，Cornell將聖弗里安跟稍晚成書的維也納抄本編號1198古帙做了風格上意見表達，需做一提。依他之見，後者人物線條以及姿態語彙（Gebaerdensprache）優於前者。（Cornell, 1925, 73）然單單就人物五官臉部的再現處理上，反而聖弗里安抄本勾勒比較自然，線條施展的更為流暢。唯一在塗敷用色上，維也納古帙抄本前半冊頁單元全力以赴，色彩經營細緻，層次分明，宣染得宜，賞心悅目。Cornell的《貧窮人聖經》專論，含近400頁篇幅，附圖70餘幀，為《貧窮人聖經》學術研究核心參考著述。

奧地利中世紀繪本專家施密德於1959年出版的學術專論中，是以14世紀46冊《貧窮人聖經》繪本為主要分析對象。在1925年Cornell專論的基礎上，施密德進一步針對14世紀《貧窮人聖經》抄本整體發展脈絡重做梳爬，此為研究主要貢獻所在。依他之見，14世紀46冊含圖像的抄本，可分3大系譜：（一）奧地利系譜、（二）威瑪系譜、（三）巴伐利亞系譜，而各系譜下也有不同家族，總計14族群，反映14世紀《貧窮人聖經》抄本深具多樣性色彩，而且各別修院擁有在地的自主性，並無追求同一的需求甚或壓力。對於12、13世紀奧地利各地手抄繪本瞭如指掌的施密德，在他的方法論上，援用包括風格學、圖像學、跨冊頁圖文比對、敘事單元數量、編排順次等的審視及分析，涉入面向圖文兼顧，取得重要成果，至今仍具效力。除此之外，施密德針對《貧窮人聖經》最早原作的散佚，以及主張《貧窮人聖經》最遲於13世紀下半葉成書的看法，也首度做了完整的相關討論，此部份上文業已闡說，此處不再贅述。

透過Cornell與施密德兩人的深入研究，《貧窮人聖經》相關的基本資料，包括製作地區、各抄本所在地、族譜流變、形制發展、整體圖文組織梗概等，今業已明朗化。但是有待進一步探討的課題，仍不在少數。如首發抄本今下落不明、編纂者身份及其所屬教派猶未知；還有《貧窮人聖經》手抄繪本在地風貌鮮明，但圖繪者未知。或如施密德研究中指出，《貧窮人聖經》計含3大系譜，14大族群，在奧地利系譜項下，計納入五家族抄本，它們形制本身十分多元，包含一環型、三欄型、五環型、等邊方塊型等的形制，在風格表現上可再進行比對。筆者2011年曾就《貧窮人聖經》冊頁由抄本過渡到單印本之形制發展做一釐清，檢視了近50本繪本，亦是一個嘗試。（羊文漪，2011）

不過自1959年施密德撰寫《14世紀貧窮人聖經手抄本》專論後的半個多世紀以來，《貧窮人聖經》不同抄本的個案研究，成為學界探討重點所在。如維也納《貧窮人聖經》抄本（*Codex Vindobonensis*）編號1198（Unterkircher & Schmidt, 1962）、薩茲堡《貧窮人聖經》抄本（*Die Salzburger Armenbibel: Codex a IX 12*）（Forstner, 1969）、今藏海德堡大學《貧窮人聖經》編號Cpg 148抄本（Berve, 1969）、今藏威瑪安娜阿瑪利亞女公爵圖書館（Herzogin Anna Amalia Bibliothek）藏《貧窮人聖經》編號Cod. Max.4抄本（Behrend, Kratzsch & Mettke, 1977; Behrends, 2007）、梵諦岡圖書館所藏《貧窮人聖經》編號871抄本（Wetzel, 1982）、上提大英圖書館藏《貧窮人聖經》編號Kings MS 5抄本（Backhouse & Marrow, 1993）等，皆陸續以獨立專論方式出刊，當中除了海德堡大學所藏編號Cpg 148抄本之外，其餘皆為印製精美原古帙的摹本。這些所費不貲的複製摹本忠於原帙尺幅大小，提供覽閱跟研究咸值得推薦。《貧窮人聖經》抄本的個案研究起自19世紀中葉，本書考察聖弗里安《貧窮人聖經》（編號Cod. III 207）即為一首發，並非摹本，而是冊頁圖像區塊的手繪再現。

在今天傳世近300冊的《貧窮人聖經》古帙當中，最大宗的是1460年以後發刊的木刻印善本書。隨著印刷術的發明，《貧窮人聖經》在荷蘭及德國印坊首先製作印行，而後比利時、義大利、法國等國跟進，計推出有：純文字的木刻印版、手繪圖像的木刻印版（chiro-xylography）、整合圖文單一冊頁印製的單印版（blockbook），以及1500年前完成的版刊（incunabulum），共計有4類。而這批非屬手抄型的《貧窮人聖經》含30餘種版本，200書帙傳世，總量頗豐，同樣也是《貧窮人聖經》的研究重點所在。

除了卷帙個案研究摹本發行及對木刻古籍的考察以外，針對《貧窮人聖經》議題性跨卷帙的考察，則相對有限。1996年挪威神學史、教會史學者Tarald Rasmussen的一篇〈中世紀與文藝復興的橋樑：貧窮人聖經的類型與詮釋學上重要性〉（Bridging the Middle Ages and the Renaissance: Biblia Pauperum, their Genre and Hermeneutical Significance）學術論文，一枝獨秀。（Rasmussen, 1996）再者，2016年《貧窮人聖經研究》（*Studien zur Biblia pauperum*）收錄Hanna Wimmer、Malena Ratzke、Bruno Reudenbach等3位德國學者，每位各一篇學術論文，（Wimmer、Ratzke、Reudenbach, 2016）所

涉入主題，有基督救恩史在卷帙中的順序與預表論神學關係的分析，以及針對冊頁編排圖文所含先知像，從其並置源流上的追溯，以慕尼黑國家圖書館藏《貧窮人聖經》編號Clm. 28141卷帙的抄繕者為題等，來跟其他抄本進行單一案例的探討。這3篇出自新生代學者們的論文焦點不一，不論從內容、形制或抄繕者的面向涉入，各具自主性特色與新意，值得鼓勵。2015年，Bruno Reudenbach稍早也發表了〈貧窮人聖經中的救恩史、預表論與末世時間觀〉（Salvation History, Typology, and the End of Time in the Biblia pauperum）一篇論文，特別針對梵諦岡圖書館所藏《貧窮人聖經》編號871抄本，於卷帙頭尾額外增添數頁內容，做進一步分析，（Reudenbach, 2015）亦值一提。

綜括之，圖文兼備共生的《貧窮人聖經》是一部基督教神學論述型（theologically argumentative）古帙。（Rasmussen, 1996, 79）由上文獻回顧介述所示，相關《貧窮人聖經》學術研究總量不多，有待專家學者投入研究行列。就手抄繪本本身而言，珍藏於西歐各不同圖書館中的卷帙，泰半今已數位典藏化，直接網上開啟覽閱，可說隨手可得。惟完整釋文猶待進行處理。此外，各古帙的摹本發行至今，猶可待加強，在Cornell、施密德及數篇學術論文的基礎上，向前推進。

三、聖弗里安《貧窮人聖經》形制及基本資料

聖弗里安《貧窮人聖經》古帙完成於1310年前後，亦為今傳世已知最早的古帙繪本，為奧地利聖弗里安（St. Florian）小鎮，隸屬奧古斯丁教派修道院（Augustiner-Chorherrenstift）專屬圖書館的一本藏書。（Stiftsbibliothek, St. Florian, 編號Cod. III 207）全卷含外書皮，共有9冊頁，每冊頁除第一頁留白之外，餘均雙面塗繪，從冊頁背面起始；上下各含一則單元，依序為耶穌童年時期8則敘事、耶穌領洗宣教5則敘事、耶穌受難犧牲12則敘事，至最後復活升天9則敘事，總計4大段落共34則耶穌生平代表性事蹟敘事單元收錄其中。

聖弗里安《貧窮人聖經》冊頁尺幅，一律長33.5×寬24公分，採以中世紀尖角體（Franktur）拉丁文抄繕，並使用黑、紅、褐，三色鵝毛筆圖繪及書寫於羊皮紙上。起始頁空白，頁碼自其背面頁fol. 1v起算，循序展開，結束頁為fol. 9v，照著手抄本傳統冊頁verso、recto，先左再右，排序頁碼。在圖繪製程上，僅首發單元將人物

衣服上色渲染處理，其餘冊頁單元，則以黑色線條勾勒以及描繪。有部份先知字捲軸或敘事圖中的字捲軸留白，並未做抄繕；少數字跡也不一，屬出自後人之手補上；其中褐色與紅色主要使用在文本的書寫及抄繕上，例如兩則頌經文，一律以褐色書寫；其餘文本，如3短詩標題句、4先知摘引文，以及敘事圖中部分標註的人名，則以紅字筆抄繕。

　　依筆者親赴奧地利該館調閱原古帙做校閱結果所見，全帙有兩處塗抹痕跡，咸出在人名上。其一在『西門家的宴會』圖中仆伏於耶穌腳跟前女子，她左手下方的名字遭到刪除，僅存淡紅色筆跡，原抄繕名因完整覆蓋，十分可惜地無法辨識。另一處為『最後的晚餐』圖右上方先知名字也有塗抹痕跡，但並不嚴重，原抄錄名大衛（DAVID）於底層透出，替換更新名則為所羅門王（SALON）。這一覆蓋，因圖中先知手中所持字捲軸引文，出自傳由所羅門所寫的〈箴言〉書卷，故應為筆誤後的重新校訂。至於前一則『西門家的宴會』單元上的名字則頗為蹊蹺。因根據傳統認知，這名女子為抹大拉的瑪利亞，姓名被湮滅原因引人各種揣測，卻未見之前學者提及冊頁姓名塗抹一事，此處有必要在此提出述明。

　　從形制及構圖布設來看，聖弗里安《貧窮人聖經》運用幾何方外框，居中搭配一枚圓形環圈，做為冊頁主構圖。全卷帙所有冊頁構圖統一，在方形外框裡，垂直向跟水平向，各有一條細長雙行的直線。垂直向的線均分版面為左右；水平向的線上窄下寬，約做1/4、3/4搭配。前者的垂直線居中心位置，有一枚碩大、一如聖圈般的圓形環圈，此為冊頁上安置耶穌生平主圖的空間。

　　此枚中央環圈儼若一個小宇宙的核心。冊頁上其他的圖文元素，以此向外輻射攤展開來。內框左右兩側，設置2幅《舊約》敘事圖。環圈外緣4個角落，則有4位《舊約》先知半身像。他們猶如見證人般，一律面向朝內環圈內的主圖。而且，他們手中每人持有一條字捲軸，十分巧妙地呈弧形狀，剛好嵌入中央環圈的外框裡，適巧跟發出正義之聲的先知緊鄰相貼，功能性及裝飾性兼顧，此之外，也因嵌入中央環圈外框裡的先知摘引文，一律以紅色字體書寫，正好可凸顯環圈得獨特性位置。接著，在冊頁水平欄位上方1/4的版面上，則規劃屬於文本區，含兩類文本。一類是位在上層以褐色書寫的頌經文，左右方各有一段冗長的文字敘述，闡述環圈內耶穌主圖像跟兩側《舊約》敘事圖的預表論關係。另一類是在文本區底層的一行3句短

詩文,以紅字書寫,便與上面的褐色頌經文有所區隔,是為短詩句,屬於3敘事圖的標題摘要,也呼應同樣以紅字抄繕、先知字捲軸的經文。最後,在環圈內框的正上方,還有一個簡短約2-3個字的文本,那是冊頁單元的主標,也是耶穌生平敘事圖像的題名。

《貧窮人聖經》古帙流通於德、奧修院之間,有別於一般慣見以耶穌生平事蹟表現的傳統再現模組。在每一冊頁敘事單元上,就內部的各組成元素來看,計有挪置2幅《舊約》敘述圖像、4幅《舊約》先知半身像、4則《舊約》先知卷摘引本、2則較長的頌經文本,以及3則評論性或描述性,具有標題(Titulus)之意的短詩句等。它們共同設置在冊頁上唯一1幅耶穌生平代表性敘事圖的四周,反映「基督中心論」(Christocentricism)的宣教色彩。其每一敘事單元7圖9文,因萃取《舊約》與《新約》一百則以上的圖像單元,配上兩百多則文字解說,且因文字篇幅不如圖像主導敘事的顯見功能,亦有「圖解聖經」(picture Bible)之稱。

聖弗里安《貧窮人聖經》共集結6個種類的圖與文。它們分別是:一、3幅跨兩約敘事圖像,含1幅耶穌生平主圖像與2幅《舊約》預表圖,二、3則勾勒3幅敘事圖題旨的短詩句,三、2則頌經文,專就3幅敘事圖其間闡釋預表論神學的關係,四、4則《舊約》先知書所摘引於字卷軸上的經文,五、位於中央環圈四角的4位《舊約》先知半身像,六、中央環圈正上方短標題,計含7圖9文及1標題,可說審慎有加,細緻也周延,難怪此一圖文結構,一路延用至16世紀木刻版印善本書,做為傳遞基督救世福音的教科書本色,其來有自。

聖弗里安《貧窮人聖經》的成書年代,中世紀手抄繪本專家施密德推訂約在1310至1320[13]年間。此一斷代的研判,主要基於聖弗里安《貧窮人聖經》的表現風格,係介於1301年Honorius Augustodunensis(c.1080-1150/51)編修的《詩篇評註》(*Super Cantica Canticorum*)繪本(Codex San-Florianensis XI, 80),以及1320年奧地利威爾赫林修道院(Stift Wilhering)聖安德列祭壇(Andreas-Altar)繪者同期完成的《彌撒書》(*Missale, cod. 9*)抄本,依這兩卷古繪本的風格辨析而來。(Schmidt, 1959, 59)

---

13 此二繪本卷帙,前者藏於聖弗里安修道院圖書館、後者藏於威爾赫林修道院(Wilhering Abbey)圖書館,參見Schmidt(1956), 59, 註4、5。

聖弗里安《貧窮人聖經》在製作平台上，採圖文分離、分工方式進行。文字端由抄繕員擔任，圖像端由圖繪專業畫工包辦。據文獻所載，聖弗里安修道院擁有獨立專屬的畫坊，活動在1260至1400年間前後歷百餘年歷史，高峰期在1300至1330年間，反映聖弗里安抄本圖繪哥特式的風格，在14世紀的《貧窮人聖經》中名列前茅，不無原因，其與稍晚今藏巴黎羅浮宮藏《貧窮人聖經》捲軸（*Pariser Armenbibel-Rotulus*）（今僅存6則耶穌生平敘事），以及維也納國立圖書館藏編號1198《貧窮人聖經》（*Die Wiener Biblia Pauperum, Codex Vindobonensis 1198*）兩卷帙，（Schmidt, 1959, 10；Beier, 2011, 30-37）風格接近，然較此二者略勝一籌。

從藝術表現進一步看，聖弗里安冊頁人體五官面容勾勒細緻，造形以修長纖細取勝，線條優雅流暢而脫俗，反映國際哥特式風格。尤其是神獸動物表現的奇思幻想，如『拉撒路的復活』冊頁上，參孫大力士雙手扳開巨獅裂口，表現孔武有力，英姿煥發。或如『聖家族在埃及』冊頁上，異教神獸四分五裂解體墜地，鮮明生動，躍然紙上。還有先知們帽式的刻劃各具特色，栩栩如生，十分可觀。雖然如此，聖弗里安在繪製上也有美中不足之處。書卷中首揭的第一冊頁，僅此冊頁上的3幅敘事圖像做了圖像漸層渲染技法的塗敷，後面接續冊頁，則均採白描方式勾勒人物輪廓與衣物造形，渲染塗敷手法不復再見。

聖弗里安《貧窮人聖經》不僅是當今傳世70餘卷手抄繪本中最早的卷帙，也是最早獨立刊印的一本卷帙。1863年，由奧地利古代學專家與版畫家Albert Camesina編輯、奧地利藝術史學者Gustav A. Heider撰寫導論，全書名《存藏上奧地利大公國聖弗里安修道院14世紀貧窮人聖經手抄卷帙的圖像表現》（*Die Darstellungen der Biblia pauperum in einer Handschrift des XIV. Jahrhunderts, aufbewahrt im Stifte St. Florian im Erzherzogthume Österreich ob der Enns*）。全書含導論、翻譯文、圖版3部分，耶穌生平34則事蹟圖，一一臨摹再現其中。在當時攝影技術與精準複製仍待開發前刊印，珍貴有加。不過，如該書名所示，對焦在卷帙中的"圖像表現"，亦即耶穌事蹟主圖及左右2《舊約》敘事圖與4先知像上，而該書中對於冊頁上的所有文本，如3則短詩文、2則

頌經文、及4則先知摘引文,均未做抄錄,雖然一一翻譯,但未簡附拉丁原文,十分可惜。這將是本書補遺所在之一。

晚近透過網際網路便捷、以及各國歷史珍貴古書及抄本的數位典藏化,聖弗里安修院圖書館所藏的《貧窮人聖經》(編號Cod. III 207),不例外地,經薩爾茲堡大學中古與近代圖檔庫(REAlonline)的數位化,全卷提供網上即時點閱[14]。3幅敘事圖像中各別物件,在此網頁中均一一標示其命名,資料頗豐,是為重要參考資源。

最後,針對聖弗里安《貧窮人聖經》冊頁古拉丁文部分,以下做一簡要的説明。本文循照學術慣例,將所引據的拉丁文附在中譯文後,提供對照及檢閱。原冊頁抄繕書寫時,做了不少省略,對此,本文同樣依慣例將略過或帶過的字母,以刮號標示,並填入補齊。此外,因古拉丁文在謄寫上往往或有缺漏,本書主要參照以下兩本古籍做比對與校訂。一為1962年出版,由Franz Unterkircher主編及釋文的維也納《貧窮人聖經》編號1198古本(*Die Wiener Biblia pauperum: Codex Vindobonesis 1198*);二為1990年Albert C. Labriola、John W. Smeltz兩位作者撰寫的《貧窮人聖經:大英圖書館單印版C.9 d.2摹本》(*The Bible of the Poor: Biblia pauperum: A Facsimile and Edition of the British Library Blockbook C.9 d.2*),進入此古帙以前,在此先做一説明。

四、耶穌童年時期8則敘事圖像

聖弗里安《貧窮人聖經》古帙,針對耶穌童年時期,計收錄8則敘事單元。它們分別是:『聖告圖』、『耶穌誕生』、『三王朝聖』、『入聖殿』、『逃亡埃及』、『聖家族在埃及』、『希律王屠殺幼兒』、『重返家園』。在這一叢集系列當中,3則有關聖家族為了避開希律王對聖子的迫害而前往埃及的這段經過,主要出自傳奇記載,以熱那亞大主教雅各·德·佛拉金(Jacobus da Varagine, c. 1230-1298)於1275年前後撰就的著名《黃金傳奇》(*Legenda Aurea*)一書為代表。其餘5則敘事單元取材自《新約》4大福音書中,亦眾所熟諳的題材創作。下依時序介紹本古帙有關耶穌童年時期8則敘事單元的表現[15]。

---

14 參網址https://realonline.imareal.sbg.ac.at/。
15 本章內容主要取自筆者2017年撰就〈《舊約》文本的去/再脈絡化:聖弗里安《貧窮人聖經》耶穌童年時期8則敘事圖像〉一文。《舊約》文本去/再脈絡的區塊,因融入前文論述篇在此刪除。參見羊文漪(2017),《書畫藝術學刊》(22,06),頁1-63。

1 『聖告圖[16]』（Annunciation）

圖1：『聖告圖』冊頁單元（左側『女子與蛇蠍』，右側『基甸與羊毛奇蹟』），（fol. 1v, above）© Die Stiftsbibliothek St Florian

聖弗里安《貧窮人聖經》耶穌生平起始敘事單元為『聖告圖』（Annu(n)ciatio），如寫於中央環圈框的頂端。左右搭配兩幅《舊約》圖像，分別取材自〈創世記〉及〈士師記〉兩書卷，左側圖像題名為『女子與蛇蠍』（德：Frau trifft die Schlange am Kopf；英：Woman and the Snake），右側圖像名為『基甸與羊毛奇蹟』（德：Gideon und das Vlies；英：Miracle of the fleece）。這3幅敘事圖，在冊頁上佔據醒目位置。同樣屬於視覺圖像元素的，在中央環圈外4角落上，有兩兩一組，4名面朝環圈內的《舊約》先知，它們咸以半身造形勾繪。左上方為以賽亞（Ysaias）、下方為以西結（Ezechiel），右上方為大衛（David）、下方為耶利米（Je(re)mias），共同組成聖弗里安《貧窮人聖經》起始冊頁上7個圖像性物件。

16 『聖告圖』冊頁單元為《貧窮人聖經》首發的第一則敘事，在基督教預表論神學上，相對是最複雜的單元。筆者前撰〈預表論神學跨新舊兩約的互像文敘事與教義論述：以大英博物館C.9 d.2《貧窮人聖經》（Biblia pauperum）首頁『聖告圖』為例〉文中，就冊頁上7圖9文元素及其各別角色的功能、閱讀路徑、意涵、聖母瑪利亞信理等，做了剖析，羅列資料頗多，此處提出供參。參筆者（2010），頁1-29。此外，本文關照對象為聖弗里安抄本圖文組織及其示意系統，傳統圖像學區塊不在討論範疇，需做說明。1968至1975年間，德國藝術史學者Engelbert Kirschbaum與Wolfgang Braunfels集結德國藝術史學界彙編完成《基督教圖像辭典》（Lexikon der christlichen Ikonographie）計8冊學術性工具書，在此提出供有興趣讀者進一步參閱。

首頁以天使報佳音『聖告圖』（德：Verkündigung an Maria，英：Annunciation）開場，闡述基督教「道成肉身」（incarnation）的核心教義。這則家喻戶曉、設置在冊頁中央環圈的敘事圖像，刻劃天使長加百列下凡，向瑪利亞預告聖靈受孕的景象。畫幅上，視覺設計以左右對稱方式架構。左側為天使加百列，一襲長衫展翅，外觀俊秀，一頭捲髮，頭戴聖圈，自天界降臨來到人間。她左手提拎著一條未及抄繕的空白字捲軸[17]，右手高高舉起，尊榮地向瑪利亞說道：「你要懷孕生子，要給他起名叫耶穌。他將要為大，稱為至高者的兒子；主神要把他祖先大衛的王位給他。他要作雅各家的王，直到永遠；他的國沒有窮盡。[18]」（路加1：31-33）畫幅左側的瑪利亞聞訊顯然頗為意外，雙手張開於胸前，呈訝異狀。天使與瑪利亞兩者恭敬如儀籠罩在聖光環中。畫沿右側，一株昂揚傲立百合花綻放，象徵聖母瑪利亞童真無瑕，而天使羽翼也伸展開來，神、人兩界的信物，以對稱方式表現。

　　此外，畫幅正中央上方，天使與瑪利亞頭部居中的位置，還有一隻造形靈巧、化身鴿子的造形。這是聖靈的表徵。它具備3個小細節：朵朵雲層、聖十字光圈、聖鴿喙覆疊在瑪利亞聖圈上，交待「聖靈要臨到你身上」（路加1：35），亦即刻劃聖母聖靈受孕密契時刻。在《新約》4大福音中，〈路加福音〉第1章26-38節，就以天使預告聖子誕生的記載最為詳盡，包括瑪利亞對此先是質疑，而後經天使解釋後勉為接受，也是傳統『聖告圖』主要的根據。

　　配置在『聖告圖』左側的《新約》圖像『女子與蛇蠍』，則並非傳統慣見的「夏娃偷食伊甸園禁果」，或是「亞當夏娃兩人手持禁果與蛇蠍對峙」的場景。相反地，這幅『女子與蛇蠍』敘事圖[19]，刻劃一位長髮披肩的年輕女子，兀自置身在一株青蔥茂密的樹上，一手扶著枝葉，一手拎著垂地的字捲軸[20]，而伸出右腳踩踏盤旋樹幹而上的蛇蠍前腦勺。

　　這個視覺處理，文本出自《舊約》〈創世記〉的著名經文：「耶和華神對蛇說：你既做了這事，就必受咒詛，比一切的牲畜和野獸更重。你必用肚子行走，終生吃土。我

17 比對奧地利國家圖書館藏《維也納貧窮人聖經》（Codex Vindobonensis 1198）跟大英圖書館藏《貧窮人聖經》單印版（編號C.9 d.2）兩卷帙，字捲軸上留白經文，應為「主和你同在！」（路加1：28）此為加百列下凡時，向瑪利亞致敬的問候語。參見：Franz Unterkircher & Schmidt（1962），VII；Labriola & Smeltz（1990），99。

18 本文《舊約》與《新約》中譯文的引用，下未註明概取自和合本修訂版中譯本，摘自香港聖經公會網頁http://rcuv.hkbs.org.hk/。

19 大英博物館編號C. 9 d. 2《貧窮人聖經》單印版中，搭配『聖告圖』的《舊約》敘事圖像為『夏娃與蛇蠍』（左側），刻劃人類始祖夏娃以站姿與蛇蠍對峙的場景，跟雷弗里安本冊頁揀選『女子與蛇蠍』的題材不一；『聖告圖』右側『基甸與羊毛奇蹟』，在兩抄本中則為一致。參見羊文漪（2010），頁1-29。

20 這幅字捲軸也留白未做抄繕，經查或為：「蛇蠍力竭勢衰，處女天然產子。」（Vipera vim perdet, sine vi pariente puella.）參見Unterkircher & Schmidt（1962），32。

要使你和女人彼此為仇；你的後裔和女人的後裔也彼此為仇。他要傷你的頭；你要傷他的腳跟。」（創3：14-15）『女子與蛇蠍』畫面場景聚焦在這段經文最後神對蛇蠍的詛咒上，也是一件未來發生及應驗的事，意表耶和華戰勝化身蛇蠍撒旦的無所不能。

針對『女子與蛇蠍』與『聖告圖』的並置原由與互涉的關係，在圖像正上方的頌經文中做了交代，它如下寫到：

> 我們在創世記中讀到，天主向蛇蠍說：「你必用肚子行走。」接著，天主對蛇蠍及女人說：「女人要傷你的頭，你要傷她的腳跟。」這個記載，在萬福女子聖靈受孕中實現了[21]。

上面這段頌經文本，有兩點值得特別注意。其一是《舊約》為《新約》的預告，而後者為前者的應驗，這是基督教預表論神學的展示，也是《貧窮人聖經》一書編纂的依據所在，為早期教父針對〈創世記〉第3章14-15節所做的解經論述[22]。而循此觀之，夏娃犯下了原罪，後由瑪利亞聖靈受孕產子進而得以彌補，原罪也才得以去除，屬天主對人類救贖工程計畫之一。（Louth, ACCS, 2001, 88-91）其二是『女子與蛇蠍』圖像上再現的，並非《舊約》經書所載，"他要傷你的頭"，而是冊頁頌經文上方所寫，"女人要傷你的頭"，懲罰蛇蠍的主體不一[23]。對此，奧地利學者施密德即表示：《貧窮人聖經》此圖像表現的是「童貞瑪利亞自己將懲罰加諸於蛇蠍身上。」（die Jungfrau selbst der Schlange den Schaden zufuegt. Unterkircher & Schmidt, 1962, 32）亦即此意。

聖弗里安冊頁中央環圈右側的《舊約》敘事圖像『基甸與羊毛奇蹟』，揀選自《舊約》〈士師記〉書卷，刻劃驍勇善戰、以寡敵眾的士師基甸一舉擊退米甸人大軍前，蒙天主召喚的經過。出身卑微的基甸，對於神的召喚與承擔重任，心存疑惑，

---

21 拉丁釋文如下：Legitur in Genesi, q(uod) d(omi)n(u)s dixit serpenti: super pectus (tuum) gradieris. Et postea ibidem Legitur de serpente et muliere: Ipsa conteret caput (et) tu insidiaberis calcaneo eius. Nam istud in annu(n)tiatione beate virginis adimpletu(m) est. 另，聖弗里安冊帙在拉丁文抄繕上，經常省略一二字母，或以簡寫方式替代。本文循學術引文的慣例，凡未露出的字母概於括號內補入。卷帙中標點符號的使用，也與今不一。本文也以今通用方式加上標點符號有利閱讀。下同，不做另註說明。

22 基督教早期教父就《舊約》及《新約》進行文論書寫，累積詮釋解經的文獻夥眾，當中不乏有關預表論神學的許多資料。1998至2010年間，美國神學教授Thomas C. Oden總主編，出刊《古代基督信仰聖經註釋叢書》（Ancient Christian Commentary on Scripture，簡稱ACCS）29冊套書，計收錄西元6世紀以前基督教早期教父與教會人士等百餘位作者，針對聖經所做解經詮釋，並依各書章卷節順次排序，且含原出處及解經作者名，十分方便於檢索，為本書使用主要參考書目之一。下以ACCS做標示，並以英文原著為引用對象。

23 〈創世記〉3章15節這句經文，和合本修訂版與武加大古聖經所載：「女人要傷你的頭」不一。本文根據聖弗里安《貧窮人聖經》所依循的武加大聖經為準，特此註明。參見http://www.latinvulgate.com/

先後兩次向天主要求一個記號。第一天在乾的地面上，一片羊毛滋潤於露水中；第二天，基甸又説：「求你不要向我發怒，我再說一次：讓我用羊毛再試一次。但願羊毛是乾的，遍地都有露水。」（士師6：39）次日清晨，未遭浸漬的一片乾羊毛，果真現身在濕的地面上。隨後在神助下，基甸率領三百名族人，擊退米甸人上萬敵軍，為以色列帶來近40年太平寧靜的日子。

『基甸與羊毛奇蹟』一圖，視覺表現上頗為細緻。基甸一人從容英挺煥發，站在畫幅右側，一身中古騎士軍戎裝備齊全，配戴鍊圈鎖子甲跟及膝的長統鍊襪，外罩無袖及地的長衫，內裡為鍊甲金屬釦，材質如實逼真呈現。他手中的刀與盾牌，特別是那把刀，正是「神已把米甸和全軍都交在他的手中了」的神奇武器。（士師7：14）在畫面左上，自天而降有一位天使，頭戴聖圈、有羽翼、從滾滾雲層中現身，共三個物件，略為擁擠；不過，天使的上半身，有前縮效果，尤其提拎衣衫，下垂的筆直處理，在構圖上填補了中央的空白，有穩定畫幅的功能。在圖的左下方，則為著名的羊毛信物，以羽狀環圈圖案造形表現，頗為細緻，呼應上方滾滾雲朵。基甸手中握的大盾牌上，有五瓣玫瑰花葉，中古時期，為代表耶穌犧牲受難五傷的象徵。整幅敘事圖，集結了數個時段的象徵物，主場訊息則設在天使自雲端現身，向基甸致意：「大能的勇士啊，耶和華與你同在！」（士師6：12）

取材自《舊約》的『基甸與羊毛奇蹟』圖，跟中央環圈『聖告圖』左右毗接，它們的關係也拜預表論神學之賜，且羊毛也扮演一定角色。上方頌經文是如此寫道：

> 我們在士師記中讀到：基甸為了出征勝仗，請求一個記號，甘霖便降在羊毛身
> 上。這是萬福童貞處女聖靈受孕的預告[24]。

『基甸羊毛奇蹟』跟『聖告圖』兩者關係，頌經文本中做了清楚的交代。基甸請求記號，在乾枯一片大地上，惟獨羊毛引領天降甘霖，受到滋潤；一如『聖告圖』中天使加百列下凡，在人世間惟獨對"萬福童貞處女聖靈受孕"來做預告。基甸與瑪利亞，在新、舊兩約當中，十分特別，無獨有偶是唯二蒙受天使降臨，接受「主和你同在」（路加1：28）的致敬對象。早期教父釋經時建立此一關連。（Franke, 2005, ACCS, 122-127）基甸取得濕羊毛的記號，聖母接受聖靈受孕，聖子耶穌

---

24 拉丁釋文如下：Legitur in libro Iudicum. Quod Gedeon petivit signum victorie in vellere per pluviam irrigandum que figurabat virginem gloriosam sine corruptione corporis inpraegna(n)dam ex spiritus sancti infusione.

基督誕生，這是『基甸與羊毛奇蹟』安頓『聖告圖』一旁的原由，底層依據的也是預表論神學觀。

聖弗里安冊頁上，圖文關係十分緊密。如上所示，2則頌經文，闡述2幅《舊約》圖像，跟環圈中央『聖告圖』彼此互動關係，缺一不可。然此之外，冊頁上另有兩類型文本，進一步提供有關冊頁主圖『聖告圖』必備的神學知識。以下關照這兩類文本。

第一類是3段短詩句，以朱紅色繕寫在褐色頌經文的下方底部。此為針對冊頁3幅敘事圖像的評語或是摘要。另一類是4位先知手持字捲軸上，摘自相傳由他們所寫的經書引言，工整嵌入雙環圈的內框中。

3段短詩句，自左向右，依序寫到：「蛇蠍遭無垢女子傷害。」（Vip(e)ra vim patitur de inpaciente puella.）、「處女接受萬福，未婚受孕產子。」（Virgo Salutat(ur), innupta manens g(r)avidat(ur).）、「羊毛沾潤露水，周遭遍地乾枯」（Rore madet vell(us), r(em)anet tam(en) arida tellus.）。這3段短詩句，提綱挈領，描述3幅敘事圖的各別題旨，如同綱要般，有助讀者記誦。不過，從預表論神學角度看，第1句短詩的表述，較後兩句的色彩更為濃厚。

最後，在冊頁環圈外側4角落上，設有4位《舊約》先知半身像，分別依左上、左下、右上、右下順次為以賽亞（Ysaias）、以西結（Ezechiel）、大衛（David）、耶利米（Je(re)mias）等4人，且每人手中都各自扶持著一條以紅字書寫的字捲軸，抄繕在雙環圈的內框中，十分的巧妙。這4位先知的外觀個人化色彩並不鮮明，非屬於肖像畫，咸以面朝環圈的半身像做表現。但引人注意到的是，他們兩位蓄鬚，兩位是年輕人，一律頭戴帽飾，且各具特色，獨樹一格，為繪圖者發揮想像所在。另外，在構圖上，具有區隔3敘事圖安排之作用，因他們背部筆直，皆以垂直方式處理。

聖弗里安冊頁上，安排4位《舊約》先知出場，他們自是見證人的身份；取自他們經書的引文，則有如證詞一般，也都跟冊頁主圖有關，作為加持之用。依左上、左下、右上、右下順次，4位先知的引言分別寫道：

「必有童女懷孕生子。」（Ecce virgo concipiet (et) pariet.）（以賽亞7：14）

「這門必須關閉，不可敞開。」（Porta clausa erit et non ap(er)ietur.）
（以西結44：2）

「他必降臨，像雨降在已割的草地上。」（Descendet sicut pluvia
invellus.）（詩篇72：6）

「耶和華在地上造了一件新事。」（Novum faciet dominus super t(er)
ra(m).）（耶利米31：22）

這4摘引句，擲地有聲，字字珠磯。前兩句，以賽亞與以西結先知的引言，十分經典：
"必有童女懷孕生子"、"這門必須關閉，不可敞開"，關涉聖母產前（ante partum）
以及產後（post partum）童貞，始終如一的預告。〈以賽亞〉書卷第7章14節的
這句引言，約至5世紀時，已進入基督教信理。（McKinion, 2004, ACCS, 60-64）
〈以西結〉書卷引文，全經文寫道：「耶和華對我說：『這門必須關閉，不可敞開，誰也
不可由其中進入；因為耶和華—以色列的神已經由其中進入，所以必須關閉。』」（以西
44：2）其原脈絡，是關於以西結對重建聖殿的描述，早期教父解經下，則納入瑪利
亞產後童貞的依據之一。（Stevenson & Glerup, 2008, ACCS, 1141-1142）

　　至於後兩句的摘引言出自〈詩篇〉書卷內文，傳由大衛王所寫，刻劃大衛祈求
耶和華，祝福其子所羅門國運昌隆的一首祈願詩。經連線基甸羊毛奇蹟，再脈絡
化之後，則涉入聖子降臨，天主創世造人的恩典計畫中。（Wesselschmidt, 2007,
ACCS, 90-91）同樣的，先知耶利米的句子原脈絡為巴比倫流亡時期，耶利米為了
安撫鼓舞子民所寫的一封預言式的書信，置入聖弗里安版本的環境跟語境中，"耶
和華在地上造了一件新事"，則指道成肉身，救世主的誕生。

　　聖弗里安本冊頁敘事單元，以天使加百列向瑪利亞預告聖靈受孕、聖子誕生為
軸心，外掛計6圖4文，包括2幅敘事圖、4幅先知像與4則先知摘引文。它們無例外，
一致剪輯自不同時期所寫的《舊約》書卷，也發生在不同人士的身上。在精心揀選、
跨時空文本的搭配組織，『聖告圖』冊頁的讀者，便取得有關報佳音基礎性神學知
識，對於未來宣教知識傳遞亦具實用價值。

2 『耶穌誕生』（Nativity）

圖2：『耶穌誕生圖』冊頁單元（左側『摩西與火荊棘』；右側『亞倫的發芽杖』），（fol. 1v, below）
© Die Stiftsbibliothek St Florian

　　聖弗里安第2則耶穌生平敘事單元為「主的誕生」（Nativitas d(omi)ni），並以拉丁文寫於環圈內框正上方位置。左右配置嚴選的《舊約》對應敘事圖，左為『摩西與火荊棘』（德：Mose vor dem brennenden Dornbusch；英：Moses and the burning bush），右為『亞倫的發芽杖』（德：Aarons Stab，英：Aaron's flowering rod）。中央環圈外沿4個角落為《舊約》先知但以理（Daniel）、彌迦（Michas）、以賽亞（Yesaias）與哈巴谷（Abacuch）等4位的半身像。他們每人手持一則字捲軸，工整嵌入環圈外框中。此外，冊頁上另外兩組群文本，為上方左右2則頌經文，以及屬於3幅敘事圖的各一則短詩句在前者欄位的底部，分別以褐色、紅色繕寫完成。

　　承接道成肉身『聖告圖』之後，聖弗里安繪本冊頁單元為『耶穌誕生圖』（德：Geburt Christi；英：Nativity），刻劃瑪利亞分娩後抱著聖子耶穌，與養父約瑟一

起現身於馬槽，素樸合諧的情景。瑪利亞頭戴聖圈位在環圈內左方，以側面身姿，端莊雍容地坐在單背床沿。她一手托著聖子肩頸部位，一手觸撫聖子臉頰，含情脈脈，母子情深。守護在右側的是養父約瑟，也呈筆直側面坐姿，雙手支倚拐杖，蓄鬚捲髮，凝望著一旁聖母與聖子，一家溫馨景緻躍然流露於紙上。

在場景中央偏右的地方還有一方形雙層的硬體結構，下為祭壇外觀造形，飾四瓣十字架鏤空圖案；上為馬槽，一頭牛及一隻驢子，以見證者的身份現身。後者的這個圖像細節，廣為周知，源自8、9世紀所撰《偽馬太福音》（*Gospel of Pseudo-Matthew*）第14章。（Hornik & Parsons, 2003, 98-99）之後載入雅各·德·佛拉金（Jacobus da Varagine, c.1230-1298）於1275年前後所完成，著名的《黃金傳奇》（*Legenda Aurea*）第一卷中。這兩位作者所依據的文本，則出自《舊約》〈以賽亞〉經書所載：「牛認識主人，驢認識主人的槽，以色列卻不認識，我的民卻不明白。」（以賽1：3）牛及驢子現身在『耶穌誕生圖』中，換言之，有雙重的意涵：一來勾勒聖子誕生於馬槽的所在地，二來彰顯牠們靈性遠高於人，已識主之意[25]。（McKinion, 2004, ACCS, 4-7）

冊頁左側的『摩西與火荊棘』（德：Mose vor dem brennenden Dornbusch；英：Moses and the burning bush）敘事圖，刻劃摩西引領族人脫離法老統治出埃及之後，蒙召在西奈山領取十誡的著名經過。根據經書所載，一天摩西（Moyses）領著岳父的羊群在何烈山（Horeb）牧羊時，看到一株燃燒的荊棘樹，於是被吸引過去，耶和華的使者現身其中，身體髮膚卻未受絲毫損傷，還向摩西說：「不要靠近這裡。把你腳上的鞋脫下來，因為你所站的地方是聖地。」（出埃3：5）圖像所描繪的，正是這經過。

在畫幅上，年邁摩西一臉絡腮鬍兀自坐在山坡地上。他的左腳踏出了畫框，正待脫下右腳短靴。置身在荊棘樹上的，不過不同於文本，並不是天使，而是頭戴十字聖圈耶和華本尊，祂側首表情嚴肅告誡摩西，如手中字捲軸所寫：「此為聖地，脫下鞋來。」（Solve calciamenta pedu(m) tuor(um) loc(us) enim (……) est.）這幅字捲軸，以對角線方式，切分畫面分為神、人兩界，且做微微飄浮狀，跟下面截直取彎荊棘樹幹，兩相呼應。畫面左下角，則表現兩隻摩西牧養的捲毛羊，處理格外細

---

[25] 在《藝術與基督教次經》（*Art and the Christian Apocrypha*）一書中兩位作者提到，今藏米蘭聖安博羅修教堂一座4世紀棺槨浮雕上有『耶穌誕生圖』中牛及驢子的露出表現，或為最早視覺圖像案例。參見Cartlidge & Elliott（2001），18。

緻。一隻面朝下方，吃草進食狀；一隻昂首張望，正如一旁『耶穌誕生圖』中的牛及驢子，仿偌感知自身進到非凡神界。這幅有關摩西的敘事圖配置在『耶穌誕生圖』之側，場景雖設在在西奈山上，卻與十誡律法無關，一如上方頌經文寫到：

> 我們在出埃及記讀到，摩西看到荊棘樹的燃燒，卻完好無缺；聽到荊棘樹中
> 傳來天主的聲音，這意表萬福童貞瑪利亞，分娩產子，身體完好無缺，處女分
> 娩仍保有童貞[26]。

『摩西與火荊棘』一圖，依上面頌經文所述，刻劃主題重點，不在摩西上西奈山領取十誡的經過，而是在那株未受分毫損傷的荊棘聖樹，它意表瑪利亞 "處女分娩仍保有童貞"。如同前則『聖告圖』冊頁單元，環圈左下以西結先知字捲軸上所寫的：「這門必須關閉，不可敞開。」（以西結44：2）共同分享著聖母產後童貞（post partum）的意涵。（Lienhard & Rombs, 2001, ACCS, 9-17）這也是十誡石版議題在圖像上一概缺席的原因。

　　冊頁環圈右側『亞倫的發芽杖』（德：Aarons Stab；英：Aaron's rod），也關涉耶和華的另一則神蹟。取材自《舊約》〈民數記〉的這幅圖像，刻劃著摩西兄弟亞倫（Aaron），榮天主欽定為以色列大祭司長的傳奇經過。誠如天主口諭摩西說道：「你要吩咐以色列人，從他們當中取杖，每父家一根；從他們所有的領袖，按著父家，共取十二根。你要把各人的名字寫在他的杖上，並要把亞倫的名字寫在利未的杖上，因為各父家都有一根杖。你要把這些杖存在會幕裡法櫃前，我與你們相會的地方。我所揀選的人，他的杖必發芽。我就平息了以色列人向你們所發的怨言，不再達到我這裏。」（民數17：2-5）摩西遵照神的旨諭，讓以色列各族12根木杖，放在法櫃前。到了第二天早上，單只有亞倫的杖，「已經發芽，長了花苞，開了花，也結出熟的杏。」（民數17：8）他因此脫穎而出，成為以色列的大祭司長。

　　在圖像上，莊嚴尊貴年邁的亞倫，一身祭司裝扮站在法櫃祭壇桌旁，左手拎著祭儀香爐，右手托著茂盛堅挺秀麗的發芽杖，便是那株一夕間顯神蹟的聖枝。地位崇高的亞倫，畫幅表現十分著墨，頭戴尖聳祭司帽，上鑲著珍貴鑽石，冠頂是一枚十字架，胸前也配上十字架項鍊，長衫袖口沿緣鑲嵌圖案。在他身後有兩子觀禮，

---

26 拉丁釋文如下：：Legitur in exodo, quod Moyses vidit quod rubus ardebat et no(n) combureret(ur) et d(omi)n(u)m audivit de rubo sibi loque(n)tem. Rubus ardens, qui no(n) comsumit(ur), significat virginem parientem s(i)n(e) corruptione i(n) tegritatis corp(or)is, quia virgo pep(er)it et incorrupta p(er)mansit.

簇擁於後，見證此一職權神聖時刻。『亞倫的發芽杖』圖像上方講經文，描述説明該圖與『耶穌誕生圖』間互動關係。它是如此寫的：

> 我們[在民數記]讀到，亞倫的杖一夕間發芽開花，這預表童貞瑪利亞，在沒有男人及種子下，分娩產下聖子，我們的主耶穌[27]。

『亞倫的發芽杖』一圖，從上頌經文顯示，重心放在瑪利亞童貞產子上。《舊約》〈民數記〉記載亞倫榮天主欽定成為以色列大祭司長的經過，藉由剪輯、再脈絡化，跟瑪利亞童貞受孕產子相合，形成預表關係。

本冊頁除了生動的圖像表現，以及兩則頌經文的鋪陳外，中央環圈主敘事『聖告圖』周邊的4位《舊約》先知，也翩然而降，成為『聖告圖』的見證人，手中字捲軸提供證詞。近『摩西與火荊棘』圖，亦環圈左側上下的兩先知引言，如此摘錄：

> 「見有一塊非人手鑿出來的石頭。」（Lapis abscisus e(st) d(e) monte s(i)n(e) m(an)o.）（但以理2：34）

> 「伯利恆的以法他啊，你在猶大諸城中雖小。」（Tu terra Bethlehem, terra iuda.）（彌迦5：1）

摘引自但以理與彌迦先知的這兩句引言，前者描述以色列人在巴比倫之囚時期，先知但以理為巴比倫君王尼布甲尼撒所做的一個著名釋夢情節。在該夢中，尼布甲尼撒看到一尊金銀銅泥的巨像，但以理加以開示，它們象徵4個未來的國度。之後尼布甲尼撒夢中再出現"一塊非人手鑿出來的石頭"，但以理說道，這是指神所立的王國「永不敗壞，……打碎滅絕所有的國度，存立到永遠。」（但以理2：44）這個「存立到永遠」的國度，在後來的解經傳統中則認為耶穌基督的王國，或如奧古斯丁所説這一塊巨石，指的便是耶穌基督。（Stevenson & Glerup, 2008, ACCS, 170）出自《舊約》〈但以理〉的這句引文，嚴選配備於『耶穌誕生圖』一旁，經過再脈絡化，則表述聖子基督的神格、預告「必存到永遠」國度的降臨。

至於南方猶大國小先知彌迦，他的字捲軸引言所涉意涵也十分清楚顯見。緊接著「伯利恆的以法他啊，你在猶大諸城中雖小」的摘引經文後，彌迦在他先知書中接著說：「將來必有一位從你那裡出來，在以色列中為我作掌權者；他的根源自亙古，從太

---

27 拉丁釋文如下：Legitur quod virga Aaron una nocte floruit, quod significabat virginem sterilem sine virile semine ac co(m) mixt(i)one parituram. filium dei, scilicet christum d(omi)n(u)m nostrum.

初就有。」（彌迦5：2）那位來自猶大地伯利恆出來的人，指的對象自是耶穌基督，且「從亙古，從太初就有」這句經文，也將聖子的誕生降臨，跟天主創世記時所做的安排與計畫，無縫扣合為一體。（Ferreiro, 2003, ACCS, 164-165）

在中央環圈右側，近『亞倫的發芽杖』一圖上下，以賽亞與哈巴谷2位先知，他們手拿字捲軸也接著說：

「有一嬰孩為我們而生；有一子賜給我們[28]。」（Parvulus natus est nobis.）（以賽亞9：6）

「耶和華啊，我聽見你的言語就懼怕[29]。」（In medio du(or)um animalium agno.）（哈巴谷3：2）

這兩句《舊約》經書引句，前者選自〈以賽亞〉一書，本身具預告色彩，與《耶穌的誕生》一圖並置下，見證聖子誕生為天主所賜贈，自遠古業已相傳。（McKinion, 2004, ACCS, 70-76）後者取材自〈哈巴谷〉書卷，則是這位小先知對於天主打從心底的臣服及敬畏。同樣移轉到耶穌誕生的環境氛圍裡，心存畏懼的對象，是道成肉身，耶穌基督的無所不知無所不能。（Ferreiro, 2003, ACCS, 198-199）不過這裡還需要指出，〈哈巴谷〉書卷的這句摘引文，同時也呼應『摩西與火荊棘』圖中，耶和華向摩西說：「不要靠近這裡。把你腳上的鞋脫下來，因為你所站的地方是聖地。」（出埃3：5）

聖弗里安《貧窮人聖經》每冊頁敘事單元，計含7圖9文，猶如磚石般，一塊塊推砌出強而有力的主題論述。由上圖文分析可知，本冊頁的重點並非單一再現耶穌在母親及養父的悉心呵護下的出生，而是關涉母親瑪利亞聖靈受孕童貞產子此一神跡。在冊頁上方文本區塊的底層，針對3幅敘事圖像，其編者再寫入3句的短詩，自左到右依序是：「炯炯的火燃燒，荊棘樹無異樣。」（Lucet et ignescit, sed n(on) rubus igne calescit.）、「無痛產子，海星瑪利亞。[30]」（Abs(que) dolore

---

28 〈以賽亞〉書卷中對於聖母童貞產子，也做出重要預告：「必有童女懷孕生子。」（7：14）該書卷11章1節上接著繼續載入：「從耶西的本（原文是荳）必發一條；從他根生的枝子必結果實」。耶西的根「必結果實」，還有內文上提及，亞倫的權杖「已經發芽，長了花苞，開了花，也結出熟的杏。」，在基督教早期教父解經下，皆歸屬於聖母童貞受孕產子的預言。參見Lienhard & Rombs (2001), ACCS, 233-234。

29 該段經文中譯：「耶和華啊，我聽見你的名聲；耶和華啊，我懼怕你的作為。」（哈巴谷3：2）與冊頁所寫不盡相同。經查武加大所載Domine audivi auditionem tuam et timui，為《貧窮人聖經》其他抄本的依據對象，本文以此為準。另冊頁引文中譯：「羊在兩活物間。」跟圖相合，並陳供參。參見Ferreiro (2003), 198。

30 海星，亦名海洋之星（Stella Maris, Star of the sea）為聖母瑪利亞諸多稱號之一，取其指引海上旅人以及庇護漁夫之意。據傳出自聖傑羅姆（St. Jerome, c. 340-420）的翻譯，至遲8、9世紀通行於天主教教會。參見Maas, 1912, 網址http://www.newadvent.org/cathen/15464a.htm。

p(ar)is, stella Maria maris.)、「杖發芽，非尋常。」(H(ic) c(ontra) morem produ(ci)t virgula flore(m).)，提綱挈領對冊頁上3幅敘事圖主題，再次做出總結性的提示，以供記誦默禱，常存心中。

3 『三王朝聖』(Adoration of the Kings)

圖3：『三王朝聖圖』冊頁單元（左側『押尼珥晉見大衛王圖』；右側『示巴女王朝貢所羅門王圖』），(fol. 2r, above)
© Die Stiftsbibliothek St Florian

　　聖弗里安《貧窮人聖經》抄本第三單元主敘事圖，如環圈內框所寫「主的顯現」(Epiphanie Dei)，今稱『三王朝聖圖』(德：Anbetung der Könige；英：Adoration of the Kings)，或『東方三賢士朝聖圖』(德：Anbetung der Magier；英：Adoration of the magi)，或僅稱『朝聖圖』，主要刻劃耶穌基督誕生，東方三賢士隨後千里迢迢前來朝聖的經過。

　　根據《新約》〈馬太福音〉第2章所繪的這則圖像，發生在耶穌聖子誕生後，在母親瑪利亞的陪同下，向世界外邦人士首度公開露面，此為「主的顯現」的原意。

對應《舊約》文本的配置圖，左側『押尼珥晉見大衛王圖』（德：Abner vor David；英：Abner joins David），與右側『示巴女王朝貢所羅門王圖』（德：Salomo und die Königin von Saba；英：The meeting of Solomon and the Queen Saba）。聖子、大衛王、所羅門王3位敘事圖的主人翁，一脈相承有族譜的關係，3場景也同樣對焦在高規格盛大的晉見場景上。

中央環圈外沿4角落4見證人，分別為傳〈詩篇〉作者的大衛（David）、以賽亞（Ysaias）先知，以及著名異邦人巴蘭（Balaam）等半身像，他們手持字捲軸，上有經書文本為證詞，呼應『三王朝聖圖』主敘事圖的神學重要性。以賽亞則在本冊頁上出現兩次。

在視覺圖像上，主敘事『三王朝聖圖』在中央環圈，聖母安頓於畫幅右側寶座上，雙手抱著站在身上的聖子耶穌，兩人頭戴聖圈，地位尊榮顯赫。筆直而站的幼兒耶穌神情莊嚴，正伸出右手，向前來晉見的三位國王賜予祝福。這3位東方來的國王，包括一位年輕人，一位年事較高，咸用站姿表現，另一位蓄鬚長者國王則單膝跪地，三位都戴著王冠，如經書所載，他們「進了房子，看見小孩子和他母親馬利亞，就俯伏拜那小孩子，揭開寶盒，拿出黃金、乳香、沒藥，作為禮物獻給他。」（馬太2：11）後景中的國王姿態十分特別，高舉起右手，指向天際，也便是那顆著名伯利恆之星，（馬太2：2）亦在指引三王前來朝拜的神秘路標。中央主圖共收納5位人物，包含三王他們獻上的寶盒黃金沒藥等獻品，不免略嫌擁擠。聖子居中堅挺站在母親身上，一腳踩踏寶座上，顯得威嚴有加。

冊頁左邊是《舊約》『押尼珥晉見大衛王圖』，刻劃掃羅王大將押尼珥（Abner）前來歸化大衛王的情景。大衛與前王掃羅關係齟齬，後者處心積慮欲除之為快，掃羅身邊大將押尼珥率軍前來投誠，意義重大，非比尋常。大衛之後能消弭紛爭登基為王，與押尼珥前來投靠為關鍵所在。在左側圖像中，大衛王在左，手持一根權杖正面側坐於寶座上，外觀造形年紀甚輕，一頭捲短髮，頭戴三傘狀皇冠。他的身前是前來歸順的押尼珥將軍，身後為三位隨伺。當晚賓主盡歡盛宴之後，押尼珥即對大衛王說：「我要起身去招集全以色列，來到我主我王這裏，與你立約，你就可以照你的心願作王，統治一切。」（撒下3：21）大衛聽完，便讓押尼珥安然離去。圖像特別引人注意的是，押尼珥卸下一身武將軍戎，以平民裝束現身，隨

扈中一人，則是全身披著甲冑，手持一面碩大盾牌，傳遞押尼珥晉見一行軍階職身份。押尼珥離席後剛出城門，不幸便遭人暗殺而死。大衛對此傷慟不已，為之打理盛大的後事及喪禮，因此得到人心，最終完成統一以色列之大業。（Franke, 2005, ACCS, 338-339）

大衛是耶穌基督的先人，香火一脈相承而具象徵意義。在圖像上方講經文中，便寫道『押尼珥晉見大衛王圖』跟『三王朝聖圖』之間，兩者關係的共振：

> 我們在列王紀第二章讀到，掃羅手下將領押尼珥，來到希伯崙[31]晉見大衛，並
> 將原屬掃羅手下的所有以色列人都歸順他。這件事，預表三賢士帶著奇珍異
> 寶，前來朝拜聖子耶穌基督[32]。

針對《貧窮人聖經》一書中新、舊兩約圖像的並置模組，奧地利學者施密德曾將之分為4種互動類型，分別是：「情境韻」（Situationsreime）、「意義韻」（Bedeutungsreime）、「象徵韻」（Symbolreime），以及「應驗平行韻」（Erfuellungsparallelismus）。（Schmidt, 1959, 109-110; 1962, 34）循此看來，『押尼珥晉見大衛王圖』與『三王朝聖圖』這兩圖跨兩約的並置互涉，屬於第一類情境韻，共同分享朝貢尊榮王者的主題。

在『三王朝聖圖』主敘事圖的右側，是發生稍晚，記載於〈列王紀上〉書卷的『示巴女王朝貢所羅門王圖』。這幅《舊約》敘事圖上的人物出場設計及構圖安排，跟『押尼珥晉見大衛王圖』同質性高。遠道而來朝貢的貴賓示巴女王（Regia Saba）與尊榮主子所羅門王（Salomon），在畫幅上一坐一站分立左右，隨從人員集中於右後方。矗立的權杖物件跟寶座造形，跟前圖也頗為雷同。細節上，所羅門王與其父王大衛，兩人權杖頂端造形與皇冠設計在細節上有所不同。所羅門王身帶項鍊、肩上披著似一絨毛圍巾，飾物配件不俗。他伸出右手歡迎遠道嘉賓，與雍容華麗的示巴女王四目相交，身份對等。示巴女王神情嚴肅雙手交胸，以手勢回應經文記載：「她來到所羅門那裏，向他提出心中所有的問題。」（列王上10：2）在她

---

31 冊頁上原抄錄耶路撒冷城（Jerusalem），後遭刪去改為希伯崙城（Hebron）。該地位於耶路撒冷南方約20公里處，亦為押尼珥率領20人晉見大衛之處，如〈撒母耳下〉第3章20節所載。

32 拉丁釋文如下：Legitur in se(cun)do libro Regum, quod Abner p(ri)nceps miliciae Sa(u)lis venit ad David i(n) Hebron, ut ad eum reduceret p(o)p(ulu)m totum Isr(ae)l, qui adhuc sequebat(ur) d(omi)n(u)m Saulis, q(uo)d b(e)n(e) p(rae)figurabat adventu(m) magor(um) ad Xpm (Christum) venientiu(m), q(ui) eu(m) mysticis mun(er)ib(us) honorabant. 另，武加大聖經編列王紀共有4書卷，為今〈撒母耳〉上下及〈列王紀〉上下。頌經內文所寫 "列王紀第二章" 指今〈撒母耳下〉。

身後一位貴婦，捧著一袋寶石，是獻給主人的珍貴禮物，包括黃金、香料貢品等。
（Conti & Pilara, 2008, ACCS, 66-68）不例外地，這幅朝貢圖跟耶穌生平『三王朝聖圖』圖像上方的頌經文上看來，彼此的關係也屬施密德所提「情境韻」的範疇。它如此寫著：

> 我們在列王紀第三章讀到，示巴女王聽到所羅門王的聲名，帶著珍寶前來榮耀他。示巴女王是異邦人，正預表異邦來的三王，長途跋涉前來敬拜[我們的主耶穌][33]。

本冊頁《新約》與《舊約》兩端的敘事圖像，在外觀構圖上具有其相似性（äußerer Ähnlichkeit），在視覺上則具有類比的效益（optisch wirksamen Analogie），是施密德在《14世紀貧窮人聖經》該書中界定的情境韻特色。（Schmidt, 1959, 109-110）本單元主圖像為『三王朝聖圖』，透過兩《舊約》敘事圖的排比共構，耶穌幼兒在母親隨同下向世人現身，透過從遠方攜帶珍寶蒞臨的國王膜拜，產生等同其先人萬王之王尊榮的身份。不論是統一以色列的大衛王，或是德政遠播智者所羅門王，這兩位古代明君的豐功偉業、彪炳功績，如鏡像映照在聖子降臨的身份上。

在冊頁中央環圈雙框裡的4則字捲軸，異曲同工地發出頌揚讚譽之聲，揀選自《舊約》經文書卷的摘引文是如此寫到：

> 「他施和海島的王要進貢。」（Reges Tharsis et insule munera offerent.）（詩篇72：10）
>
> 「必有許多民族前往。」（Fluent ad eum omnes gentes.）（以賽亞2：3）
>
> 「示巴的眾人都必來到。」（Omnes de saba venient.）（以賽亞60：6）
>
> 「有星出於雅各，有杖從以色列興起。」（Orietur stella ex Jacob.）（民數24：17）

---

[33] 拉丁釋文如下：Legitur in t(er)tio libro Regum, quod regina Saba ve(n)it ad Salomone(m) in J(e)r(usa)lem cum magnis mun(er)ib(us) eu(m) honorando. Hec quide(m) regina gentilis erat, q(uae) sifnificabat b(e)n(e) gentes, que d(omi)n(u)m cum muneribus de longi(n)quo veniebant adorare [dom (inum) nostrum Jesum Chrisrum]。另，頌經內文 "列王紀第三章" 指今〈列王紀上〉。參前註腳敘明。

這4則《舊約》引言，包括相傳由大衛所寫的〈詩篇〉，屬先知〈以賽亞〉書卷的兩則經文，以及收錄在〈民數記〉中，著名的異邦人士巴蘭所說的話，鏗鏘有力地成為證詞。綜括看，除了出自巴蘭口中的話，其餘3則引文雖經去/再脈絡化的轉軌再利用，但仍不失對敘事主圖的直接描述。

〈詩篇〉引言所提的他施（Tarshish）為一地名，乃是腓尼基的屬地，多次出現在《舊約》中。以賽亞的兩段經文引句，前者論末世降臨時，耶和華聖殿屹立不搖，萬民歸宗，諸國子民攜手前往[34]；（McKinion, 2004, ACCS, 23-25）後者"示巴的眾人都必來到"，則為〈以賽亞〉書卷作者，引據〈列王記上〉的內文，置放『示巴女王晉見所羅門王圖』一旁，再貼切不過。異邦人巴蘭的話，經常跟亞倫的杖一夕間發芽開花做連結（參前單元右圖），共同屬於針對聖子降臨的預告。（Lienhard, 2001, ACCS, 247-249）因他那句話來自天主的口諭：「耶和華傳給我的話，我能不謹慎傳說嗎？」（民數23：12）雖然巴蘭身為異邦人，並非《舊約》的先知，不過多次發出醒世預言而深獲重視。另，冊頁上以賽亞有兩段摘引文，依次序為中央環圈外側左下、右上，按理說引文一旁都是他的半身像，但在視覺處理上，這兩人外觀造形不一，帽飾與面頰鬍鬚表現也不同，這反映出在聖弗里安卷帙中，環圈外的先知半身像並非屬人物肖像。中世紀繪本圖文分離製作，在此可略窺一二。同時反映話語人現身於引句一旁，語言及圖像並陳的深刻力量。

最後，在冊頁文本區的底層，聖弗里安《貧窮人聖經》載入3句短詩文，從左至右一行排列，分別是：「萬國眾民爭先齊聚主耶穌身旁。」（Plebs not(at) h(ic) gentes C(hristo) iungi cupientes.）、「朝拜基督，黃金、乳香和沒藥獻上給祂。」（Xpt (christus) adorat(ur), auru(m), thus, myrrha libat(ur).）、「外邦人引路來到主耶穌跟前。」（H(oc) typice ge(n)te(m) not(at) ad X(christum) veniente(m).）這3則短詩句，無獨有偶，咸對焦在『三王朝聖圖』上，為聖子誕生首度現身，做出禮讚與頌譽。這裡，從編纂構思的角度來看，聖弗里安冊頁上3短詩句，一般分別屬於3則敘事圖的主題概要，但本單元則打破此一慣例，聚焦於聖子誕生的主圖，尤顯無遠弗界，萬邦人士前來瞻仰的空前盛況。

---

34 〈以賽亞〉2章2節字捲軸中的引言，與〈彌迦書〉4章1節經文不盡相同。前為Fluent ad eum omnes gentes，後為Fluent ad eum populi。1962年由Franz Unterkircher釋文及翻譯的《維也納貧窮人聖經》（*Die Wiener Biblia pauperum*）一書中，針對本句字捲軸的內容做了正確釋文，但出處標示為〈彌迦4：1〉，實為誤植。見該書，VIII。

4 『入聖殿』(Presentation of Jesus at the Temple)

圖4：『入聖殿』冊頁單元（左側『長子獻主』、右側『撒母耳聖殿獻主』）(fol. 2r, below) © Die Stiftsbibliothek St Florian

　　聖弗里安《貧窮人聖經》第四則敘事單元，為聖母瑪利亞分娩潔淨後，帶著幼兒耶穌進到聖殿獻主的刻劃。這是古猶太人的習俗視覺的再現。誠如《新約》〈路加福音〉所載，瑪利亞與約瑟在聖子誕生後，「按摩西律法滿了潔淨的日子，他們就帶著孩子上耶路撒冷去，要把他獻與主。」（路加2：22）冊頁主題則在「潔靜」（Purificac(i)o）上，如中央環圈上所寫。

　　本頁循此做相關的設置及編排，中央環圈內主敘事圖為耶穌『入聖殿』（德：Darbringung Jesu im Tempel；英：Presentation of Jesus at the Temple）之外，左右為『長子獻主』（德：Reinigungsopfer nach dem Gesetz；英：Presentation of the first-born child in the Temple），與『撒母耳聖殿獻主』（德：Darbringung Samuels im Tempel；英：Presentation of Samuel in the Temple）兩《舊約》圖像，襯托耶穌聖子誕生後對古代典章奉行如儀不墜。

從冊頁所收納3敘事圖整體布局看，針對聖殿獻子此一主題，閱讀順序一律由左側母親帶著頭生兒進入畫面為啟始，中間場景為聖殿祭壇設置所在，畫面右方位置，則為祭司長者，迎接左側進入到畫面的母親跟頭生兒來做安排設計。然在細部勾勒上，重點卻各自不一。左側取自《舊約》〈利未記〉第12章的『長子獻主』一圖，刻劃有兩位母親來到聖殿，她們或牽、或抱、或扶，三位孩童一同出現，當中一位站在祭壇桌上，由右邊一位祭司手拿著字捲軸迎接[35]。右側《舊約》『撒母耳聖殿獻主』圖像上，則表現以色列未來大祭司撒母耳，在母親哈拿（Hanna）引導下，獻給祭司以利（Eli）的經過，對焦於一組母子身上。

　　耶穌『入聖殿』中央環圈的主敘事圖也不例外，具有獨立圖像的訊息。兩個觀察重點在情感交流，刻劃母子移情以及聖子身份地位的獨一無二。聖母瑪利亞位在畫幅左側，她婉約側首姿態表情，高舉起聖子耶穌，親交付給一旁「有聖靈在他身上」的祭司西面（Simeon）（路加2：25），也流露出依依不捨的神情。頭戴十字聖光圈的聖子，由母親雙手抱持懸空而立，他伸出雙手，一手觸撫母親臉頰，也轉身回望母親，反映對親情的眷念。在3幅敘事圖中，惟有聖子在設計上高出於一旁母親，意味匪淺。另在右側迎接他們的西面，則躬彎著身子，伸出雙手，一箭步上前高呼道：「主啊！如今可以照你的話，容你的僕人安然去世，因為我的眼睛已經看見你的救恩。」（路加2：29-30）西面一生殷切的祈盼，終如願以償。

　　在環圈左側沿緣，瑪利亞身後，還有一位隨侍婦女，她捧著獻品，「一對斑鳩，或用兩隻雛鴿獻祭」（路加2：24）也十分特別。此一細節不宜漏失，因經書記載到，引領撒母耳進聖殿的母親哈拿，獻貢品為一頭公牛。（撒母上1：25）但聖家族來到聖殿帶的貢品，則相對微薄。然這也是耶穌『入聖殿』圖的旨趣所在之一。在取自《舊約》『長子獻主』一作的上方，頌經文如此寫到：

> 在古代律法中，婦人產下長子後，要將一隻一歲的羔羊做為燔祭獻給主。貧
> 困的家無法獻上羔羊的，以兩隻雛鴿或兩隻斑鳩做潔淨禮。但榮耀貞潔瑪利
> 亞，無需潔淨，便完成獻祭禮[36]。

35　『長子獻主』圖上的祭司，依上方所寫為摩西（MOYSES），亦首揭古禮神諭的代言人。不過，聖弗里安卷帙人名或地名，循慣例以朱色書寫，摩西這裡的名字為褐色，應為後來補上。同樣，摩西手中字捲軸上的字樣同為褐色，應也是後來一併載入。其內容出自〈利未記〉12章有關婦女潔淨律法的第一句：「婦人若懷孕生男孩……」（Si mulier（……）p(e)pererit ma(sculum)）此做一說明。

36　拉丁釋文如下：Preceptum enim legis erat, q(uo)d mulier parie(n)s pu(eru)m primoge(n)itu(m) ip(su)m redimere debe(b)at ove, paup(er)es aut(em), que ovem h(abe)re no(n) pot(er)ant, duos turtures (vel) colu(m)bas p(ro) puero offerre debe(b)ant, (et) (hoc) p(ro) sua purificatio(n)e, q(uo)d glo(ri)osa virgo adimplevit, quamvis purificari non indiguit.

Shelley Perlove及Larry Silver兩位學者，在討論有關聖殿獻子時曾寫到：「路加福音對於入聖殿的記載，結合了潔淨禮與猶太首生贖罪的習俗[37]。（Luke's narration of the Presentation in the Temple combines the purification rite with the Jewish ceremony of the redemption of the firstborn (Luke 2：23-24)）」（Perlove & Silver, 2009, 191）在上引頌經文中，聖弗里安古帙編纂者先提長子獻主的古禮，後涉入瑪利亞豁免潔淨的議題。如"榮耀貞潔瑪利亞，無需潔淨，便完成祭獻的儀式"，十分獨特，因瑪利亞"無需潔淨"的表述，彷彿對〈路加福音〉所載一個釐清及補遺。或也因此，本冊頁環圈正上方繕寫的，並非聖殿獻子，而是「潔淨」（Purificac(i)o），申表敘明聖母跟古禮仍有所別，因為做為道成肉身降臨人世的耶穌基督，並無聖殿獻子的需求。這一則頌經文的焦點之一，換言之，也在最後"無需潔淨，便完成獻祭禮"，亦關涉聖母瑪利亞無垢的身份上。

　　在中央環圈右側『撒母耳聖殿獻主』一圖上，如前述，刻劃祭司撒母耳小時候，母親哈拿因長年不孕，後祈求天主得子，便還願將撒母耳獻給天主的經過。獻主後，撒母耳跟隨祭司以利身邊，及至長大後受主正式蒙召，成為以利的繼承人，且在以色列士師時期過渡君王時期，為掃羅王及大衛王施膏，大祭司地位崇高，成為最後一位舉足輕重的士師。圖像上，一條寬邊碩長的字捲軸將畫面分為左右。哈拿與撒母耳在左，祭司以利在右，字捲軸經文留白，應該屬於哈拿跟祭司以利所說的話：「我將這孩子獻給耶和華，使他終身歸給耶和華。」（撒母上1：28）這幅『撒母耳聖殿獻主』與『入聖殿』耶穌主圖像的彼此互動關係，在圖像上方頌經文中如此寫道：

> 我們在列王紀第一章讀到，撒母耳母親哈拿，在分娩斷奶後，帶著兒子來到示羅，在會幕前獻給祭司以利。這個獻祭，預表耶穌在聖殿獻主，由祭司西面承理執事[38]。

據〈路加福音〉所載，西面本人並非祭司，而是堅信等待彌賽亞出現的一位公義又虔誠的人。因「他得了聖靈的啟示，知道自己未死以前必看見主所立的基督。」（路加

---

37 引文參見Perlove & Silver (2009), 191。另參Hornik & Parsons (2003)。
38 拉丁釋文如下：Legitur in p(ri)mo Regum, q(uo)d q(ua)ndo Anna, m(at)er Samuelis ip(su)m Samuelem ablactavit, tunc obtulit eu(m) sac(er)doti in sylo in tali fasciculo, que oblatio bene p(re)figurabat oblat(i)one(m) do (domini) in te(m)plo f(ac)tam Symeo(n)i sac(er)doti. 頌經內文 "列王紀第一章" 指今〈撒上〉。

2：26）因而瑪利亞與聖子來到聖殿時，西面一眼便認出耶穌救世主真實身份，從而快步做恭迎的姿態。認主以後，「西面給他們祝福，又對孩子的母親馬利亞說：這孩子被立，是要叫以色列中許多人跌倒，許多人興起；又要成為毀謗的對象，叫許多人心裏的意念顯露出來；你自己的心也要被劍刺透。」（路加2：34）頌經文中，以"祭司西面"稱呼他，雖有所出入，但西面識主非一般常人。至於頌經文中也寫到，撒母耳獻給天主，做為聖子入聖殿獻主的預表，則未必不妥，因哈拿虔敬求子，後獲天主榮寵及應允，耶穌在聖母聖靈受孕下誕生，也出自天主的眷顧與神的安排有關。

在中央環圈外沿的4位《舊約》先知，分別是大衛王（David）、瑪拉基（Malach(ias)）、撒迦利亞（Zechariah）、西番雅（Zephaniah）等4人，他們字捲軸上摘引文，以朱紅筆抄錄在雙環框圈中，依序左上、左下、右上、右下分別寫到：

「耶和華在他的聖殿裏。」（D(omin)us in templo sancto suo.）（詩篇11：4）

「你們所尋求的主必忽然來到他的殿。」（Veniet ad templu(m) s(an)ctum suu(m) d(omi)n(u)s.）（瑪拉基3：1）

「我要來，要住在你中間。」（Ecce ego venio (et) inhabitabo.）（撒迦2：10）

「以色列的王—耶和華在你中間。」（Lux isr(ae)l in medio tui non extin(guetur).）（西番雅3：15）

這4則冊頁上的先知的引言[39]，言簡意賅，宣頌神的無時無刻無所不在。既在自己的聖殿裡，隨時有可能忽然出現；也在相信祂的人民心裡和在以色列王者間，符合冊頁聖殿獻子本身，有關天主人間居所的主題，加以貼切地引用。

4位《舊約》引據的先知當中，瑪拉基、撒迦利亞、西番雅等3位首度現身，他們位在環圈左下、跟右上右下。當中，瑪拉基是《舊約》12小先知之一，他所撰寫的〈瑪拉基〉一書僅含三章，具歷史回顧色彩，討論神與以色列盟約發展及祭司執事

---

39 這4則先知摘引言，循慣例咸屬節錄文。原章節內文依序為：〈詩篇〉11：4經文：「耶和華在他的聖殿裏，耶和華在天上的寶座上；他的眼睛察看，他的眼目察驗世人。」〈瑪拉基〉3：1經文：「萬軍之耶和華說：『看哪，我要遣我的使者在我前面預備道路。你們所尋求的主必忽然來到他的殿；立約的使者，就是你們所仰慕的，看哪，快要來到。』」〈西番雅〉3：15經文：「耶和華已經免去對你的審判，趕出你的仇敵。以色列的王—耶和華在你中間；你不再懼怕災禍。」此處做一轉載供參。

角色的變遷。雖然《舊約》中關涉瑪拉基的相關記載不多，但因該書對耶穌降臨做出預言，獲後世重視，也納入《舊約》最後的書卷。撒迦利亞則為西元前5世紀的先知，《舊約》〈撒迦利亞〉一書計14章，對於彌賽亞的降臨有細部描述，也廣為《新約》作者挪用互文以及引據的對象。而西番雅本身原為猶大王國末期一位貴族子弟，所屬時代約西元前七世紀，因猶大族在約西亞在位期間，崇拜異神巴力，十分的猖獗，故發出猛烈警告，並對未來預言毀滅的到臨以及懲罰，有深刻戒惕作用。《舊約》〈西番雅〉一書，傳即出自他之手。

在環圈上方兩則頌經文底層，本冊頁單元還有3句評論性短詩，也不應漏失，它們一行排開，以紅筆書繕如下寫道：「母親產子，來自男人，因奉獻而潔淨。」（Semine fecundas mat(re)s facit hostia mundas.）、「勿需服從的貞女，仍服從律法。」（Cui nil debebat virgo i(us) legis agebat.）、「基督，你是聖殿的新生兒。」（Te(m)plo te xpe (Christe) p(rae)sens nat(us) notat iste.）

這三句短詩，依序排列在冊頁『長子獻主』、『入聖殿』、『撒母耳聖殿獻主』3敘事圖上方，整體上，引人注意的是第一則短詩句的多義性，屬針對古代猶太人禮俗的描述，也為下一句短詩做鋪陳，特別在長子獻主跟婦女潔淨兩主題中傾向後者。另外，第3則短詩也不尋常，它所表述的對象無關乎撒母耳的獻主，反是對耶穌『入聖殿』的描述具有將重心拉回聖子處理之意。

整體上，本則敘事刻劃的是耶穌童年時候循照古儀禮獻入聖殿的經過。相關的《舊約》圖像剪輯一旁，拉引出此古代律法典章源出自天主口諭，且再跟撒母耳前行案例做一密契比對，加深耶穌『入聖殿』神聖與尊古禮的色彩。此外，聖母瑪利亞聖潔無垢身份也十分重要，在本冊頁的潔淨主題上，尤受關照。而4位先知證道詞，則回返聖殿本身至高無上的象徵色彩，共為本冊頁多元與多面向的題旨，做完整充分的申述。

5 『逃亡埃及』（Flight into Egypt）

圖5：『逃亡埃及』冊頁單元（左側『雅各的逃亡』，右側『大衛的逃亡』）（fol. 2v, above）© Die Stiftsbibliothek St Florian

《新約》〈馬太福音〉第2章13節寫道：東方三賢士離去後，「忽然主的使者在約瑟夢中向他顯現，說：『起來！帶著小孩子和他母親逃往埃及，住在那裏，等我的指示；因為希律要搜尋那小孩子來殺害他。』」這段經文是聖弗里安第5冊頁耶穌生平敘事『逃亡埃及』的主題，一如環圈正上方所寫：「基督逃亡埃及」（Fuga XPI in egyptum）。在冊頁上，搭配主圖像左右的《舊約》敘事圖，左為『雅各的逃亡』（創世27：42-43）（德：Rebekka warnt Jakob vor Esau；英：Rebecca sends Jacob to Laban），右為『大衛的逃亡』（撒上19：11-12）（德：David flieht vor den Schergen Sauls；英：David fleets from Saul）。緊鄰環圈外沿4個角落的4位《舊約》先知，分別為大衛（David）、耶利米、以賽亞（Ysaias）與何西阿等，共襄盛舉，合成為本敘事單元7個視覺元素。

『逃亡埃及』（德：Flucht nach Ägypten；英：Flight into Egypt）如上引經書記載，刻劃在天使指示下，聖家族為逃離希律王弒嬰暴行，漏夜亡命埃及的經過。在畫面安排處理上，『逃亡埃及』這幅耶穌生平圖，是由一頭神采奕奕闊步前行的驢子，做為橫跨畫面中央視覺物件。聖母緊摟著聖子，以側姿騎坐於驢子上，面容表情一付憂心忡忡狀。前面領路的是年邁蓄鬚的約瑟，肩扛行囊，脈脈回頭凝望著妻小。左側一端，安排了一名隨伺驢子身後的婦人，具穩定畫面之效。整幅圖像中，大步前行的驢子豎起雙耳，姿態雄赳駿逸，十分搶眼；而聖母聖嬰頭戴聖光圈與約瑟的行囊杖相連，畫面略顯擁擠。不過根據8、9世紀所撰《偽馬太福音》20章，及後來《黃金傳奇》第一卷所載，約瑟行囊杖來自摩西神杖，後交予聖子，也擊地出水，這根約瑟的行囊杖師出有名，因而於圖中做表現。

　　配置在聖家族『逃亡埃及』左右兩側的《舊約》對應圖，也刻劃著命運坎坷，耶穌第3代跟第14代先人（馬太1：1-6）兩段落難逃亡敘事，左側為『雅各的逃亡』，右手邊是『大衛的逃亡』，分別取材自舊約《創世記》（27：42-43）與《撒母耳上》（19：11-12）兩書卷。

　　左側『雅各的逃亡』一圖，描繪著名的亞伯拉罕孫子，後更名為以色列的雅各（Jacob），他憑著一碗豆子湯，騙取哥哥以掃（Esav）的長子權，後來經母親利百加（Rebecca）為他從旁謀計得到父親以撒的祝福。惟因兄長以掃誓言報仇，母親知悉後，旋令雅各漏夜潛逃，以避開兄長迫害的意圖。在『雅各的逃亡』圖上，三名一襲長袍的等高人士一排站開，他們的名字標明在上方，有助於身份辨識。居中的是母親利百加，她將左右兩兄弟以掃及雅各區隔開來，雙手拿著一條垂地未抄繕經文的字捲軸，經其他抄本比對應為：「你哥哥以掃想要殺你來洩恨。」（創世27：42）直接交代雅各逃亡的原因。左邊緊靠母親身後的以掃則手持短棍棒，示意威脅的企圖。兄弟反目成仇，之前曾發生在亞當之子該隱與亞伯間，這回再次搬演，所幸雅各為天主撿選，身負重任，得以逃過一劫。在圖像上方文本區的頌經文就此寫道：

> 我們在創世記27章讀到，以掃跟雅各的母親利百加，因聽到以掃說，要在適
> 當時機殺死雅各，她便差遣雅各遠走他鄉，逃離死劫。這正預表著耶穌逃亡

埃及，因希律王要謀害祂。天使在約瑟夢中示警，一家人便逃往埃及，住在那裡，等天使的吩咐[40]。

聖家族『逃亡埃及』與『雅各的逃亡』橫跨新、舊兩約的關係，屬於「情境韻」（Situationsreime）的預表，如《14世紀貧窮人聖經手繪本》一書作者施密德小結說道，這是《貧窮人聖經》「最常出現的對比型預表，建立在行動主角或外在情境的相似性上。」（Bei weitem am haeufisten beruhen seine typologischen Vergleiche auf einer aeusseren Aehnlichkeit der Situationen bzw. der handelnden Hauptfiguren. Schmidt, 1959, 98）

中央環圈的右側揀選《舊約》『大衛的逃亡』的圖像，十分生動地刻劃了大衛功高過主，遭國王也是丈人掃羅（Saulis）派兵捉拿的情景。將次女米甲（Micah）許配給大衛的掃羅，卻畏懼他日益茁壯取而代之，故三番兩次欲除之而後快。這次再派士衛前往捉拿大衛，如經書上所載：「掃羅派一些使者到大衛的房屋那裏守著他，等到天亮要殺他。」（撒母上19：11）好在米甲事前獲悉，便對大衛說：「你今夜若不逃命，明日就要被殺。」（撒母上19：11）大衛因而漏夜從樓塔上垂繩潛逃，躲過一劫。在『大衛的逃亡』一圖上，前來逮捕大衛的計有3名士兵在畫幅左方，他們一身軍戎，手握或長矛，或大刀，或盾牌，來勢洶洶。從右側密閉的雙層塔樓引繩垂吊下來的，正是大衛，不過造形外觀猶若孩童，比例受到限縮，將驚險萬分逃亡的大衛，以雙腳一前一後懸空處理。整幅畫的構圖，以縱向一根長矛在左、一座高聳城堡在右，畫幅均分為二幾何狀的設計跟安排。這段經過跟中央環圈主圖的關係，上方頌經文如此寫道：

> 我們在撒母耳上19章讀到，掃羅差僕人四處尋找大衛，要置他於死地。大衛妻子米甲，用一根繩子將大衛從窗口垂下，讓他躲過掃羅的謀害。掃羅王預表希律王，大衛預表耶穌。約瑟帶著耶穌及瑪利亞亡命埃及，逃離倒行逆施，希律王的殺戮[41]。

---

40 拉丁釋文如下：Legitur i(n) G(e)n(esi): q(uo)d cu(m) Rebecca m(ate)r Esau (et) Jacob audisse(t), q(uo)d Esau dixiss(e)t. q(uo)d ali(qua)n(do) evenire poss(et), q(uo)d Jacob int(er)fic(er)et(ur). Ip(s)a filium eius Jacob terra misit in terram alienam, ut nece(m) subf(er)fug(er)et. q(uo)d b(e)n(e) p(re)figurabat, fugam x (christi) in Egyptum, q(ua)n(do) Herodes eu(m) p(er)sequebatur. Ang(e)lo p(re)mone(n)te, Joseph i(n) so(m)pnis dicendo, fuge i(n) Egyptu(m) ic.

41 拉丁釋文如下：In libro Regum leg(itur): q(uo)d cum rex Saul iussiss(et) ut qu(er)eret(ur) david ad int(er)ficie(n)du(m), uxor David Mychol s(u)bmisit p(er)fenest(ra)m p(er) fune(m), (et) sic evasit manus Saulis. Rex aut(em) Saul significat herodem David aut(em) xpt (Christum), que(m) Herodes quesivit ad p(er)dendu(m), q(ua)n(do) x(Jesum Christum) c(um) (Maria) in egyptu(m) Joseph duxit, et sic eu(m) neci Herodis subtraxit.

這則頌經文跟上則頌經文相同，咸屬情境韻的預表論結構，建立在大衛與耶穌兩人性命受到當下立即的威脅，亦即"行動主角、或外在情境的相似性上"。希律王慘絕人寰的弒嬰暴行，欲除耶穌而後快；而《舊約》中的雅各及大衛亦然，前者為兄長以掃所威脅，大衛為國王丈人掃羅所追殺，這3人咸遭性命旦夕不保的險惡局勢，再加上雅各及大衛亦是耶穌先人，在生命軌跡相合下，聖家族『逃亡埃及』的這段情節，足可上溯至族譜源流，讓人留下深刻印象。

這3幅敘事圖像，聖弗里安抄本的編纂者做了3句短詩的摘要，以硃砂紅寫在上方文本區的底層。它們依序為：「畏懼兄長，他離開父王的家舍。」（Linquit tecta patris c(aus)a formidi(n)e fr(atr)is.）、「聖子隱身於希律王怒火外。」（Herodis diram XPI (Christus) puer aufugit iram.）、「米甲解圍，大衛逃脫掃羅的陷阱。」（P(er) Mychol David Saul i(n)sidias s(ibi) cavit.）。這3句短詩十分工整，分別針對冊頁3幅視覺敘事圖像『雅各的逃亡』、『逃亡埃及』、『大衛的逃亡』，做了重點的捕捉，較之2段頌經文的神學論述，更為精簡扼要，有利讀者對圖像主題一目了然。

在本冊頁上，依慣例安排了4位《舊約》先知人士出場做為見證人。他們分別是大衛、耶利米、以賽亞及何西阿。在視覺處理上，外觀造形均不一，年齡上或為年邁長者，或為年輕人，兩人一組，頭戴帽型也各自有別，十分醒目。在動作姿態上，他們手勢頗為豐富，且擺出各種發言姿式，儘管身處位置不大，附隨在碩大環圈的4個角落，一律面向內朝著環圈的主圖像，有如爭先恐後，有話要說的姿態表情。特別引人注意的是，右上方先知以賽亞，他目光揚起，展開雙臂，一手指天，一手握住字捲軸，威權架式十足，頗為生動。在環圈字卷軸上摘引自經書的句子是如此寫到：

> 「我要速速逃到避難之所。」（Ecce elongavi fugiens (et).）（詩篇55：8）

> 「我離棄了我的殿宇。阿門。」（Reliqui domum meam. Amen.）（耶利米12：7）

> 「看哪，耶和華乘駕快雲，臨到埃及。」（Ecce d(omi)n(u)s ingredietur in egyptum.）（以賽亞19：1）

「他們必去尋求耶和華。」（Carent ad querendum dominu(m).）（何
西阿5：6）

在這4句先知的摘引文中，兩則引言取自〈詩篇〉及〈耶利米〉書卷的啟首，經聖弗里安聖家族『逃亡埃及』新環境的再脈絡化下，可說直接是對聖子因希律王的追殺，而被迫離家逃往埃及的表述。後面兩句，環圈右側〈以賽亞〉與〈何西阿〉摘引言，則可從聖父聖子合體的概念看，進而涉入有關聖子耶穌的描述，如乘雲駕霧來到埃及的是聖子，並在君臨埃及後，耶穌為在地人民帶來救贖希望，便讓冊頁主敘事圖『逃亡埃及』主圖，產生內容加值的深刻底蘊。

這裡若從4位先知在《舊約》經文的原脈絡來看，則〈詩篇〉中的詞藻出自一篇祈禱頌，在敵人無情打擊下，大衛祈求神助給予眷顧，而得以在死亡威脅下脫困且完好無恙。（Wesselschmidt, 2007, ACCS, 18-21）一如經書前後文寫到：「但願我有翅膀像鴿子，我就飛去，得享安息。看啊，我要遠走高飛，宿在曠野。我要速速逃到避難之所，脫離狂風暴雨。」（詩篇55：6-8）在〈耶利米〉書卷中的引言則為先知向天主的理論：「惡人的道路為何亨通呢？大行詭詐的為何得安逸呢？……我離棄了我的殿宇，撇棄了我的產業，將我心裏所親愛的交在她仇敵手中。」（耶利米12：1；7）屬於先知對坎坷不平命運的一個大哉問。（Wenthe, 2009, ACCS, 103-104）

至於環圈右上〈以賽亞〉書卷的摘引言，原脈絡為先知論及埃及時所獲的默示，跟神將對埃及人降下懲罰。如他說到：「看哪，耶和華乘駕快雲，臨到埃及。埃及的偶像在他面前戰兢；埃及人的心在裡面消溶。」（以賽亞19：1；McKinion, 2004, ACCS, 134-137）何西阿先知字捲軸上的經文，上下文段落為：「他們牽著牛羊去尋求耶和華，卻尋不著；因他已轉去離開他們。」（何西阿5：6）則屬先知何西阿對族人崇拜偶像的一句警告語。（Ferreiro, 2003, ACCS, 24-25）由此看來，《舊約》經文去/再脈絡化，讓冊頁『逃亡埃及』主圖在引經據典的超聯結下，發揮訊息傳遞的完美，也是最大的功能。

6 『聖家族在埃及』（Destruction of the idol Dagon in Egypt）

圖6：『聖家族在埃及』冊頁單元（左側『摩西搗毀金牛』，右側『約櫃前大袞斷臂落地』）（fol. 2v, below）
© Die Stiftsbibliothek St Florian

聖弗里安第6則敘事單元主題，接續前則聖家族走避希律王的迫害逃亡埃及，如環圈上方所寫耶穌「祂進入埃及」（Venit in egyptum）。刻劃對象為聖家族進入埃及後，廟中偶像——自行解體墜毀的景象，亦稱『聖家族在埃及』（德：Sturz der Götzenbilder in Ägypten；英：Destruction of the idol Dagon in Egypt）。兩則《舊約》敘事圖配置在耶穌主圖像的左右，左為著名的『摩西搗毀金牛』（德：Mose zerstört das goldene Kalb；英：Moses Destroys the Golden Calf），右為『約櫃前大袞斷臂落地』（德：Zerstörung des Götzen Dagon；英：Dagon falls from the Ark）。

這3幅視覺敘事圖像聚焦邪不勝正的主題，異教神祇在神的君臨下，主動或被動的滅絕。在環圈外沿4個角落的《舊約》先知，依左上及下與後右上及下的次序為何西阿、撒迦利亞、那鴻、西番雅等4位先知半身像，共為本冊頁單元的7圖像。

本單元的主圖像『聖家族在埃及』在《新約》福音書中，實際上並未明載，其文本來自7世紀初的《偽馬太福音》一書第23章，該書對聖家族來到埃及後如此寫到：「在萬福聖母帶著聖子進入神廟時，所有的偶像墜落，面朝下，碎片散落一地[42]。」即是此冊頁耶穌主圖像的表現情節。

　　在中央環圈畫幅上，聖母瑪利亞懷抱聖子挺胸筆直坐在寶座上，聖子莊嚴的神色站在母親的腿上。他伸出右手觸撫母親頰面，左手握著一只蘋果，代表除去原罪與他拯救世人的恩典；聖母聖子兩人頭戴聖光圈，展示非凡身份。在他們的右側有一隻龐然巨大的神獸，十分顯眼，正失足墜落下來。聖母與子並未察覺，意表聖家族來到埃及後，單是「在場」（being present, Rasmussen, 1996, 89）便足以施展神力，摧毀異教偶像。在《貧窮人聖經》其他後來的抄本中，『聖家族在埃及』的異教偶像多安置在一根高聳石柱上。這裡，繪本選擇一隻神獸代表異教偶像倒懸於空中，刻劃他墜地的瞬間，獨樹一格，頗為生動，透露中古繪者及觀者對於搗毀異教偶像，以龐然神獸的外觀代表，有著特殊偏好。（Camille, 1989, 73-128）

　　『聖家族在埃及』左側的《舊約》圖像『摩西搗毀金牛』，內容家喻戶曉，為西奈山上摩西（MOY(SE)S）取得十誡律法下山回營後，看到祭司弟弟亞倫（Aaron）跟族人（P(o)p(u)l(u)s）製作了一頭金牛並予搗毀的經過。但這裡，聖弗里安圖繪者將場景對焦在摩西與亞倫的對話上，而非摩西看到金牛「就發烈怒，把兩塊版從手中扔在山下摔碎了。」（出埃32：19）一景。在畫幅上，亞倫蓄著及胸的長鬚，頭戴祭司專屬的高尖頂帽，以坐姿表現，在他身後一根多利石柱上，則是那頭屹立的金牛偶像。摩西安頓在左，來到弟弟亞倫面前，比出手指斥責道：「這百姓向你做了甚麼？你竟使他們陷在大罪中！」（出埃32：21）在摩西身後，有5名利未族人集結，他們的在場是有原因的，因摩西接著說：「『凡屬耶和華的，都到我這裏來！』於是利未人都聚集到他那裏。」（出埃32：26）摩西在圖像上以年輕人外觀造形露出，這跟傳統摩西以蓄鬚長者的形象處理不一，也跟前面第2則單元中的『摩西與火荊棘』一作有別。這幅《舊約》敘事圖像，跟環圈『聖家族在埃及』主敘事圖的關係，其上方頌經文是這樣寫的：

---

42 引言英譯文：when the most blessed Mary went into the temple with the little child, that all the idols prostrated themselves on the ground, so that all of them were lying on their faces shattered and broken to pieces.）取自網頁http://www.newadvent.org/fathers/0848.htm

我們在創世記中讀到，摩西來到西奈山，一人獨自上山領取十誡。在完成任務
下山，摩西看到亞倫造了一頭金牛偶像。他便放下十誡，搗毀那隻金牛。這一
事，正預表耶穌進到埃及，那邊偶像一一自行墜落[43]。

如經書所載，摩西斥責亞倫鑄造金牛偶像，同時也出手"打碎搗毀那隻金牛"，將它
「用火焚燒，磨得粉碎。」（出埃32：20）頌經文上面對此做了交代。不過，這跟聖家
族到了埃及後，廟裡的偶像"一一自行墜落"兩者並不一致。

　　搭配『聖家族在埃及』主圖的另一幅《舊約》作品為『約櫃前大袞斷臂落地』，
也是一則跟異教偶像有關的圖像。取材自『撒母耳上』經文，該圖描繪以色列人遭
宿敵非利士人打敗之後，神的約櫃被強佔，運送到非利士大袞廟中的經過。然十分
詭譎地，接連兩天，廟中大袞神像，卻斷臂墜地解體。一如經書述，「又次日，他們清
早起來，看啊，大袞仆倒在耶和華的約櫃前，臉伏於地，並且大袞的頭和兩手都在門
檻上折斷，只剩下大袞的軀幹。」（撒上5：4）在圖像上，以色列神的約櫃並未現身，
相反的，繪圖者將畫面分上下兩欄處理。下方是非利士人的神明大袞，一隻張開翅
膀、長著山羊角、齜牙裂嘴的神獸懸浮於空中，腰際下半身呈肢解狀，處理栩栩如
生，頗是生動。上方欄則為置身大袞廟裡（templu(m) Dagon）3名非利士人，目
睹偶像的搗毀，包括一名頭戴王冠的國王，見證著"耶和華的約櫃"神力無邊。圖像
上方的頌經文就此寫道：

> 我們在列王紀第一章讀到，非利士人將耶和華的約櫃，在強取豪奪下放到他
> 們神明大袞旁。次日清早，進到廟裡的人，看到大袞摔墜在地，雙手脫臼。
> 這事件在萬福瑪利亞帶耶穌進入埃及時也實現了。埃及偶像自行墜落。這表
> 示，聖子來到遭蹂躪的民眾間，異教偶像便搗毀了[44]。

　　在頌經文底層最後一行上，也以拉丁文硃砂筆，由左自右繼續寫到：「摩西怒毀
金牛偶像。」（P(er) Moysen sanctum ter(itur) vituli simulacru(m).）；「聖子面前，
偶像墜裂。」（ydola p(re)sente x (christo) cecidere repente.）；「約櫃前，大袞

---

43 拉丁釋文如下：Legitur in Exodo: q(uo)d Moyses, cu(m) ve(n)isset ad radices montis, (et) eo desce(n)de(n)te de monte vidit
vitulum, q(uem) manu fecera(n)t de auro. Ip(s)e eni(m) Moyses tabulis confractis vitulum destruxit. q(uo)d significabat
xpm (Christum) i(n)t(ra)ntem in Egyptum, om(n)ia ydola Egypti correuerunt.
44 拉丁釋文如下：IN p(rimo) l(ib)ro Regu(m) legit(ur), q(uo)d cu(m) philistim arcam d(omi)ni q(ua)m ceperat in bello,
posuissent iuxta dagon deu(m) suu(m), d(e) mane i(n)trantes i(n) te(m)plu(m) inveneru(n)t dagon iacentem i(n) t(er)
ra (et) cap(ut) fractu(m) (et) man(us), q(uae) fig(ur)a completa est, q(ua)n(do) arca do(min)i. id est X (Christus), ve(n)it
Egyptu(m) hui(us) miserie s(eu) m(un)di, t(un)c (om)n(ia) ydola, i(d) (est) erores i(n)fidelitatis corrueru(n)t.

瞬間毀碎。」（Arca repentine fit dagon ca(usa) ruine.）這3句短詩淺白易懂，為聖弗里安冊頁『摩西搗毀金牛』、『聖家族在埃及』、『約櫃前大衮斷臂落地』3幅圖本身主題做了摘要描述。與此相反的，在冊頁中嚴選的4則先知摘引文則擲地有聲，安頓在中央環圈框內，這4則經文是如此寫的：

「耶和華必拆毀他們的祭壇，粉碎他們的柱像。」（Ip(s)e confregit simulachra eor(um).）（何西阿10：2）

「在那日，我要從地上除滅偶像的名。」（In die illa disp(er)dam no(mi)na ydolorum.）（撒迦13：2）

「我要從你神明的廟中除滅雕刻的偶像。」（De domo dei tui interficiam sculptile.）（那鴻1：14）

「他使地上的眾神衰微。」（Attenuabit d(omi)n(us) omnes d(e)os t(er)re.）（西番雅2：11）

上面引文引自何西阿、撒迦利亞、那鴻、西番雅4位《舊約》先知書卷[45]，咸屬先知轉述耶和華的聖言，具訓誡及震懾作用。來自以色列北國的先知何西阿，跟猶大國末期先知的西番雅兩人，他們生不逢時，其時正值異教巴力神猖獗，因而代言高聲疾呼。後兩位先知撒迦利亞與那鴻，屬稍晚西元前6、7世紀的人，在他們的經書引文段落中，分別預告有關亞述王朝首都尼尼微的覆滅，以及閃族摩押人（Moab）與亞捫人（Ammon）多神信仰，包括摩押人的主神基抹（Chemosh）的沒落與衰亡。

　　根據〈連接文藝復興與中世紀：貧窮人聖經的文體與解經要義〉（Bridging the Middle Ages and the Renaissance: Biblia Pauperum, their Genre and Hermeneutical Significance）一篇論文作者Tarald Rasmussen所寫到，『聖家族在埃及』冊頁單元中，聖子與約櫃的排比跟呼應，十分工整貼切，意涵上較『摩西搗毀金牛』一圖中異教偶像經摩西下令搗毀，更凸顯出聖子與約櫃的法力無邊，單僅是因為在場，便足以使異教偶像自行搗毀。（Rasmussen, 1996, 89）『聖家族

---

45 這4則先知摘引言，原章節內文依序為：「他們心懷二意，現今要定為有罪。耶和華必拆毀他們的祭壇，粉碎他們的柱像。」（何西阿10：2）；「萬軍之耶和華說：『在那日，我要從地上除滅偶像的名，使它不再被記得；我也必使這地不再有先知，不再有污穢的靈。』」（撒迦13：2）；「耶和華已經發命令，指著你說：『你的名下必不再留後；我要從你神明的廟中除滅雕刻的偶像和鑄造的偶像；我必因你的卑賤，為你預備墳墓。』」（那鴻1：14）；「耶和華必向他們顯為可畏，因他使地上的眾神衰微。列國的海島各在自己的地方敬拜他。」（西番雅2：11）

在埃及』這幅耶穌生平的主圖像，文本雖未載於福音書中，但跟《舊約》特定敘事共構，並不讓人感到突兀。畢竟世事莫測，正邪對峙始終如一，《舊約》中異教崇拜此起彼落，《偽馬太福音》作者循此發揮，事出有因，讓後代得以珍惜傳頌與戒惕至今。

7 『希律王屠殺幼兒』（The Massacre of the Innocents）

圖7：『希律王屠殺幼兒』冊頁單元（左側『掃羅令殺祭司』，右側『亞她利雅滅王室』）（fol. 3r, above）
© Die Stiftsbibliothek St Florian

聖弗里安本的耶穌童年敘事為「屠殺無辜」（Innocentes occidunt），寫於環圈內框上，主題廣為周知，在刻劃希律王畏懼聖子崛起，因而下令格殺伯利恆兩歲以下新生兒，題名亦稱『希律王屠殺幼兒』（德：Bethlehemitischer Kindermord；英：The Massacre of the Innocents）。揀選搭配的左右兩幅《舊約》圖，左側為『掃羅令殺祭司』（德：Saul lässt die Priester töten；英：Saul beheads all the priests），右側為『亞她利雅滅王室』（德：Atalja lässt die Kinder des Königs erschlagen；英：Athalia has the Princes slain）。其它冊頁圖像，還有環圈外框4位《舊約》先知，左側上下、右側上下，依序為大衛王、耶利米、所羅門王、何西阿等人半身像。

聖弗里安這一則耶穌生平的主圖，屬於從負面角度來刻劃暴君的濫殺無辜，目的不外藉此凸顯聖子不同凡響非比尋常的身份。不過，這段情節在《新約》4大福音書中，僅出現在〈馬太福音〉（2：16）的經文中，史實色彩頗受到質疑。（Maier, 1998, 170-171）

『希律王屠殺幼兒』一圖，設在中央環圈畫幅中，採用兩方人馬左右對比的方式呈現。左側為一位穿著甲冑的士兵，一手持劍，一手殘暴地拎起一名孩童手腕，正朝向他肚腹刺下；右側為一組3位婦人的群組。受害孩童的母親居前，雙手剖開胸前衣襟，顯露出哀痛傷心狀。她的後方，還有兩位母親一站一蹲，全身裹在及地的長衫及帽罩裡。後立者雙手交握在胸，前蹲者緊摟著親生骨肉，流露生離死別的傷慟。整幅圖像人物情感具高反差，衝突張力十足。希律王是當時羅馬帝國統治下一位猶太國王，因恐王位不保，心生畏懼，便「差人將伯利恆城裏和四境所有的男孩，根據他向博學之士仔細查問到的時間，凡兩歲以內的，都殺盡了。」（馬太2：16）間接表述耶穌「真命天子」的底蘊。

在『希律王屠殺幼兒』一圖兩側對應《舊約》的敘事圖上，同樣是攸關鞏固政權，鎮壓異己的殺戮主題。左圖為摘取自〈撒母耳記上〉22章的『掃羅令殺祭司』，勾勒掃羅王處心積慮為阻斷大衛的繼位，遷怒於眾臣，將信奉耶和華的祭司一一趕盡殺絕的經過。另一端右側上的《舊約》敘事圖為『亞她利雅弒滅王室』，取材自〈列王紀下〉11章，刻劃生自北以色列國的猶大國皇后亞她利雅（Athaliah）為奪權謀位，下令殲滅王室子裔的視覺表現。

從圖像上看，兩幅《舊約》敘事圖在畫面構成、出場人次、動線安排與物件的擺設位置上，都具有高度的同質性。兩位為了權力不惜濫殺無辜的君王，現身在場，而且劊子手舉刀斬殺的動作跟身體也做了處理，對暴力的刻劃無所保留，此為聖弗里安卷帙的一大特色。從細部看，冊頁左側的『掃羅令殺祭司』，為手持權杖、頭戴王冠的掃羅（Saul）冷峻地伸出右手，下令一旁捲髮虯髯持刀的劊子手，將右下角3名宮中祭司一一趕盡殺絕，如經文所載：「王吩咐左右的侍衛說：『你們轉身去殺耶

和華的祭司吧！因為他們幫助大衛，知道大衛逃跑卻不告訴我。』」（撒母上22：17）畫幅上這名聽命掃羅的劊子手站在中間，將拉長的身體姿態做了戲劇化處理，他是以東人多益[46]（Doeg the Edomite），如經文載，「王吩咐多益說：『你轉身去殺祭司吧！』以東人多益就轉身去殺祭司。」（撒母上22：18）多益便一手擒住一名祭司髮髻，一手揮起大刀，不留情地給予致命一擊。還有2名待宰割的殉道祭司，雙手合十跪地做祈禱狀。依照〈撒母耳上〉所記載，在掃羅一聲令下，前後殺了85位祭司之多。不過，聖弗里安冊頁圖繪者，似乎並不在意祭司的身份，因為無辜的犧牲者頭戴尖頂帽或雙葫型帽，造形外觀並未做祭司的處理。圖像上方頌經文針對『掃羅令殺祭司』及耶穌主圖像『希律王屠殺幼兒』，兩者跨新、舊的關連，如此寫道：

> 在列王紀中我們讀到，掃羅讓挪伯所有的祭司一一趕盡殺絕，因為他們收留大衛，以聖食接濟他。掃羅預表希律王，大衛預表基督，挪伯祭司們預表因基督之故遭希律王殺死的嬰兒[47]。

大衛王與耶穌生命軌跡重疊度高，如此頌經文所示，"大衛預表基督"，兩人分享遭忌與逃亡的命運[48]。掃羅王則因處心積慮意欲陷害大衛，跟希律王也同樣欲置聖子於死地，形成預表互動關係。至於挪伯的祭司們，因援助大衛遭掃羅遷怒致死，這與被殺害的初生嬰兒也有不謀而合之處。頌經文上共提到3個預表，咸建立在相同命運及情境上，亦屬前引「情境韻」的預表模組。

中央環圈右側的『亞她利雅弑滅王室』一圖，勾勒出生於南猶大國的王后亞她利雅（Athalia），在兒子亞哈謝過世後，奪權篡位，殘暴剿滅王室儲君的經過。所幸「亞哈謝的妹子約示巴，將亞哈謝的兒子約阿施從那被殺的王子中偷出來，把他和他的奶媽藏在臥房裏，躲避了亞她利雅，沒有被殺。」（列下11：1）《新約》〈馬太福音〉在首章細數耶穌系譜時，並未納入約阿施（Jehoash），但他確實為耶穌直系祖先之一。這位皇太子（Filia regis）前後7年受到姑姑約示巴（Jehosheba）的庇護，之

---

46 基督教早期教父奧古斯丁，從字源學上看，指出「以東人多益」，前者「以東人」，為「屬地」之意；後者「多益」，為「移動」之意，「以東人多益」此便跟天主所眷顧，屬天的大衛王，成對立項。另，屬天及屬地思維，出自奧古斯丁著名雙子城概念。在此一提。參見：Franke（2005），ACCS, 299。

47 拉丁釋文如下：Legitur in libro Regum, q(uo)d Saul rex fecit occidi om(n)es sacerdotes in nobe, quia David fugientem receper(un)t (et) ei panem s(an)c(tu)m ad comedendum dederunt. Saul Herodem dicemdum Xpe (christum) s(i) g(nifica)t sacerdotes pu(er)os, qo(uo)s Herodes p(ro)p(ter) X(christum) fec(it) occid(i).

48 大衛做為耶穌的預表建立在耶穌是「大衛之子」，最早出自於〈馬太福音〉，計有6次（9：27; 12：23; 15：22; 20：30; 21：5; 21：9）。晚近學者指出：「馬太福音對於預表及其實現，雖做了強調，但未表明實際相信舊約預表前瞻性的指向耶穌。」（The typological fulfillment highlighted by Matthew does not indicate a belief that the OT prophecies were prospectively pointing to Jesus.）Zacharias（2016），15。

後在耶和華聖殿裡，「給他戴上冠冕，把律法書交給他，膏他作王。」（列下11：12）太后亞她利雅的宮廷殺伐戲碼，最後並未得逞。

在人物設計構圖上，『亞她利雅弒滅王室』這幅敘事圖像，與左側『掃羅令殺祭司』雷同神似，也是行刑者居中，發號施令者在左，待宰割犧牲者在右的布局。太后亞她利雅筆直的站立身姿，一身襲地長衫，綽約大方，頭巾布上戴有王冠，線條流暢，運用哥特風格表現。揮舉大刀的劊子手，劍鞘披掛在腰際，大動作地扭轉身體，正要斬殺兩名王室無辜幼兒。前來救援的姑姑約示巴在畫面右側，也以站姿表現，她懷中緊緊抱著一歲大的約阿施，上方特別標寫出他的身份：王國之子。約阿施做為大衛的後裔，險遭祖母亞她利雅剷除（Conti & Pilara, 2008, ACCS, 191-192），之後建立了猶大王國亞哈王朝（Ahab），治理期在西元前9世紀中葉。這幅『亞她利雅弒滅王室』圖，跟主敘事圖『希律王屠殺幼兒』並置的原由跟互動關係，寫在上方頌經文中：

> 在列王紀中我們讀到，亞她利雅王后見為王的子喪生後，將所有王的子裔趕盡殺絕，自己登基為王。公主約示巴，從遭到屠殺的王子中，救出一位，後立為王。殘暴的王后預表希律王，因基督之故，希律王屠殺所有幼兒；那一位脫困的男孩，預表耶穌基督[49]。

這則頌經文運用人物及事件的相近類比性，來表述跨新、舊兩約敘事預表論的連接。王儲約阿施因公主的救援得以全身而退，對應聖家族逃亡埃及的聖子耶穌。而希律王手段殘忍陷害無辜嬰兒，對應亞她利雅大肆殺害皇族子裔，皆為暴虐行為的負面樣板，形成互涉互表的關係，整體結構堪稱兩端工整勻稱。

在頌經文底層下方共繕寫了3句短詩文，一行排開，它們是如此寫道：「因大衛之故，掃羅殺害祭司。」（Saul p(ro)p(ter) David XPS (christos) do(min)i nece stravit.）；「因聖子之故，嬰孩離開了世間。」（Isti pro X (Christo) mu(n)do tollunt(ur) ab isto.）；「皇室政爭中，唯一人倖存。」（Uno sublato stirps est data regia furto.），就冊頁3個敘事圖像，『掃羅令殺祭司』、『希律王屠殺幼兒』、『亞

---

49 拉丁釋文如下：Leg(itue) in I(ib)r(o) Regu(m), q(uo)d Athalia regi(n)a videns filiu(m) suu(m) mortuum, fec(it) occidi om(ne)s filios regis pro p(at)re. Hoc f(ac)to ip(s)a regnavit p(ro) filio. Huic a(u)t(em) int(er)necioni sesan, regina(rum) filia, s(u)btrax(it) filium eius iuniorem, qui postea f(a)c(t)us est rex. Regina c(ru)delis He(r)ode(m) s(i)g(nifica)t, qui pu(er)os p(ro)p(ter) Xpm (christum) f(e)c(i)t occidi, puer aut(em) subtractus morti Christum significat.

她利雅弒滅王室」做出主題摘要及提示以外，也隱隱透露悲傷情愫。在中央環圈外沿，4位在場做見證的《舊約》先知，共襄盛舉，以字捲軸經文齊發不同面向之聲，上面分別寫道：

「伸你僕人流血的冤。」（Vindica domine sangui(n)em sa(nct) orum[50].）（詩篇79：10）

「在拉瑪聽見號咷痛哭的聲音。」（Vox in Rama audita est ploratus.）（耶利米31：15）

「像吼叫的獅子、又如覓食的熊。」（Leo rugiens (et) ursus esuriens.）（箴言28：15）

「他們立君王，並非出於我。」（Ipsi regnaverunt et non ex [me].）（何西阿8：4）

這4句《舊約》先知摘引言的見證立足點及訴求對象不一。第1句"伸你僕人流血的冤"，首先是在伸張正義，天主對暴君必予以懲罰[51]，亦針對遭迫害無辜身亡者而言。第2句引言，來到殉道這端，表述對於無辜犧牲者無比的傷慟[52]。第3句則凸顯暴虐行徑，剷除異己的暴君，如洪水猛獸，一如〈箴言〉寫：「邪惡的君王壓制貧民，好像吼叫的獅子，又如覓食的熊。」（箴言28：15）。最後1句："他們立君王，卻不由我"，其上下文的脈絡寫到：「他們立君王，並非出於我；立官長，我卻不知道。他們用金銀為自己製造偶像，以致被剪除。」（何西阿8：4）此為先知何西阿轉述耶和華的話，敘述當時子民法紀淪喪，離經叛道，罪孽深重，進入到聖弗里安冊頁環境中，則意指希律王、掃羅王以及王后亞她利雅等3位暴君與虐后，慘絕人寰的暴政，藉此來闡揚天主的無所不能，公理正義最終的降臨，讓本則單元的負面敘述，拉回到天主救贖人類計劃的主軸上。

---

50 大衛王手中字捲軸內文，與〈詩篇〉79章10節經文略有出入。在中世紀通行的武加大版中，該章節寫到：Ultio sanguinis servorum tuorum, quit deffusus est. 中世紀盛行的聖詠集（Cantatorium）中有一句歌詞：Vindica domine sanquinem sanctorum tuurum.與字捲軸段一致，提出供參。該聖詠歌詞資料，參見今傳世最早，珍藏聖加崙修院圖書館（St. Gallen Stiftsbibliothek）編號Cod. Sang. 359的《聖詠集》，頁119。網址https://www.e-codices.unifr.ch/fr/csg/0359/119。

51 〈詩篇〉這句摘引文，涉入頗為廣汎，如正義伸張、懲罰及審判等議題，誠如《啟示錄》中所載：「神聖真實的主宰啊，你不審判住在地上的人，為我們所流的血伸冤，要到幾時呢？」（啟示6：10）參見《約翰啟示錄中復仇、憤怒與戰爭做為神的正義形象》（Vengeance, wrath and warfare as images of Divine Justice in John's Apocalypse）一文中，就此句經文跨新、舊兩約互文使用，及發展跟演進的分析。Bandy（2013），108-132。

52 耶利米字捲軸上這句引言，為《馬太福音》所引用：「這就應驗了先知耶利米先知所說的話：在拉瑪聽見號咷大哭的聲音，是拉結哭她兒女，不肯受安慰，因為他們都不在了。」（馬太2：17-18）在此可做一提。

8 『重返家園』（The Holy Family returns from Egypt）

圖8：『返家園』冊頁單元（左側『大衛返鄉』，右側『雅各歸來』）（fol. 3r, below）© Die Stiftsbibliothek St Florian

　　聖弗里安《貧窮人聖經》有關耶穌童年時期生平的刻劃，共採8則敘事單元來做勾勒。本則聖家族「從埃及歸來」（Reversio de Egypto），為耶穌童年時期最後1則敘事，如中央環圈內寫到，聖家族一行人順利『重返家園』（德：Rückkehr aus Ägypten；英：The Holy Family returns from Egypt），是由天使向約瑟夢中現身，告知暴君希律王往生，如〈馬太福音〉第2章所記載：「希律死了以後，在埃及，忽然主的使者在約瑟夢中向他顯現，說：起來！帶著小孩子和他母親回以色列地去！因為要殺害小孩子的人已經死了。」（馬太2：19-20）

　　冊頁敘事單元上，配置在聖家族『返家園』主圖兩側的《舊約》圖像，左為『大衛返鄉』（德：Davids Rückkehr；英：David returns after Saul's death）（撒母下1），右為『雅各歸來』（德：Jakobs Rückkehr；英：Jacob returns to his country）（創世31-32），分享歷經滄桑，否極泰來，重返家園的美好結局。在環

圈外沿角落的《舊約》4位先知,他們手持字捲軸翩然來做見證,工整地嵌入環圈外框內,他們分別是大衛、何西阿,以及撒迦利亞等人,其中先知何西阿左下、右上出現兩回。

劫後歸來重返家園,做為本冊頁圖像共同主題,呼應前面第5則聖家族『逃亡埃及』單元的設計及構圖安排。配置在聖家族主圖像左右的《舊約》敘事圖,也都是耶穌先人雅各與大衛兩人,先前亡命走避他鄉,現一一安然歸來的生命軌跡遭遇,奇妙地一再重複。從兩則單元動線安排上看,本單元方向由右向左跟前則相反,也有所呼應。

在『重返家園』主圖上,聖家族一行3人邁向回鄉的路。聖母瑪利亞側坐在驢子上摟抱聖子於懷中,慈愛有加。前頭引路的年邁約瑟,頭戴猶太人尖頂帽,肩扛行囊,表現細緻,略勝前冊頁一籌,或許因繪圖者略去了隨伺的婦人,畫幅空間有所擴充,利於身體動態完整地勾勒,但同時也添增了一株迎風飄揚婀娜多姿的花木於右,十分貼切地賦予圖像劫後餘生,欣欣向榮的氣息。至於在人物面容的刻劃上,聖子表情莊嚴,五官輪廓成熟,帶有智者神色,不過聖十字圈並未完成,是以聖圈暫代。

在此應先指出,《舊約》『大衛返鄉』一圖安頓在冊頁環圈的左邊而非右邊,頗為特別。依慣例聖弗里安卷帙咸按時序編排,兩幅《舊約》敘事圖,左圖皆早於右圖,而本冊頁適巧相反,將發生較晚的《舊約》『大衛返鄉』前置於左側,實為一例外。是否有意跟前面置於環圈右側『基甸與羊毛奇蹟』做一區隔,原因不詳。不過,『基甸與羊毛奇蹟』跟『大衛返鄉』構圖確實相似,皆有一位年輕使者自雲端露出,下方一旁站著敘事的主人翁。進一步若從風格表現比對看,圖繪者從第一單元到第8單元,放棄層層宣染技法,逕直以白描線條取代,細節刻劃也趨簡化。

先前大衛經妻子米甲的協助,順利逃脫掃羅王士兵的追捕,如今掃羅王自己遭敵軍追殺伏劍身亡,大衛便得以安然返鄉,這是『大衛返鄉』一圖的背景。在圖像裡,已步入中年的大衛一人側身在左,頭戴碩大王冠捲髮、長袍及地,一手持空白字捲軸,也伸出右手,向雲端中現身神的使者徵詢返鄉的意見,如經書所載:「大衛求問耶和華說:『我可以上猶大的一個城去嗎?』耶和華對他說:『可以上去。』」(撒下2:1)。大衛便起程,依神的指示前往希伯崙(Hebron)。引人注意的是,圖像雲端

裡那位年輕使者，一手提拎下垂的披巾，身後捲捲雲層，然並非經書記載的耶和華本尊，不過在他右側一旁字樣卻寫的是「天主」（D(EU)S）。針對『大衛返鄉』圖像跟冊頁主圖像聖家族『重返家園』兩圖並置的原因，上方頌經文如此寫道：

> 我們在列王紀讀到，掃羅辭世後，大衛問天主的意見，天主回覆，讓他回返猶大地。大衛是耶穌的預表。在希律王駕崩後，耶穌也回到猶大地。如福音中寫的：「有主的使者向約瑟夢中顯現，說：『起來！帶著孩子和他母親回猶大去，因為害嬰孩性命的人已經死了[53]。』」

『大衛返鄉』圖像上方頌經文，主要指出三點跟聖家族『重返家園』間的預表關係。一是迫害無辜者的希律王及掃羅皆已往生，追殺事實結束，二是返鄉的指示，咸出自天主直接或間接的神諭，三是大衛跟耶穌的歸返地都是家鄉猶大地。在《馬太對於大衛之子的呈現》（*Matthew's Presentation of the Son of David*）一書中，作者Zacharias寫到，「在教會史多數的時期，耶穌被視為是約拿、所羅門王、大衛王、祭司職、及其他，最典型的對範。」（Throughout much of church history, Jesus was envisaged as the anti-type（par excellence）for Jonah, Solomon, David, the priesthood, and others. Zacharias, 2016, 13）對範一詞為anti-type的中譯，它跟《舊約》中的原型（type）兩者扣合成為一體。該書作者接著進一步就預表概念，分做兩個序列來看，一種是預兆、預表或預像（foreshadowing），一種是具有應驗實現的預表（typological fulfillment）。照這個類分，大衛王與耶穌的預表關係，可說信手捻來，既多且廣。他們先後的逃亡以及返鄉，只是其中一二。耶穌做為彌賽亞的身份，也跟大衛關係密切。〈馬太福音〉中，前後7次稱呼耶穌為「大衛的兒子」（The son of David）。（1：1、9：27、12：23、15：22、20：30、21：5、21：9）希伯來人對彌賽亞的認知，祂是「大衛的兒子」。由此看，耶穌既是「大衛的兒子」，也是彌賽亞，屬於上引作者所提，具應驗實現的預表。（Zacharias, 2016, 13; Goppelt, 1982, 82-89）

　　冊頁中央環圈右側的『雅各歸來』再現雅各離家二十年後返鄉情景，視覺表現十分豐富。雅各因機靈騙到兄長以掃的長子權，在母親協助下取得父親以撒的祝

---

[53] 拉丁釋文如下：Leg(itur) in l(ibr)o Regum, q(uo)d mortuo Saule David (con)suluit d(omi)n(u)m, qui r(espondit) sibi, q(uo)d rediret in terram. David aut(em) s(i)g(nifica)t Xpm(Christum), q(ui) post morte(m) H(er)odis rediit (in terram) Iuda, sic(ut) enim testatur ev(angelium): Ang(e)l(u)s do(min)i apparuit i(n) so(m)nis Ioseph d(icens) : accipe p(uer)um (et) m(at)rem eius (et) vade i(n) t(er)ra(m) Iuda, mortui s(un)t, qui q(uae)rebant animam pueri.

福，但因兄長的威脅走避他鄉（參前第5則『逃亡埃及』冊頁左圖『雅各的逃亡』），經20年歷練，成家立業，累積相當財富。雅各的返鄉，也出自神諭：「耶和華對雅各說：『你要回你祖先之地，到你本族那裏去，我必與你同在。』」（創31：3）聽從指示的雅各，便攜家帶眷，領著從岳父拉班那所掙得的牛羊牲畜等等，啟程返鄉，與家人團聚，這是雅各返鄉的背景情節。

在圖像上，圖繪者參考之前『聖家族在埃及』冊頁右側『約櫃前大衰斷臂落地』的處理，以中線將畫面分上下二塊做處理。少小離家的雅各，現鬢毛滿腮業已老邁，以長者造形出現上層方格中，身後的人前後分兩排，有拉結與利亞、雅各兩名妻子，以及諸眾子女。下方格的畫幅，則是雅各所掙得擁有的牲畜及財產，以一匹雙峰駱駝居中，前腳一側為牛，足蹄下為豬及羊，後面為手持禾枝及拿織品杖的兒子，由畫幅右沿的母親一旁督促，步上返鄉的路。一如雅各謙卑地向耶和華說：「你向僕人所施的一切慈愛和信實，我一點也不配得。我先前只用我的一根杖過這約旦河，如今我卻成了兩隊。」（創世32：10）低調感恩，機靈本色依舊。冊頁劃分上下兩格處理，不排除直接回應經文所述，如今家當"成了兩隊"。圖像上方頌經文，將雅各返鄉與耶穌主圖像也做了預表上的連接，它是這樣寫道：

> 在創世紀中我們讀到，因畏懼兄長以掃，雅各遠走他鄉，如今返鄉，遣牛羊驢與駱駝先行，自己與妻小隨後。雅各因哥哥之故亡命在外，耶穌因希律王而逃亡；以掃是希律王的預表。希律王過逝後，耶穌便返回猶大故居[54]。

雅各一生在經書上記載甚詳，智取哥哥長子權，母親利百加為他設計取得父親祝福，後流落異鄉，遭岳父百般欺凌，直到天主令他返回家園，前前後後「一連七次俯伏在地」（創世33：3）祈求以掃的原諒。返鄉前一夜，也發生遠近馳名與天使摔跤的著名經過。之後，耶和華讓雅各更名為以色列茁壯他的族裔，成為耶穌先人，這些充分構成雅各為耶穌預表的身份。（Sheridan, 2002, ACCS, 216）不過，頌經文中特別強調以掃的負面形象，寫道"以掃是希律王的預表"則其來有自。因〈創世記〉記載，雅各與以掃兩人分家之後：「以掃住在西珥山；以掃就是以東。這是以掃

的後代，他是西珥山裏以東人的始祖。」（創世36：8-9）而「以東人」則是希律王家族先人的故居（Murra, 2016, 297; Richardson, 1996, 54），以掃因後人牽托之故，便遭波及影響。

本則敘事冊頁上也循慣例，有三句短詩繕寫在2則頌經文下方，提綱挈領，就3幅敘事圖再做一小結。它們從左至右依序寫到：「掃羅往生後，大衛重返家園。」（Ad p(at)riam David defuncto Saul remeavit.）；「耶穌從埃及返回聖地。」（Ad loca s(an)c(t)a redit Iesus Aegyptoq(u)e recedit.）；「雅各避開兄弟，一心惦記父親。」（Formidans f(rat)rem Iacob ardet visere p(a)trem.）。3短詩句分別就冊頁上『大衛返鄉』、聖家族『返家園』，以及『雅各歸來』3敘事圖進行概括的摘要。前面的兩句，是敘述性的表述，相當直白與中性，最後針對雅各的這句短詩，則勾勒他對父親的思念，跟圖像關係不大，頗意味深長。

置身於中央環圈外沿的4位《舊約》先知，他們字捲軸上的引言擲地有聲也見證說道：

「求你的眷顧我。」（Visita nos domine in salutari t(uo).）（詩篇106：4）

「我的百姓仰仗我的歸來[55]。」（Populus meus pendebit.）（何西阿11：7）

「從埃及召我的兒子出來。」（Ex Aegypto vocavi filium meum.）（何西阿11：1）

「我回到耶路撒冷，仍要施憐憫。」（Revertar in Jerusalem cu(m) mis(er)icordia.）（撒迦1：16）

這4句取自《舊約》先知經書的摘引言，旨趣同中有異，且所涉層面以及適用範圍皆廣。〈詩篇〉引言為一則祈禱詩，期盼神的眷顧，如經文章節所說：「耶和華啊，你恩待你的百姓的時候，求你記念我；你拯就他們的時候，求你眷顧我。」（詩篇106：4）這一個屬於救恩的眷顧，在大衛、耶穌及雅各返鄉上可說一一實現完成，額外但也傳遞祈盼耶和華對於一般信徒關照的訊息，開啟與閱讀者互動的空間。先知何西阿的兩段摘引文，前一段為耶和華藉先知之口所發出的訓誡：「我的百姓仰仗我的歸來；

---

[55] 此句中譯和合版或思高版內文與武加大聖經所載不一。冊頁上字捲軸抄錄武加大〈何西阿〉書卷11章7節前半經查無誤，筆者循此自行中譯，特加註說明。

但有一軛在所有百姓身上，無從摘除[56]。」（何西阿11：7）亦屬苦口婆心傳達天主聖言，感嘆子民一心向神，但力不從心，解不開身上的枷鎖。後一句話“從埃及召我的兒子出來”同樣出自〈何西阿〉書卷，相對有著多重指涉，如天主讓摩西帶領子民離開埃及，讓雅各之子約瑟離開埃及，以及此處去/再脈絡化，對聖家族帶著聖子離開埃及的指涉等。（Ferreiro, 2003, ACCS, 43-44）這兩句〈何西阿〉書卷的摘引文，咸以第一人稱神的位階上發聲，無疑拉近與閱讀者間的關係。〈何西阿〉一書，記載雅各孫子以法蓮（Ephraim）時代，約西元前8、9世紀間的時事。

最後一則字捲軸，出自先知撒迦利亞的話，也從去/再脈絡角度看，則如《撒迦利亞1到8章互文性》（*The Intertextuality of Zachariah 1-8*）一書作者所指出，在釋經的傳統史上，該句撒迦利亞所言，跟〈以賽亞〉52章8-9節、54章7節、〈列王下〉21章14節，與〈耶利米哀歌〉2章等，咸有緊密互文關係。（Stead, 2009, 99-101）當中主要涉入耶和華對於聖殿重建的明令，如〈撒迦利亞〉原經文所寫：「現在我回到耶路撒冷，仍要施憐憫，我的殿要重建在其中，準繩必拉在耶路撒冷之上。這是萬軍之耶和華說的。」（撒迦1：16）不過嵌入聖弗里安冊頁上，撒迦利亞的這句預言，雖然跟聖殿重建不無關係，但“施憐憫”傳遞出正向訊息，也必須重視，（Ferreiro, 2003, ACCS, 232-234）它意表天主眷顧關愛選民，不離不棄。尤其開啟未來願景，對重返家園聖子耶穌寄予無比厚望。

聖弗里安《貧窮人聖經》古帙耶穌的童年時期，共計有8則敘事單元，集結8幅《新約》耶穌生平事蹟圖、16幅《舊約》敘事圖、32幅《舊約》先知肖像、72則頌經文、短詩句、字捲軸引言等多樣元素，來闡述有關耶穌基督降臨預告、誕生、顯現、入聖殿、希律王弒嬰、聖家族逃亡埃及、在埃及與之後返鄉的經過。而《舊約》古代顯赫人士，起自摩西、雅各、大衛王、經所羅門王、士師基甸、及數10位大小先知們，共襄盛舉，一一現身做為見證者、預告者、預言者，共同建構基督中心論神學觀，以及耶穌童年時期聖化的論述。而此一深刻繁複結構體的底層，則不外發揚基督救恩史、彰顯聖父創世拯救人類的計畫安排。

---

56 此段經文武加大記載為：Et populus meus pendebit ad reditum meum iugum autem inponetur ei simul quod non auferetur. 思高版中譯：「我的百姓因著自己的叛逆使我厭煩了；為此上主給他們指定應負的重軛，因為他已不再憐惜他們。」和合版中譯：「我的民偏要背道離開我；眾先知雖然招呼他們歸向至上的主，卻無人尊崇主。」咸略有出入，筆者上依武加大拉丁文自行中譯，特此說明。

五、耶穌領洗宣教5則敘事圖像

　　聖弗里安《貧窮人聖經》古帙針對耶穌領洗宣教時期，計收錄5則敘事單元。它們分別是：『耶穌領洗圖』、『曠野試探』、『主顯聖容圖』、『西門家的宴會』、『拉撒路的復活』等。在這一叢集冊頁單元當中最引人注意的是，在宣教期間耶穌曾展現有關治癒、驅魔，以及大自然等3類許多樣式的神蹟，譬如家喻戶曉的『迦納的婚宴』（Marriage at Cana）、『耶穌增餅』（Feeding the Multitude）、『行走在水面上』（Walking on Water），與『治癒盲人』（Healing the blind）等等未受到《貧窮人聖經》編纂者的青睞，予割捨在外，僅留『拉撒路的復活』一則代言，反映了該冊頁的編輯取向，是以精神性跟神學訊息的傳達優先，一如後面『主顯聖容』單元勾勒聖三論所示。以下按耶穌生平事蹟順序，展開各冊頁單元分析與介述[57]。

9、『耶穌領洗圖』（The Baptism of Jesus）

圖9：『耶穌領洗圖』冊頁單元（左側『越渡紅海』；右側『木架上的葡萄』）（fol.3v, above）© Die Stiftsbibliothek St Florian

57　本章內容主要取自筆者2018年所撰〈視覺解經與多文本論述：聖弗里安《貧窮人聖經》耶穌領洗宣教5則敘事圖像〉一文。有關視覺解經跟多文本論述區塊，因業融入前論述篇中，不再複述。參羊文漪（2018），頁61-90。

聖弗里安《貧窮人聖經》全帙，計含34則耶穌生平事蹟圖冊頁，起始8則為耶穌童年時期，自第9則至第13則，收錄耶穌成年後開始宣教的階段，及至進入耶路撒冷城，前後共5個單元，為本節次考察對象。

在冊頁中央環圈正上方，書寫兩個拉丁字：「主耶穌領洗」（Baptismus domini）為本冊頁單元主標，一般慣稱『耶穌領洗圖』（德：Taufe Jesu；英：The Baptism of Jesus）（馬太3：13-17；馬可1：9-11；路加3：21-38），再現家喻戶曉，耶穌在天使隨伺下接受施洗約翰洗禮的儀式。在環圈左右兩側各1幅《舊約》敘事圖，左為『越渡紅海』（德：Durchzug durch das Rote Meer；英：The Crossing of the Red Sea）（出埃14：15-29），右為『木架上的葡萄』（德：Heimkehr der Kundschafter mit der Weintraube；英：The Spies Return from Canaan Carrying a Large Bunch of Grapes）（民數13：1-24），勾勒摩西帶領族人離開埃及之際（前者），與之後遭逢困境（後者）的經過。這3幅敘事圖的視覺創作，在基督教藝術史上膾炙人口，也舉足輕重。下先行閱讀後，再移至冊頁提供的3類文本，從跨兩約互圖互文的角度進一步討論。

『耶穌領洗圖』為基督教藝術核心圖像，凡各地教堂跟所有洗禮堂都俯拾可見，為7大聖事儀禮之一；在冊頁中央環圈內，耶穌居中，左右搭配施洗約翰與一位天使共3人，並以去背景方式表現。圖像依拜占庭視覺圖像傳統處理，正面筆直站立的是耶穌本尊，全身裸裎，象徵聖潔無垢與尊嚴之意，頭戴一枚聖十字圈，伸出右手二指，做賜福眾生狀，表明至尊聖子身份。一旁為施洗約翰，蓄落腮鬚，老邁龍鐘，一襲長衫及地，以側身方式表現；左手托聖水罐，右手高舉置於耶穌額頭與髮際間，做施洗狀。面容外型清秀的捲髮天使在畫幅左邊，頭戴聖圈，也是一襲長衫，微躬曲著身子，雙手持捧耶穌衣物，隨伺一旁。整個場景線條勾勒流暢，施洗約翰跟天使兩人，身體向中央耶穌內傾微呈弓形，表現細緻。畫面主要透過3人頭上聖圈以及耶穌賜福手勢，刻劃非比尋常的神聖氛圍。在傳統『耶穌領洗圖』中一些視覺要件，如約旦河、天上雲層、聖鴿或天主的手等，咸未露出，天使的羽翼也未再現，全圖表現以簡潔跟重點勾勒取勝。

根據《新約》福音所載，耶穌在約旦河領洗時：「天忽然為他開了，他看見神的靈降下，彷彿鴿子落在他身上。這時，天上有聲音說：『這是我的愛子，我所喜愛的。』」

（馬太3：16-17；另參馬可1：9-11；路加3：21-22；約翰3：16）耶穌領洗這個經過由這段經文看，可說驚天動地，包含神顯（theophany）情節，天主透過聖言，對耶穌非凡聖子身份做了啟示。在環圈圖像上，以裸裎再現耶穌，可視為對此的一個回應。基督教早期藝術中著名的拉文納（Ravenna）兩座洗禮堂（5、6世紀），或14世紀初舉世聞名的斯克羅威尼禮拜堂（Cappella degli Scrovegni, c.1306）壁畫中，喬托也以裸裎的方式表現。其象徵意含之一，為再現人類始祖亞當夏娃墮落前無原罪狀態[58]。

　　冊頁中央環圈左側《舊約》『越渡紅海』一圖，敘事色彩十分濃厚，表現內容生動豐富。全場景上半部運用斜行的波浪線條示意河岸山丘來區隔畫幅上下兩塊，也隱示生與死的界線。上方是10位頭戴尖帽的猶太人，跟一位捲髮披肩的年輕人伸手做下令狀，他是帶領族人出埃及的摩西[59]。他們比肩站在安全的岸上，看著下方溺斃於紅海、人仰馬翻的埃及士兵及其將領共4人，包括腰間披劍，頭戴冠冕，沉落海底的埃及法老王。一如經書寫到：那時刻「海水回流，淹沒了戰車和戰車長，以及那些跟著以色列人下到海中的法老全軍，連一個也沒有剩下。」（出埃14：28）『越渡紅海』圖像，刻劃猶太人上古史重大事件，冊頁圖繪者在有限的空間淋漓發揮，做細部勾勒，表現不俗。

　　摩西帶領族人脫離法老王追殺後，在曠野流浪了40年。一回，民怨聲再起，耶和華親臨，命摩西派遣12支派領袖代表，跨越約旦河前往應許地迦南，進行淨土的偵察與探勘。聖弗里安冊頁環圈右側『木架上的葡萄』一圖，即是對此事的視覺處理。在畫面上，一老二少，安排了三位等高的猶太人出場。兩位年輕人一前一後，肩荷著一捆偌大的布袋，裡面裝的是一掛葡萄，這是「他們到了以實各谷，從那裏砍下葡萄樹枝，上面有一掛葡萄，兩個人用槓抬著。」（民數13：23）回到族人營地。這一掛葡萄，非比尋常，為耶和華應許豐饒富庶樂土，「果然是流奶與蜜之地。」（民數13：

---

58 『耶穌領洗圖』與『耶穌誕生圖』、『十字架受難圖』、『耶穌升天圖』，成為基督教傳統核心圖像，作品夥眾，因屬儀禮聖事項目之一，各教堂以及洗禮堂皆有之。就耶穌裸裎視覺的表現上看，它是原初儀式真實的反映，或屬象徵性意含，仍為學界討論焦點。喬托在斯克羅威尼禮拜堂以裸禮方式表現，係依拜占庭初期傳統而來。在拉文納當地尼歐主教洗禮堂（Neon Baptistery）跟亞利安洗禮堂（Arian Baptistery）兩堂座後殿穹蒼的兩幅巨型鑲嵌畫，皆採裸裎方式處理，為最著名早期的視覺案例。需注意的是，這兩件鑲嵌畫還有兩特色值一提，一是搭配施洗約翰，於耶穌另一端的，為約旦河神擬人化的表現，此為古羅馬習俗及觀點，後為基督教天使所取代，及至文藝復興盛期仍延用中。二是約旦河層層堆砌，如疊嶂般的表現，出自〈約書亞〉書3章14-17節所載，之後在喬托作品中也可見到。聖弗里安冊頁上對此未做處理，但同屬維也納家族抄本，稍晚的維也納《貧窮人聖經》編號1198，則就此做了回應（fol. 3v），反應圖像學傳統的延展性。有關基督教早期相關洗禮的相關論述，參見Ferguson（2009）、Jensen（2012），167, n. 102；有關中世紀施洗發展，參見Sonne de Torrens（2012）；有關圖像學上施洗禮的演變，參見Kirschbaum und Braunfels（1968），Bd. 4. 247-255；Denny（1998），103-108。

59 在稍晚成書的維也納《貧窮人聖經》編號1198抄本上，此人為一年邁長者，且腦梢左右長有兩角，為摩西無疑。圖版參見http://digital.onb.ac.at/RepViewer/viewer.faces?doc=DTL_6621817&order=1&view=SINGLE。

27）的見證物。畫面這三人上方有一紅色字樣，上寫：Nuncii，意表扛著葡萄串的兩人身份為偵察員之意；在兩位年輕人中間正後方，還有一名長者，頭戴丁字帽，一手指向遠方，一手放在碩大的布袋上，有恪守護者、見證淨土果實之意。不過，在傳統圖像上，跨越約旦河，偵察迦南以實各谷淨土的這段經過，精簡濃縮在兩人肩荷一捆偌大的葡萄串上，並未有第三者在場[60]。

針對這3幅敘事圖像，冊頁上方文本欄位底層有一行硃砂紅字書寫的3則短詩句（tituli），如評註般（gloss），就3幅敘事圖做了文字的說明。從左至右排列，搭配『越渡紅海』的詩句寫到：「敵人走在海裡都被淹死了。」（hostes merguntur, p(er) i(ter) maris hii gra(di)unt(ur).）；『耶穌領洗圖』詩句為：「耶穌領引洗禮，讓施洗禮聖化。」（Dum baptizatur Christus baptisma sacratur.）；右側『木架上的葡萄』一圖也寫：「穿越河流來到蜜汁之地。」（Flum(en) tr(an)situr et p(at)ria mellis aditur.）冊頁上這3詩句的內容性質及份量均有所不同。『耶穌領洗圖』的短詩句最為獨特，包含意向性鮮明神學指涉，用外掛方式，點出視覺圖像無法直接傳達的訊息，亦即施洗禮的去罪色彩，係始於耶穌基督。另2句《舊約》圖像的詩文，相對如平鋪的描述句，勾勒視覺圖像題旨的摘要，不過，直接間接地，透過渡越河川及大海，映照水與救贖及儀式之間的關係。

聖弗里安《貧窮人聖經》冊頁上，共分有3類文本，除了採用短詩句之外，另設計安排有4則先知字捲軸引言，以及2段內文較長的頌經文（lectiones）。下先來看2段頌經文，它們安頓在冊頁上方文本欄的左右。左側頌經文關涉下方《舊約》『越渡紅海』與『耶穌領洗圖』兩者互圖互涉的關係，它如此寫道：

> 在〈出埃及記〉書卷中寫到，當法老王戰車和騎手追趕以色列人進入紅海時，上帝讓海水覆蓋法老王，拯救了他的子民。上帝將子民從沉入海水中的敵人手中救出來，耶穌用他自己所引領的聖洗水，也將他的子民從原罪枷鎖中解放出來[61]。

---

60 在此需一提，『木架上的葡萄』一圖，同樣也是『耶穌十字架刑圖』的預表，因兩偵察員扛著一根木條，應許地帶回來的葡萄對等於耶穌最後晚餐時說葡萄酒為他的血。13世紀初，坎特伯利大教堂後殿救贖彩窗（redemption window）上，可見兩圖的並置，或著名『凡爾登祭壇畫』上亦然。另查，『凡爾登祭壇畫』中，搭配『耶穌領洗圖』的《舊約》圖像為『越渡紅海』與『所羅門的銅缽』（Bronze sea）兩作品，後者為一古猶太人入聖殿淨手的禮器，也含潔淨意象，跟《貧窮人聖經》揀選『木架上的葡萄』所欲強調，重點不一。參見Buschhausen（1980）。

61 拉丁釋文如下：L(e)g(itur) in exodo, quod, cum pha(ra)o p(er)sequeret(ur) filios Isr(ae)l c(um) curribus et quitubus, intravit mare post filios isr(ae)l et d(omi)nus reduxit aqu(a)s maris sup(er) eos et ita liberavit p(o)p(u)lum suum. Sicut e(ni)m p(er) aquas maris d(omi)nus p(o)p(u)lum suum liberavit de manu inimici p(er)sequentis, i(ta) etiam p(er) aquas baptismatis aX (Christo) consecratas p(o)p(u)lum suum ipse X (Christus) a vinculis originalis peccati liberavit.

由上頌經文描述可知,『耶穌領洗圖』底層含有耶穌"將他的子民從原罪枷鎖中解放出來"。而此一意涵主要來自"上帝將子民從沉入海水中的敵人手中救出來",這是預表論神學的典範,(Lienhard & Rombs, 2001, ACCS, 71-77)亦運用《舊約》來闡述及預告《新約》,並使之實現。耶穌引領洗禮,尤其透過『越渡紅海』一圖的共時並置,產生拯救的意含;而耶穌藉由聖洗禮,得以為世人去除原罪,也是『越渡紅海』最終的應驗。兩者環環相扣,融合一體。此為天主恩典顯示,以及天主創世造人整體安排的計劃之一。

在冊頁上方右欄的第二則頌經文中,我們也閱讀到冊頁針對『耶穌領洗圖』與『木架上的葡萄』兩圖互涉關係如下的闡釋:

> 在〈民數記〉書卷中寫到,遣派偵察應許之地的兩位使者回來時,裁下了一掛葡萄,扛著穿越約旦河而歸來,他們見證了豐饒富庶的樂土。對要進入天國應許地的我們,這是一個預表,惟通過耶穌奉獻聖水,引領我們接受洗禮,得以進入天國[62]。

『木架上的葡萄』一圖再現耶和華向摩西族人揭示未來應許地,為物資豐饒人間樂土的景緻。這一個關涉天主應許樂園淨土的意含,也不單指涉自身,也"是一個預表",預告"惟通過耶穌奉獻聖水,引領我們接受洗禮,得以進入天國",如上頌經文所寫。(Lienhard & Rombs, 2001, ACCS, 222-223)換言之,《舊約》『木架上的葡萄』敘事圖,跟上一圖『越渡紅海』有異曲同工之效,也是透過新舊兩約圖像的並置,產生意義的移轉;而且獨一無二的是,預告與應驗的意義鏈,並未止於耶穌生平事蹟,而是進入到平信徒大眾的當下時段。如此,聖洗禮此一典章制度的由來,及其進入天國的允諾,不單得到完整的彰顯,也因跟在世現實能夠產生連接,發揮教義宣達效益。

中央環圈『耶穌受洗圖』透過上兩則頌經文的表述,至少揭示了兩個核心的題旨。一是聖洗禮是神聖的,從死到生,源自耶穌引領洗禮所賦予;一是聖洗禮對於信徒具有去原罪以及進入天國的應許。

---

62 拉丁釋文如下:Legit(ur) in nu(mer)is, q(uod) nuncil, qui missi erant ad explora(n)dam t(er)ram promissam, cum redirent p(rae)sciderunt botrum, que(m) duo in-vecte po(rt)averunt et tr(an)sito iordane adduxerunt in testimonium bonitatis illius ter(rae), q(uae) nos b(e)ne p(rae)fig(ur)at, qui ad t(er)ram promissionis regni caelestis (in)trare volumus p(er) aquas baptismatis a X (Christo) c(on)secratas o(porter)et nos intrare.

在中央環圈外側4位《舊約》先知見證人，他們分別是以賽亞、大衛王、阿摩司和以利沙等4人。他們各自拿著字捲軸，不例外地也字字璣珠，為主圖『耶穌領洗圖』做貼切的證詞。這4則摘引文，取自他們的書卷，（環圈下方阿摩司和以利亞兩引文，以褐色繕寫，為後補上。）依左上、左下；右上、右下順次，經書摘引文如下寫道：

「你們必從救恩的泉源／歡然取水／從野地。」（Haurietis aquas i(n) gaudio de tor(rente).）（以賽亞12：3）

「召喚海水，使其傾倒在地面上的。」（Qui vocat aquas maris et effundit.）（阿摩司9：6）

「從以色列的泉水，在教會稱頌神[63]。」（In ecclesiis benedicite[deum dominum]fontibus (israel).）（詩篇 68：26）

「我治好了這水，從此必不再使人死。」（Sanavi aquas has et non erit in eis ultra sterilitas.）（列王下2：21）

分享聖水福音意象這4則先知引文[64]，一一揭示了冊頁主圖聖洗禮的底蘊，為之建立穩固基礎。在這4則引言當中，先知以賽亞的話勾勒水的救恩意象；小先知阿摩司的引言揭櫫渡越紅海，來自全知全能上帝天主的恩典；而屬於應許淨土『木架上的葡萄』一圖上下的兩句，上面一句涉入聖水的所在，以及教會做為聖洗禮執事的機制[65]；而下方出自以利沙之口的第二句，則猶如出自耶穌之口，透過他的聖洗禮，人們得以洗滌原罪獲得救贖進入天國。此亦聖弗里安抄本『耶穌領洗圖』本冊頁單元先圖後文，循序漸進闡述，所欲傳達可供記誦及未來宣道運用的神學訊息所在。

---

63 聖弗里安冊頁先知大衛摘引句原文為 "In ecclesiis benedicite Deum Dominum de fontibus Israel." 出自〈詩篇〉68章26節。此段經文思高版中譯：「你們應在盛會中讚美天主，以色列的子孫應讚美上主。」和合版中譯：「從以色列源頭而來的啊，你們當在各會中稱頌神—耶和華。」筆者此處經比對武加大拉丁文後中譯。兩聖經中譯本，見後參考書目所列網站。

64 除〈詩篇〉68章26節如上述補述，餘〈以賽亞〉、〈阿摩司〉3書卷的引文，前後脈絡如下：「看哪！神是我的拯救；我要倚靠他，並不懼怕……你們必從救恩的泉源歡然取水。在那日，你們要說：『當稱謝耶和華，求告他的名；在萬民中傳揚他的作為，宣告他的名已被尊崇。』」（以賽亞12：2-4）；「那在天上建造樓閣、在地上奠定穹蒼、召喚海水、使其傾倒在地面上的，耶和華是他的名。」（阿摩司9：6）；「他出去到了水源，把鹽倒在那裏，說：『耶和華如此說：「我治好了這水，從那裏不會再有死亡和不生產的事了。」』於是那水治好了，直到今日，正如以利沙所說的話。」（列王下2：21-22）這3句經文當中，最後〈列王記〉下所記載的，以利沙將鹽倒入耶利哥水源，並轉述神旨這一句，含有預表論質性，如《早期教會中的施洗禮》（Baptism in the Early Church）一書中所說，它屬於「教會一般有關施洗禮的預表。」（church's usual Baptismal typology），參見Ferguson (2009), 404。

65 此4則先知摘引文的相關詮釋，依序參見ACCS, McKinion（2004），112-113；Ferreiro（2003），116；Wesselschmidt（2007），72-74；Conti & Pilara（2008），147-149。

10、『曠野試探』（Temptation of Christ）

圖10：『曠野試探』冊頁單元（左側『以掃出賣長子權』，右側『蛇蠍的誘惑』）（fol. 3v, below）
© Die Stiftsbibliothek St Florian

　　繼耶穌接受聖洗禮後，聖弗里安《貧窮人聖經》本單元主題，依冊頁環圈正上方寫到，為「魔鬼的誘惑」（Temptatio dyaboli），亦另稱『曠野試探』（德：Versuchung Christi；英：Temptation of Christ），刻劃耶穌在聖靈引導下，進入曠野禁食40天，期間魔鬼前來試探的經過。（馬太4：1-11、馬可1：12-13、路加4：1-13）在主圖兩側搭配的《舊約》圖像，分為『以掃出賣長子權』（德：Esau verkauft seine Erstgeburt an Jakob；英：Esau selling his birthright）（創世25：29-34）以及『蛇蠍的誘惑』（德：Sündenfall；英：The Temptation of Adam and Eve）（創世3：6）。這3幅敘事圖像共同分享誘惑的主題，且關乎口慾的貪念，畫面構圖具同質性，皆以兩人相向交談對話的圖式表現。

『曠野試探』主圖像上，刻劃魔鬼前後3次試探耶穌的第一次。一襲長袍及地，尊容莊嚴的耶穌頭戴十字聖圈，筆直站姿在環圈左側。他的面前是一頭魔鬼化身的異獸，外觀尖鉤鼻、羊蹄足、短毛尾、口露獠牙，頭長山羊角，正伸出雙手一邊試探耶穌，一邊指著地面三顆小圓石向耶穌挑釁地說：「你若是上帝的兒子，叫這些石頭變成食物吧。」（馬太4：3、路加4：3）耶穌對此毫不假顏色，嚴峻地伸出右手食指警告道：「不可試探主，你的神。」（Non temptabis d(omnium) d(eum) t(uum).），如耶穌手中字捲軸上所寫[66]。魔鬼誘惑技倆因而未能得逞。在環圈上方的欄位中，以硃砂紅筆抄錄的短詩句也寫了：「撒旦試探耶穌，但失敗了。」（Christum temptavit sathanas nec eum superavit.）針對耶穌與魔鬼首度交鋒，做直白的表述。

　　『曠野試探』這冊頁單元上的主圖，是對《新約》福音記載的一個視覺再現。不過兩側《舊約》的敘事圖『以掃出賣長子權』與『蛇蠍的誘惑』，則透過巧妙地並置，讓主圖產生新的意涵與內容。

　　環圈左側的『以掃出賣長子權』一圖，刻畫以掃與雅各兩人爾虞我詐爭奪繼承權的經過，母親利百加因寵愛次子雅各，便助他取得父親以撒的祝福。在《舊約》中十分著稱的這段故事，在視覺表現上也包含了幾個生動的細節，採以流暢線條勾勒完成。

　　以視覺敘事來看，『以掃出賣長子權』聚焦在一站一坐，以掃及雅各兩人一場關鍵的對話上。左邊高高站在山後的，是從山中打獵歸來，疲憊不堪的以掃，右邊坐在坡地上是弟弟雅各煮了一碗豆子湯，捧在右手上，正襟危坐準備給哥哥喝，一邊則說：「你今日把長子的名分賣給我吧。」（創25：31）以掃聽了無法抗拒：「看哪，我快要死了，這長子的名分對我有甚麼用呢？」（創25：32）於是熱騰騰的豆子湯交換了長子權，雅各計誘得逞。在冊頁上，以掃手中拿著一條垂直字捲軸，上寫到：「給我豆子湯來換祝福。」（Da mi(hi) lentes p(ro) bene(diction).）同樣，在上方欄內的短詩句也寫：以掃「為了熱騰騰的豆子湯，出賣了榮耀。」（Lentis ad ardorem

<hr>

66 此處須指出，依福音所載，耶穌對魔鬼試探所做的回應為：「人活著，不是單靠食物，乃是靠神口裏所出的一切話。」（馬太4：4）冊頁上耶穌握持字捲軸上的內文，「不可試探主，你的神。」（馬太4：7）實屬為針對魔鬼第2次試探耶穌時耶穌所說的話。

p(ro)p(r)ium male vendit honore(m).）這是一句評論，對兄弟兩人間繼承權之爭，表示了責備之意。畫面左下方，有兩尊並排的三足鼎，頗是生動。炯炯火燄繚繞，以紅光蔓延到周遭，勾繪豆子湯美味四溢，讓人無法抗拒。

至於冊頁右側的『蛇蠍的誘惑』敘事圖，則眾所周知，為人類始祖亞當夏娃在蛇蠍誘惑下偷食禁果的經過。亞當及夏娃，全身以裸體表現，強調未沾原罪前的純真樣貌，以左右對稱處理。兩人中間為伊甸園筆直的智慧樹，茂密青蔥頂端分岔為左右兩叢，上面結滿了圓滾滾的果實。不過化身魔鬼的蛇蠍女子，繞行樹幹攀爬而上，此刻已達成誘惑的目的。亞當夏娃兩人一手觸撫蛇蠍，一手握持著禁果，做入口進食狀，絲毫不覺有它。畫面上，兩人腳尖墊起而立，拉長造形十分醒目，為聖弗里安冊頁人物表現風格的特色。〈創世記〉經書上就此寫道，夏娃「她就摘下果子吃了，又給了與她一起的丈夫，他也吃了。」（創3：6）不過，圖像上並未強調亞當的禁果來自夏娃。相反的，在冊頁圖像上方欄位短詩句中寫：「亞當屈服奸詐蛇蠍所給他的果子。」（S(er)pens vicit Adam, fetida(m) dum sug(g)erat escam.）

耶穌領聖洗禮後，在曠野獨自滯留了40天，遭到前後3次魔鬼現身的試探。『以掃出賣長子權』及『蛇蠍的誘惑』兩幅《舊約》敘事圖安置一旁，並非偶然。在上方欄位2段頌經文中，編纂者如下分別寫道：

> 我們在〈創世記〉中讀到，以掃為了弟弟雅各煮給他一碗豆子湯出賣長子權，他因為貪圖口慾，將父親給的榮耀與祝福出賣了。撒旦因為驕傲，被天父剝奪了的祝福，他現以貪口慾來試探神的兒子說：「叫這些石頭變成食物吧[67]。」

> 我們在〈創世記〉中讀到，亞當跟夏娃在天堂因貪口慾，墮入蛇蠍誘惑的騙局。這是蛇蠍欺騙人類始祖的技倆。這件事預表，撒旦誘惑耶穌時所說：「叫這些石頭變成食物吧。」這是貪口慾的試探[68]。

---

[67] 拉丁釋文如下：Legit(ur) q(uod) Esau p(ro) decoct(i)on(n)e, quam fec(er)at Jacob fr(atri) eius, vendidit s(ibi) p(r)imogenita, i(d est) honorem q(ui) debet(ur) primoge(ni)tis, Esau p(ro)p(ter) gulam honorem vendidit et benedictionem p(a)t(ern)am perdidit. Sie dyabolus b(e)nedi(ctio)ne pa(ter)na p(ro)p(ter) superbiam privatus patrem suum, scilicet d(omi)num, de gula temptavit cum dixit: Dic, ut lapides isti panes fiant.

[68] 拉丁釋文如下：In pa(ra)dy(so) en(im) per s(er)pentem Adam et Eva decepti fu(er)unt, q(ui) eos d(e) gula temptavit, q(ui)a ea dya(bolus) utebat(ur) ta(m)q(ua)m instrum(en)to ad decipi(en)du(m) primos p(are)ntes, q(uod) b(e)ne praefigurabat temptatio(ne)m, q(ua)m dya(bolus) X (Christo) exhibuit cu(m) eu(m) te(m)ptavit dicens: dic, ut lapides isti panes fiant. Quae temptatio gulam inferebat.

這兩段頌經文本，係針對『曠野試探』主圖魔鬼啟動貪慾試探耶穌，來進行闡述與辨證的。不論在前一段頌經文中的以掃，或後一段中的亞當與夏娃，他們都臣服於貪戀口慾的陷阱中，惟有耶穌堅若磐石不為魔鬼所動，通過試探的考驗。此一有如鏡像似地映照，是以兩則負面敘事來襯托及凸顯耶穌的超然。也便因此，基於對天父堅定不移的信仰，耶穌戰勝了魔鬼，也克服了亞當夏娃原罪的污垢。這是預表論並置下的效果。至於以掃"將父親給他的榮耀與祝福"棄之如敝屣的作為，跟『曠野試探』主圖的關係，則是間接及類比的。天主所賜與他的"榮耀與祝福"，現則移轉歸耶穌所有。

　　設置在中央環圈外側4個角落的4位《舊約》先知半身像，他們是大衛王、以賽亞與約伯等先知，做為耶穌『曠野試探』主圖像的見證人，他們提出的證詞十分特殊，主要從試探這個命題來做表述的：

「他們試探我，不斷玷辱我[69]。」（Temptaveru(n)t me, blasphemaver(unt).）（詩篇35：16）

「你的敵人征服你，因此……」（Perussit te inimicus tuus id(circo).）（？？）

「事情顛倒了，豈可看窯匠如泥？」（Peruersa est cogitatio et quasi lucta.）（以賽亞29：16）

「我的敵人怒目看我。」（Hostis meus terribilibus ocutis.）（約伯16：9）

這4段摘引文，語意重點設在道德層面上[70]。左上摘引文，出自傳大衛所寫的〈詩篇〉書卷。在原脈絡中，敘述遭到眾人侮辱與一再欺凌的情境。在冊頁上，則針對耶穌受到魔鬼再三試探處境的類比及轉喻，但更是針對逆境下的鼓舞及士氣的提升。其下方的引言，因文句不全，無法知悉原書卷所在[71]。環圈右側的兩句先知引

---

69 經比對維也納《貧窮人聖經》編號1198抄本（*Codex Vindobonensis 1198*）『曠野試探』同一冊頁此句摘引文為：「Temptaverunt me, blasphemaverunt me.」文尾與聖弗里安所抄繕不一，增補 "me" 一字，餘同。另，今天〈詩篇〉35：16，為古代武加大版〈詩篇〉34：16，該經文寫道：「temptaverunt me subsannaverunt me.」內文後半也稍異。《貧窮人聖經》使用blasphemaverunt，有玷辱之意，本文循此做中譯，特加註說明。維也納《貧窮人聖經》編號1198抄本冊頁，參見Schmidt（1962），Bd.3, 3v.。

70 內文3則先知摘引文的相關詮釋，依序參見ACCS, Blaising & Hardin（2014），275；McKinion（2004），210-21；Ferreiro（2003），92。

71 此句先知摘引文，屬冊頁左下先知所持字捲軸文字轉譯而來，惟因不全，無法知其出處。1863年刊印聖弗里安《貧窮人聖經》中，指認此則摘引文出自〈箴言〉25章21節：「你的仇敵若餓了，就給他飯吃。」經查，與古代武加大版聖經不一。參該書Camesina（1863），12。另，1460年間，今藏於大英圖書館《貧窮人聖經》單印版（編號C.9 d.2），『曠野試探』冊頁上此句摘引文完整露出，為取自〈撒母耳〉下7章9節：「我……剪除你所有的仇敵。」相對十分貼切，在此提出供參。參見Labriola & Smeltz（1990），108。

言中,上方出自〈以賽亞〉一書,經文的原意涉及創造者與受造者之間顛倒的關係。如該書卷同節次接著說道:「受造物豈可論創造者說,『他並沒有造我』?」(以賽亞29:16)在聖弗里安的脈絡中,則涉入撒旦雖由天主所造,然因狂妄自大造孽多端,將自食其果,遭到耶穌的殲滅。最後右下方取自〈約伯記〉經文的引言,則可回到耶穌與魔鬼對峙的主圖像,隱射魔鬼試探邪念無所不在,以及世事的險惡。在《舊約》4大先知12小先知中,約伯遭逢魔鬼撒旦的試探最多也最深,因而引據該書卷內文,再貼切不過。

這4句《舊約》先知引文,因描述性色彩濃厚,針對性成份偏低,不若前冊頁先知們的證詞來的強而有力。整體上,反倒從道德平台出發,以魔鬼隨處不在的誘惑為主議題,提出戒慎恐懼諄諄的告誡,訴求在警惕上;也為聖弗里安冊頁先知摘引文的設計,提出另一種範式,直接訴諸信徒生活的行為準則。至於耶穌屈服魔鬼、克服亞當夏娃、去原罪、救世人,在神學上是「新亞當」、「亞當第二」等,冊頁上先知引言部分,未就此做進一步的闡明。

綜括之,『曠野試探』本冊頁的主圖,在記敘耶穌經由聖靈的引領到曠野,接受魔鬼的試探。此主題在兩幅《舊約》圖像的左右配置下,產生多向度的意義與訊息。其一是耶穌戰勝魔鬼,因為這個魔鬼在遠古時曾經誘惑人類始祖亞當與夏娃偷食禁果,但對聖子無功而返,這正應驗了耶和華對化身蛇蠍魔鬼所做的詛咒:「女人的後裔要傷你的頭。」(創世3:15)從神學上看,這也是關於信的闡釋,夏娃吃了天主吩咐她不可吃的果子;耶穌則義正詞嚴地說"不可試探主"。其二則是關於誘惑與試探,形同規訓般的告誡,其底層也涉入信仰堅貞與否。最後,還有耶穌榮寵於天主,得到"父親給他的榮耀與祝福",源自他的信。

11、『主顯聖容』（Transfiguration of Jesus）

圖11：『主顯聖容』冊頁單元（左側『亞伯拉罕與三位天使』，右側『火窯三少年』）（fol. 4r, above）
© Die Stiftsbibliothek St Florian

　　本冊頁單元主題為「主的變相」（Transfiguratio domini），繕寫在冊頁環圈正上方，顧名思義，刻劃有關耶穌變相一段神秘奧跡；在視覺藝術史上一般慣稱為『主顯聖容』或『寶山變相圖』。（德：Verklärung Christi；英：Transfiguration of Jesus）（馬太17：2-9；馬可9：2-9；路加9：28-36）在基督生平重要性不下於『耶穌領洗圖』。2幅中央環圈左右的《舊約》敘事圖，精選『亞伯拉罕與三位天使』（德：Abraham begegnet den drei Engeln，英：Abraham and the Three Angels）（創世18：1-3），以及『火窯三少年』（德：Drei Jünglinge im Feuerofen；英：Three Young Men in the Furnace）（但以3：19-27），也都是跟奧妙神跡有關的著名《舊約》敘事。

　　記載於《新約》3大福音的『主顯聖容』圖，為本冊頁的主視覺圖像，勾繪耶穌曠野試探後，四處宣教，召喚12門徒，將天國鑰鎖交予彼得後的第6天，耶穌未經預

告，默默帶著彼得、雅各與約翰3位門徒登上寶山。忽然間，「他在他們面前變了形像，他的臉明亮如太陽，衣裳潔白如光。」（馬太17：2）此時古代摩西與先知以利亞無獨有偶地也聯袂現身，不單如此，經書繼續寫道：「有摩西、以利亞向他們顯現，與耶穌說話。」（馬太17：3）冊頁畫幅本身因空間之故，循慣例也做去背景處理，這則再現耶穌奧秘神跡的景緻，在圖像表現上十分精簡也聚焦。畫面總體設計以3人為一組站姿鋪設畫幅，跟地面側身匍伏一人做安排。正面站立居中的是耶穌本尊，頭戴聖光圈，伸出右手兩指做賜福眾生狀，手持書卷一冊，神情尊榮，肅穆莊嚴，有君臨天下之勢。2位現身跟耶穌說話的《舊約》著名人士，左為摩西，右為先知以利亞，兩人站姿，與前『耶穌領洗禮圖』冊頁雷同，面都朝內，雙手合十，雙眼望著居中的耶穌，做殷切期盼致敬狀，頗為生動。在場景下方底部的是門徒彼得，他以側姿匍伏於地面，伸出雙手，張開雙眼，十分專注，也是跟隨耶穌進入密契異境3門徒中的一位，因據經書所載，他不單在場，滿心歡喜也對耶穌說：「主啊，我們在這裏真好！你若願意，我就在這裏搭三座棚，一座為你，一座為摩西，一座為以利亞。」同時就在他「說話之間，忽然有一朵明亮的雲彩遮蓋他們，又有聲音從雲彩裏出來，說：『這是我的愛子，我所喜愛的。你們要聽從他！』」（馬太17：4-5）『主顯聖容』一圖，如福音書記載上所示，有其非比尋常獨一無二的質性。

在『主顯聖容』一圖兩側的《舊約》『亞伯拉罕與三位天使』跟『火窰三少年』兩敘事圖，也跟天主奧秘神跡有關。左圖『亞伯拉罕與三位天使』刻劃亞伯拉罕（Ab(ra)ham）一日見三人聯袂蒞臨家舍，他即心有所感，跪拜恭迎，備妥佳餚盛宴款待，十分地虔敬。這三位到訪的人士，為神的使者，在冊頁上，自畫框左側進入畫面，他們身姿優雅，一襲及地長衫，五官纖細，頭戴聖圈之外，也露出肩背上碩大展翅羽翼，表明他們是天使身份。最前方引路的天使，手中有一幅長條字捲軸，聖弗里安冊頁上但留白未及抄錄，或為天使向亞伯拉罕說的話：「明年這時候，我一定會回到你這裏。看哪，你的妻子撒拉會生一個兒子。」（創18：10）這便交代三位天使到訪的目的。不過維也納編號1198的《貧窮人聖經》，在同題材冊頁字捲軸上，則是抄錄另一段經文，為亞伯拉罕向神者使者所說的話：「我主，我若在你眼前蒙恩。」（Domine si inveni gratiam in oculis tuis）（創18：2）亞伯拉罕在畫中跪拜在地，謙遜恭迎天使的處理，貼合回應此段經文，尤其字捲軸在聖弗里安以及維也納

兩冊頁中，咸由天使與亞伯拉罕一上一下雙手所握持，發話者因而皆宜，一併在此提出供參[72]。

　　環圈右側『火窯三少年』一圖，則勾繪著名的巴比倫王尼布甲尼撒（Rex Nabuchnodosor），在兩名年輕隨扈下，來到一座四方形火窯爐前，看到火窯裡三名少年，但出乎意料，分毫不受焱火影響，體膚依然完好的景象。這段記載於《舊約》〈但以理〉一書的經過，十分知名。沙得拉、米煞、亞伯尼歌這三名猶太少年，因拒絕祭拜尼布甲尼撒所造的金像，寧死不從而遭下令火刑的處置；然在神跡顯現下，他們分毫未傷，而且，下令處刑的尼布甲尼撒王在火焱中還看到了第四個人，他說：「扔在火裏的不是三個人嗎？看哪，我看見有四個人，並沒有捆綁，在火中行走，也沒有受傷；那第四個的相貌好像神明的兒子。」（但以3：25）於是震驚動容之下，便下令將三少年拉出火坑，得以免死。之後還接著說：「沙得拉、米煞、亞伯尼歌的神是應當稱頌的！……因為沒有別神能像這樣施行拯救。」（但以3：28-29）。冊頁上尼布甲尼撒王手中拿了一幅字捲軸，上面內文雖未抄繕，但大體應不出〈但以理〉上引書卷的經文內容[73]。

　　這3幅取材自《新約》及《舊約》文本的敘事圖像，分享著神蹟異象的奇幻視域，它們無獨有偶跟三位一體聖三論的神學有關。冊頁上方兩則頌經文的敘述，就此做了揭示及指引。欄位左側的內文，針對『主顯聖容』跟『亞伯拉罕與三位天使』兩圖互文做闡釋；欄位右側內文則是『主顯聖容』跟『火窯三少年』互文關係的表述，這兩則頌經文分別寫道：

> 我們在〈創世記〉讀到，亞伯拉罕看到三位天使，招待他們。他看到三位，但敬拜一位；三位天使意表三，敬拜一位意表三位一體，合一的本質。使徒彼得看到摩西跟以利亞在耶穌一旁，他看到三位，但只認耶穌一人為神[74]。

> 我們在〈但以理〉讀到，巴比倫王尼布甲尼撒王將三位少年丟進火窯坑，當他

72　維也納編號1198的《貧窮人聖經》數位圖版參見 http://digital.onb.ac.at/RepViewer/viewer.faces?doc=DTL_6621817&order=1&view=SINGLE。

73　維也納《貧窮人聖經》同題材的圖中，尼布甲尼撒王手中的字捲軸，亦留白未做抄繕。經查，梵諦岡圖書館藏《貧窮人聖經》（Codex Palatinus 871）抄本上字捲軸內文，則做了完整抄膳如下：「扔入火窯的不是三人嗎？那第四人像是神子。」（Nonne tres misimus in fornacem et quartus similis est filio deo.）參見Wetzel & Drechsler (1995), fol.8v, 84；數位圖檔參見https://digi.ub.uni-heidelberg.de/diglit/bav_pal_lat_871/0026/image。

74　拉丁釋文如下：Legit(ur) q(uod) Abraham vidit tres pu(e)ros, s(cilicet) angelos, q(ui) ad suu(m) hospitiu(m) perveneru(n)t; tres en(im) vidit et unum adoravit. Tres angeli significabant trinitatem p(er)sonarum; s(ed) unum adoravit, dedit intelligi unitatem essentiae. Sic Petrus vidit cu(m) Jesu Moysen et Helyam; tres enim vidit, s(ed) in Christo solo veru(m) deu(m) (co)gnovit.

走近，看到三位之外，還有第四人，一如神子。那三位意表聖三，第四人意表三位結合下的一體。因而耶穌變相顯容，他是神，三位一體的存在[75]。

經由這兩段頌經文闡述，聖弗里安『主顯聖容』的題旨在建構耶穌聖三的本性，亦聖父、聖靈、聖子三位一體的概念上。『主顯聖容』中，摩西與以利亞現身，隨伺左右，不單凸顯耶穌至尊崇高的身份，也揭示他們所代表的舊律法，現由耶穌所代表的新律法取而代之，建立一脈相承、跨新舊兩約的系譜。頌經文同時也提到彼得 "他看到三位，但只認耶穌一人為神"，旨在闡明『主顯聖容』一圖更深一層含括聖三一體的觀點。一如在『亞伯拉罕與三位天使』的圖中頌經文中也寫到："亞伯拉罕看到三位天使，招待他們。他看到三位，但敬拜一位"，有異曲同工之效。

在『主顯聖容』跟『火窰三少年』兩圖像的互動上，同樣在數字象徵學（number symbolism）中的3也扮演著關鍵樞紐的角色。異邦國王尼布甲尼撒王在視覺感知中，他看到火窰中三少年之外，"還有第四人，一如神子"，這與『亞伯拉罕與三位天使』圖中，亞伯拉罕 "看到三位，但敬拜是一位"，跟使徒彼得 "他看到三位，但只認耶穌一人為神"，無縫接軌相互扣合。基督教預表論神學，《舊約》原型《新約》對範的組織，在這有一個建立在數字象徵學上範例的展呈。

針對冊頁上『亞伯拉罕與三位天使』、『耶穌顯聖容』、『火窰三少年』這3幅敘事性圖像，在冊頁上方欄位底層的一行3句短詩，也做了相關的表述。它們依序寫到：

「亞伯拉罕看到三個人，但只敬拜一位神。」（Tres conte(m)plat(ur) Ab(ra)ham, solu(m) venerate(ur).）

「神子變相，見證聖三。」（Ecce d(e)i nat(um) c(e)rnunt tres glorificatu(m).）

「看，耶穌的榮耀給異邦人看到了。」（Pandit(ur) en isti gentili gloria Christi.）

具有詮釋及評論色彩的這3句短詩句，並非針對3幅圖像視覺敘事直接的描述，而是揭開它們底層的神學意涵。『火窰三少年』一圖的詩句自然最引人注意，因內容

---

75 拉丁釋文如下：In Danyele legitur, q(uo)d rex Nabuchodonosor misisset tres pu(e)ros in maximum caminu(m) ignis, et cu(m) ipse ad caminum accederet, ut eos in igne conspicaret, vidit cum eis si(mi)lem filio hom(ini)s. Tres viri trinitate(m) p(ersonar)um debent intelligi, q(ua)rtus unitate(m) essentiae. Ita Christus in sua transfiguration(n)e se o(ste)ndit unu(m) deum in e(ss)entia et in p(er)sonis trinum.

訴諸異邦人的觀看角度，在聖三神學觀外，另開啟有關宣教的議題，十分貼切。即便尼布甲尼撒王，這位異邦人所說及所見，是火窯三少年的神，而耶穌生平重大事蹟，如受難犧牲及復活升天尚待展開，但『主顯聖容』圖中，天主從雲彩中向門徒說：「這是我的愛子，我所喜愛的。你們要聽從他！」（馬太17：5），那麼在聖三論啟動下，"耶穌的榮耀給異邦人看到"，順理成章也完滿嵌入天主救贖計畫中。

最後，在中央環圈外側4個角落，4位先知以見證人身份現身，共襄盛舉為『主顯聖容』主圖做見證人。他們是左上大衛王、左下瑪拉基、右上以賽亞以及右下哈巴谷等4位先知。他們手中字捲軸的引言，循慣例也對焦在三位一體的主題上，一如聖三光榮頌（doxology）的內文寫到：

「你比所有世人更美。」（Spec(i)osus forma p(rae) filiis homin(um).）（詩篇45：2）

「敬畏我名的人必有公義的日頭出現。」（Orietur vobis timentibus nom(en) meu(m).）（瑪拉基4：2）

「哦，耶路撒冷，發光，耶和華的榮耀照耀你[76]。」（Jer(u)s(ale)m venit lux tua (et) gl(ori)a domini.）（以賽亞60：1）

「他的輝煌如同日光；從他手裡射出光線。」（splendor eius ut lux erit.）（哈巴谷3：4）

這4則取自《舊約》不同經卷的摘引文[77]，除了瑪拉基一則的文本在訴求公平正義最終的降臨；其他3則引言，訊息傳達則聚焦在讚美及頌揚神的全知全能與聖三本質上，辭藻優美文意崇高。綜括之，本冊頁主圖『主顯聖容』雖擁有硬論述，從預表論神學出發，透過『亞伯拉罕與三位天使』與『火窯三少年』的配給，產出知性上有關聖三觀的神學，但4位先知的證詞引言則屬軟訴求，動之以情，召喚人類內心共融的宗教情懷，可說知性與感性兼容並蓄未有偏廢，因此便足以提供心靈超拔、分享天主恩典與耶穌顯聖容的一切榮耀。

---

76 此句摘引文，出自〈以賽亞〉60章1節，和合版對此的中譯為：「興起，發光！因為你的光已來到！耶和華的榮光發出照耀著你。」思高版的中譯為：「耶路撒冷啊！起來炫耀罷！因你的光明已經來到，上主的榮耀已經照耀在你身上。」字捲軸上文句精簡化，與前二版本有相亦有差異，筆者循冊頁抄文重做編譯此特註明。

77 內文4則先知摘引文的相關詮釋，依序參見ACCS, Blaising & Hardin（2014），345-46; Ferreiro（2003），308-09；McKinion（2004），227；Ferreiro（2003），202。

12、『西門家的宴會』（The Feast in the House of Simon）

圖12：『西門家的宴會』冊頁單元（左側『大衛的懺悔』，右側『米利暗的悔過』）（fol. 4r, below）
© Die Stiftsbibliothek St Florian

　　本冊頁主題，刻劃耶穌應邀到法利賽人西門家，接受盛宴款待的一段有關懺悔的經過。「西門的宴請」（Invitat(i)o symonis）寫在中央環圈正上方，為冊頁的主標，傳統亦慣稱『西門家的宴會』（德：Gastmahl in Bethanien；英：The Feast in the House of Simon）（路加7：36-50）。其他題名也有『抹大拉為耶穌沐足』（Magdalene Washing the Feet of Christ）、『聖抹大拉為耶穌抹膏』（St. Magdalene Anointing Christ's Feet）、『抹大拉的懺悔』（Magdalene's Repentance）等等[78]。兩幅《舊約》對應的敘事圖，左為『大衛的懺悔』（德：

78　福音書中跟抹大拉的瑪利亞有關的記載，有下列事蹟：1、耶穌十字架受刑現場，現身的三名女子之一（馬可15：40、馬太27：56、約翰19：25）；2、耶穌復活後，首先發現人去穴空的女子之一（馬可16：1-8；馬太28：1-10；約翰20：1-10）；3、耶穌復活後首先顯現，但不可觸碰他，並轉知其他門徒的女子（約翰20：11-18）。4、在先前耶穌傳教期間還有一位，耶穌將她身上的7個惡魔趕出來，而後跟著12門徒一起隨耶穌四處傳道的女子（路加8：1-3）。在中世紀時，合併納入前者名下的還有兩則事蹟：5、一位在伯大尼的痲瘋病人西門家，為耶穌上油膏的女子（馬太26：6-13、馬可14：3-9），或名為瑪利亞（約翰12：1-8），以及6、一位在西門家宴席上出現，以淚、長髮為耶穌擦腳、上膏的有罪的女子，（路加7：36-50）此即為本冊頁上視覺再現的內容。內文提到『抹大拉為耶穌沐足』、『聖抹大拉為耶穌抹膏』、『抹大拉的懺悔』等作品名，大體於1-3基礎上，銜接4-5的合體表現。但6中長髮懺悔的造形深受歡迎，在文藝復興盛期後常獨立處理。抹大拉的瑪利亞的資料甚尠，是否為一妓女，也做討論。13世紀下半葉『黃金傳奇』一書，係根據之前的傳奇，再發展為抹大拉的瑪利亞一生傳記，為重要的文獻資料。晚近有關抹大拉從中世紀到巴洛克在圖像學上發展演變的探討，有一學術論文集出刊，收錄12篇論文，含重要書目，此提出供參。Erhardt & Morris, eds.（2012）。

David und Nathan；英：David's Repentance）（撒下12：1-13），右為摩西的姐姐『米利暗的悔過』（德：Mose heilt Mirjam；英：Miriam's Repentance）（民數12：1-15），這3幅並置的圖像一致涉入有關於懺悔、寬恕以及赦免議題。

　　取材自《新約》路加福音的『西門家的宴會』一圖，全場景聚焦在法利賽人西門夫婦款待耶穌的宴席餐桌上。法利賽人西門與其夫人坐在宴會桌的正後方，在餐桌左側的位置是頭戴聖十字圈的耶穌，身姿略微前傾，正跟西門夫婦比手畫腳交談中，但兩造眼神並無交集。在耶穌腳跟前，有一位全身伏地，捧著耶穌右足的女子，她是抹大拉的瑪利亞[79]，一位不速之客，但為耶穌沐足也抹上油膏。餐桌上一只高腳酒杯，還有一盤魚，這酒與魚，象徵耶穌未來受難犧牲。根據經書所記載，卑微的抹大拉在西門宴席上出現，並無前兆。她來到宴席間，便撲仆於耶穌跟前，「挨著他的腳哭，眼淚溼了耶穌的腳，就用自己的頭髮擦乾，又用嘴連連親他的腳，把香膏抹上。」（路加7：38）不過主人西門很有意見也不以為然，因為這女人是個罪人。耶穌就此大大地教訓了西門一頓，特別針對愛、懺悔與赦免，做了相關教義上的宣講。抹大拉恭敬卑微虔誠，為耶穌以淚洗腳、以髮抹乾，又用香膏塗抹，也以嘴吻腳致意，這些西門一一都怠慢了。因而耶穌表示到：「所以我告訴你，她許多的罪都赦免了，因為她愛的多；而那少得赦免的，愛的就少。」（路加7：47）抹大拉因見到耶穌，毫無保留的落淚懺悔，以及虔誠恭敬的愛，所有她身上的罪都被寬恕了。一如上方欄位短詩句即評論到：「善的泉源，解除了罪。」（Hanc a p(e)cc(at)is absolvit fo(n)s pietatis.）雖然她只是一介平民，是西門口中所説的「她是個罪人哪！」（路加7：39），但抹大拉"因為她愛的多"，從而使她身上所有罪，都被耶穌赦免了。

　　冊頁單元上兩幅左右《舊約》敘事圖像，也跟懺悔及赦免的議題有關。冊頁右側『米利暗的悔過』一圖，再現《舊約》〈民數記〉的一段記錄。原本，摩西的兄長亞倫與姐姐米利暗（Soror），因摩西娶了古實女子而心生不滿，藉機排斥他，便向天主抱怨，為何所有鐘愛集於摩西一人身上。天主知悉後大怒，讓米利暗染上「像雪那

79　由於伯大尼癩瘋病人西門家，也有一位女子為耶穌上油膏，便常與本單元描述的女子混為一談。（參上註）不過在場景上，前者設在伯大尼西門的家裡，後者為法利賽西門的家宴上，仍可做出區隔。聖弗里安冊頁數位網站，以「伯大尼的宴席」（Gastmahl in Bethanien）做為耶穌主圖像的題名，屬一誤植。參見https://realonline.imareal.sbg.ac.at（編號003023）。聖弗里安冊頁上方欄中，兩則頌經文中使用抹大拉的瑪利亞一名，雖與福音書不一，然相對屬實。此外，『抹大拉的懺悔』一名，最早由Albert Camesina為本冊頁主圖像所下的題名，歸列傳統通行題名之一。參Camesina（1863），12。最後也需提及，聖弗里安本冊頁耶穌腳跟前伏地女子的左臂下方，今有一紅色塗抹痕跡，或為抹大拉的名字？頗耐人尋味。全卷帙筆者曾一一詳閱比對，此之外僅『最後的晚餐』冊頁右上先知大衛名也經塗抹，惟其下原抄所羅門名，屬一筆誤。此處一併提出供參。

麼白」的痲瘋病（民數12：10）。直到摩西一再為她求情，七天之後，天主方才寬恕了米利暗的僭越。在冊頁畫幅上，摩西與亞倫兩兄弟，一左一右，高挑的身姿筆直站在畫面的兩側，做交談狀。頭戴祭司冠帽的亞倫，尤其地位顯赫。他們中間是頭披罩巾仰望摩西的姐姐米利暗，打直背脊跪在地上，雙手合十，表情懊悔，懇切地求救助於摩西。而最後米利暗得到天主的寬恕，如上方短詩句所寫：「染上痲瘋病，在懲罰後被洗滌了。」（Haec lep(ra) tacta munda fit p(o)ena p(er)acta.）便在闡述此事。此外，本冊頁的繪圖者將米利暗向摩西求助的雙手，做了放大處理，頗為生動，還有亞倫的雙手也是於胸前，手掌一正一反張開，呈無辜狀，雖未遭天主懲罰，但因抱怨，未能全身而退。

冊頁左側『大衛的懺悔』敘事圖像，則刻劃大衛王犯罪受到懲罰，而後得到天主的寬恕赦免。起因是大衛奪取手下將領烏利亞之妻拔示巴，犯下姦淫罪，天主便讓大衛與拔示巴的新生兒罹患重病而死，以示懲罰。在冊頁上，右方站立者是蓄鬍長者大祭司及先知拿單（Natan p(ro)ph(et)a），他一襲及地長袍，以側面表現，一付嚴峻表情看著大衛，且伸出食指做責難狀。頭戴王冠的年輕大衛在左，安然高高坐在寶座上，一上一下雙腳踏在寶座兩階梯上，圖像並未聚焦在他的懺悔表現。相反，拿單手中拿著一幅長條字捲軸，雖留白未抄繕，但依經書記載，大衛認罪後，拿單跟他說道：「耶和華已經除掉你的罪，你必不至於死。」（撒下12：13）或因上方欄位短詩句中所寫，實為字捲軸內容：「在拿單責難下，國王改過罪行。」（Ecce nathan tact(us) rex p(ra)vos corrigit act(us).）『大衛的懺悔』一圖所再現的，換言之，不是懺悔的過程，而是懺悔後天主對大衛所犯的罪行給予包容及寬恕。

聖弗里安冊頁3幅敘事圖彼此互涉的對話關係，循慣例寫在冊頁上方左右文本欄位中，針對耶穌主圖像『西門家的盛宴』、右邊『米利暗的悔過』，及左邊『大衛的懺悔』敘事圖的關連，頌經文如下先後寫道：

> 我們在〈民數記〉中讀到，摩西與亞倫的姐姐米利暗，因犯下罪，染上痲瘋病，摩西為她祈禱後，才得潔淨。摩西是耶穌的預表，抹大拉一身的罪，是由耶穌洗滌潔淨的[80]。

---

80 拉丁釋文如下：Legitur q(uo)d Maria soror Moysi et Aaron p(ro)p(ter) p(e)cc(atu)m suum lep(ro)sa f(ac)ta fuit, que p(er) preces Moysi fuit curata a sua immunditia. Moyses e(nim) Christum sig(nifica)bat, qui Mariam Magdalenam ab o(mni)bus in immundiciis p(ecca)torum mu(n)davit.

我們在〈列王記〉中讀到，大衛在先知拿單譴責下，充滿改過懺悔之心，天主因而寬恕他。懺悔的大衛，預告懺悔的抹大拉，得到主的憐憫，所有罪過，得到赦免[81]。

　　這兩段頌經文同質性頗高，運用預表論神學類比及預告的模組，來闡揚跨兩約間懺悔者與赦免者的平行關係。但此平行關係的結構並不盡相同。在『西門家的盛宴』與『米利暗的悔過』兩圖中，米利暗的潔淨，出自摩西的祈禱，如經書寫道：「摩西哀求耶和華說：『上帝啊，求你醫治她！』」（民數12：13）而主圖像當中，抹大拉的罪則是耶穌做為聖子，以語言使然："所以我告訴你，她許多的罪都赦免了，因為她愛的多"，其間差別，正是耶穌做為聖子本身所擁有的赦免權。第二則頌經文在底層的論述中，將重心放到懺悔者的一端，"懺悔的大衛，預告懺悔的抹大拉"，這裡則在三位一體的觀點上，因他們都榮獲"主的憐憫，所有罪過，得到赦免"，而這裡所提的"主"，指的既是天主也可以是聖子耶穌。

　　4位設在中央環圈外4角落的先知，先左後右，先上後下，分別是大衛王出現兩次，以及以西結與約珥，他們手中字捲軸摘引文，分有兩組群，一組涉入懺悔議題，一組為對神的頌揚與讚美的表述，分別如下：

「憂傷痛悔的心，你必不輕看。」（Cor contritum (et) humiliatum.）（詩篇51：17）

「諸神之中沒有可比你的。」（Quis similis tui deus.）（詩篇86：8）

「他所行的一切邪惡必被遺忘；他必因所行的正義而得生存[82]。」（Quacumque hora homo ingemuerit omnium iniquitatum non recordabor.）（以西結18：22）

「你們應全心歸向我[83]。」（Convertimini ad me in toto corde (vestro).）（約珥2：12）

---

81 拉丁釋文如下：Dicit(ur) in lib(ro) Regum, q(uo)d David rex, c(um) Nathan p(ro)ph(et)a p(ro) p(e)cc(at)o suo eum corriperet, ipse p(enite)ntia ductus mi(sericordi)am a d(omi)no i(m)petrav(i)t. David(e)nim penitens Mariam penitente(m) designabat, que mi(sericordi)am a d(omi)no o(mniu)m peccator(um) meruit accipere.

82 此段拉丁文後半殘缺，經比對，與今藏大英圖書館《貧窮人聖經》單印版（編號C.9 d.2）冊頁上此句摘引文所示接近，加以沿用。見 Labriola & Smeltz (1990)，68。另，此經文中譯取自思高版聖經。

83 此段中譯文取自思高版聖經。

這4則先知引言[84]，左側兩句，咸出自據傳由大衛所寫的〈詩篇〉書卷，它們編排在『大衛的懺悔』一圖旁邊，再貼切不過，因為尤其字捲軸上方的引言，出自〈詩篇〉第51章。該章開場白第1-2節上，即寫到該章撰寫是：「達味詩歌，交與樂官。作於納堂先知前來指責他與巴特舍巴犯姦之後[85]。」（詩篇1-2）易言之，正是先知拿單指責大衛之後，大衛所寫的一篇向天主祈求饒恕的懺悔詩，置放於『大衛的懺悔』一圖旁，如其旁白，勾勒人神間親密的互動關係所傳遞的某種期待，與天主慈悲的心懷。

　　冊頁右側上下兩則經書引言，則如同出自耶和華之口的聖言，在先知以西結與約珥經文的原脈絡中，的確屬於轉述神諭的詞句，便具臨場之效，意在告誡子民行為的準則及追求正義的必要，含帶鼓舞鞭策與規範的目的。這4則先知引言，雖然部分針對懺悔，但就赦免機制的由來也做了彰顯，在跨圖像多文本論述下，神學意涵、宣教目的兼備有之，同時不忘循循善誘，提供向上提升的能量，加固人神間親密互聯密不可分的關係。

　　綜括之，『西門家的宴會』冊頁單元，講述基督教懺悔觀的兩個面向，一是懺悔的質性，人皆不免觸犯罪行，貴在誠摯透徹的表白反省。二是懺悔後的赦免機制，在聖子耶穌身上。冊頁上預表論的兩幅《舊約》敘事圖『大衛的懺悔』跟『米利暗的悔過』，一方面提升懺悔過往歷史的視域，另一方面則強化後者的第二點，即赦免機制是由自耶和華至耶穌權柄的移轉及賡續。因而，將耶穌生命中一段拜訪友人接受款待的事蹟，納入日常行為準則中，關涉懺悔與赦免事務的宗教神學觀，提供後人效法遵循與戒惕。

---

84 內文4則先知摘引文的相關詮釋，依序參見ACCS, Wesselschmidt（2007），10-11, 156; Stevenson & Glerup（2008），79-81; Ferreiro（2003），67-68。

85 此句引言取自思高版聖經。經查，在和合修訂版〈詩篇〉書卷中，第51章僅含19節，前兩小節收入，或以標題方式露出，或以括號並納入第1節中。另查拉丁武加大版中，此引句列為〈詩篇〉51章1、2節中，內文循此處理。

13、『拉撒路的復活』（The Raising of Lazarus）

圖13：『拉撒路的復活』冊頁單元（左側『以利亞的神蹟』，右側『以利沙的神蹟』）（fol. 4v, above）
© Die Stiftsbibliothek St Florian

　　耶穌在公開宣道期間，曾向世人展示無以數計的神蹟，包括驅逐魔障，治癒盲人、痲瘋病患者、癱瘓者、聾啞人、出血者等等，以及支配自然，如將水變酒、麵包與魚食用不盡、走在水面、平息狂風暴雨等等，不過聖弗里安《貧窮人聖經》對此卻態度堅定一概略過；唯一例外的是，耶穌進入耶路撒冷前最後一次的著名神跡，亦本冊頁主題：「拉撒路的甦醒」（Suscitac(i)o lazari），如寫於中央環圈上，在傳統上慣稱為『拉撒路的復活[86]』（德：Erweckung des Lazarus；英：The Raising of Lazarus）（約翰11：1-44）。《貧窮人聖經》在耶穌生平事蹟篩選上，排除神蹟事件，實屬一大特色。

---

86 聖弗里安《貧窮人聖經》此則敘事表現，耶穌施神蹟讓拉撒路從死中復活，在時序上原早於耶穌至法利賽西門家接受宴會款待。兩則敘事
　　單元排序順次換言之有誤，此做一提。

冊頁上設在中央環圈主圖兩側的《舊約》敘事圖，左為『以利亞的神蹟』（德：Elija erweckt den Sohn der Witwe von Sarepta；英：The Miracle of Elijah）（列上17：17-23），右為『以利沙的神蹟』（德：Elischa erweckt den Sohn der Sunamitin；英：The Miracle of Elisha）（列下4：8-37），跟『拉撒路的復活』主圖題旨一般，涉入基督教天主及耶穌基督，跨越生死界的權柄以及無與倫比的超凡神力[87]。

　　冊頁中央環圈『拉撒路的復活』主圖像，刻劃耶穌於伯大尼的民間友人馬利亞與馬大兩姐妹，因弟弟拉撒路病故身亡向耶穌求救，而後得到正面回應的經過。在視覺布局上，『拉撒路的復活』一圖是以一座棺槨與三位現身在場的人物做安排的。耶穌頭戴十字聖圈，一襲長袍在左；年邁的拉撒路在右，全身裹在罩衫裡，意表屍布巾，僅露出臉龐。他人已甦醒過來，一腳踏出棺槨，因耶穌施法力伸出右手，左手也牽住拉撒路右手，將他自棺槨引領出來，賦予重生。畫面右側在棺槨後方還有第三者，然並非拉撒路的姐妹馬利亞與馬大，而是一位頭戴尖釘帽、搗掩鼻口的猶太人。依照經書記載，拉撒路當時已死了4天，「他現在必定臭了。」（約翰11：38）這位現身在場的猶太人，具有見證人的身份，目睹拉撒路從死亡中復活的經過。在上方欄位短詩句便就此寫道：「在基督恩典下，拉撒路死裡復生。」（P(er) te f(it), Christe, redivivus lazar(us) iste.）

　　設在『拉撒路的復活』主圖左右的，是『以利亞的神蹟』與『以利沙的神蹟』兩幅《舊約》圖像。構圖布局上，同樣採以三人一組的方式表現。左圖是有關著名先知以利亞的神蹟，他曾在希伯來人背離天主，崇拜巴力神時臨危受命，挽回耶和華在族人間的信仰。之前，以利亞奉天主命寄居在撒勒法寡婦（Vidua）家，因寡婦之子罹病過世，以利亞在天主指示下，將寡婦之子抱到頂樓，接著先後「三次伏在孩子的身上，求告耶和華。」（列上17：21）奇蹟般將孩童救活（列上17：17-23）。在冊頁上以利亞的造型十分特別，賦予他尊容的王者身份，頭帶冠冕，一臉虯髯，一手牽著墊腳站在一旁活過來的孩童，正將他交予寡母。站在右邊的母親，則是一襲長衫及地，身上並無飾物，但屬中古時期貴婦衣裝，頗為典雅。她手中拿著一幅垂直的字捲軸，上以紅字寫著：「主啊，祈求您救活這孩子吧！」（Domine obsecro te sana

---

87 有關耶穌神蹟的探討，參見Twelftree（1999）與Achtemeier（2008）兩書的討論；有關以利亞/以利沙神蹟跟耶穌神蹟的比對，參見Keener（2013），85-112專文分析。

filium meum.）流露母子不捨深情。在冊頁上方欄位的短詩句也總結到：「先知讓寡婦的孩子復活了。」（Est vidu(a)e natus p(rop)hetam vivificat(us).）

冊頁主圖右側的『以利沙的神蹟』一圖，顧名思義也是一則神蹟的視覺再現，不過並非其結果，而為其過程。先知以利沙（Helizeus）承接以利亞升天後的衣缽，擁有了神力，在冊頁上，他身穿及地長袍在右，披髮蓄鬚，懷中抱著一名孩童。畫面左邊是孩童的母親，頗為焦慮的張開雙手，流露茫然不知所措的神情。她一身及地長衫，身姿修長，額頭綁著波浪紗巾，外罩頭帽，做了細部處理。針對畫面上，以利沙緊摟孩童往外走的這段情節，根據經書中的記載，以利沙在母親求救下，一個人走進屋裡，便關上門，「……向耶和華祈禱。他上去伏在孩子身上，口對口，眼對眼，手對手。……孩子打了七個噴嚏，眼睛就睜開了。」（列下4：34-35）這是以利沙救活婦人獨子的經文記載。不過在畫幅上，以利沙懷中的孩童眼睛是睜開著，在處理上，將前後兩個時刻融入合一，可做留意。此外，孩童的母親，在圖像上方寫有寡婦（Vidua）的字樣，這是一個誤植，依經書所載，孩子死後，婦人先是「呼叫她丈夫說：『你叫一個僕人給我牽一匹驢來，我要趕去見神人，然後回來。』」（列下4：22）這個誤植反映在今傳世所有《貧窮人聖經》繪本中，成為專家推衍《貧窮人聖經》首發古帙散佚原因之一。（Schmidt, 1959, 77-87）聖弗里安抄本上方的短詩句，針對『以利沙的神蹟』圖，據實貼切地寫到：「在您的恩典下，神啊，以利沙救了他的性命。」（P(er) tua dona, deus, vita(m) debit huic Helvseus.）為『以利沙的神蹟』視覺圖像提綱挈領做文字的轉述。

針對『拉撒路的復活』主圖像，以及『以利亞的神蹟』與『以利沙的神蹟』兩幅《舊約》圖像，本冊頁上方頌經文，不例外地從預表論神學角度進行互圖的闡述，傳遞的訊息也顯見易懂，它們分別寫道：

> 我們在〈列王記〉讀到，先知以利亞將孩子帶進屋子，向神祈禱說道："主啊，求你使這孩子的生命歸回給他吧"，事情便如此發生。以利亞將復活的孩子歸還給婦人。這件事正預表拉撒路的復活，由耶穌基督將從死亡中將他召回，歸還給他的姐妹抹大拉以及瑪利[88]。

---

88 拉丁釋文如下：Legit(ur) in qu(ar)to lib(ro) R(egum), q(uo)d Helyas pr(op)h(et)a tulit pu(eru)m sunamitis in su(um) cubicul(u)m orans et dic(en)s: rev(er)tat(ur) obsecro d(omi)ne a(n)i(m)a pu(er)i huius, q(uo)d et f(ac)tum e(st) et reddidit pu(eru)m vivum mat(ri) su(a)e, q(uo)d b(e)n(e) figurabat Lazari resuscita(ti)onem, q(uem) d(omi)nus amortuis resuscitavit et eu(m) suis sororibus Mariae et Marthae reddidit.

接著，抄繕在右側文本區下一段的頌經文則寫道：

> 我們在〈列王記〉讀到，先知以利沙將孩子抱起，伏在孩子身上，讓他溫暖起來，孩子打了七次噴嚏就活過來。以利沙是耶穌基督的預表，他救活孩子，預告拉撒路，在猶太人眼前活過來[89]。

在中央環圈4個角落的《舊約》男性先知，以見證人的身份露出。他們一致面朝環圈中央主圖，且用手拿著或伸手指向圓環框內的字捲軸。不過，聖弗里安本單元上的先知內文一一留白，未做抄錄。下面釋文，取自稍晚成書，今藏維也納國家圖書館（Österreichische Nationalbibliothek）的《貧窮人聖經》（*Codex Vindobonensis*，編號1198）同敘事單元的字捲軸內文[90]。（Schmidt, 1962, Bd.3, fol. 4v）。這4位先知，左側上下、右側上下分為大衛王、以賽亞、何西阿及以西結，他們經書引言如下：

> 「他從灰塵裏抬舉貧寒的人，從糞堆中……」（Suscitans de t(er)ra inope(m) et de stercore……）（詩篇113：7）

> 「是我由於仁義喚起了他；我要修平他的道路。」（Suscitavi eu(m) ad iustiti(am) et vias e(iu)s dirigam.）（以賽亞45：13）

> 「我必救贖他們脫離陰間。」（De manu mortis lib(er)abo eos.）（何西阿13：14）

> 「我的子民哪，我打開你們的墳墓。」（Ecce ego aperiam tumulos vestros.）（以西結37：12）

若以這4則摘引文來看[91]，後面兩則屬於『以利沙的神蹟』的經文，出自何西阿、以西結兩先知書卷，為感知天主神諭所説的話，跟冊頁上3幅敘事圖可説一一扣合，貼切不過。前面兩則中的第1則〈詩篇〉經文，原脈絡是大衛王對天主感恩頌讚的詩句，也表述對神威浩瀚、無所不能的景仰。以賽亞的經文，比較繞行，出自波斯居魯

---

89 拉丁釋文如下：Legit(ur) in qu(ar)to lib(ro) R(egum), q(uo)d Helysaeus p(ro)ph(et)a tulit pu(eru)m viduae et pr(os)travit se sup(er) pu(eru)m et calefacta e(st) caro pueri et oscitavit septies e(t) revixit pu(er). Helysaeus Christum signifcat, pu(er), qu(em) a mortuis resuscitavit, Lazarum sig(nifica)t, q(uem) videntibus iudaeis ad vita(m) reduxit.

90 該冊頁數位圖版參見http://digital.onb.ac.at/RepViewer/viewer.faces?doc=DTL_6621817&order=1&view=SINGLE。

91 4則先知經書摘引句的相關詮釋及預表論閱讀，依序參見Wesselschmidt（2007），277-8；Elliott（2007），82；Ferreiro（2003），52-53；Stevenson & Glerup（2008），130-131。

士大帝曾釋放以色列人俘虜的善行，且允許讓他們重建耶路撒冷聖殿的恩典。先知以賽亞則對此表示，此實為天主所做的安排與設計。易言之，意在凸顯神的無所不知與施神力的無遠弗界。最後，右下方先知以西結手中的引句十分著稱，也可稍再一提。該段經文著墨於天主向他顯現讓遍地枯骨復活的經過，如下一句接著寫道：「把你們帶出墳墓時，你們就知道我是耶和華。」（以西結37：12）同樣申表神的超凡無比能量。

　　穿越陰間並召喚死者復生，為聖弗里安本冊頁所關涉的主題。像天主一樣，耶穌也擁有奧秘神聖稟賦；而安排《舊約》兩位先知以利亞跟以利沙的神蹟並列一旁，勾勒此傳統歷史的一脈相承，建立系譜軌跡，此亦為視覺預表論的實踐。4先知書卷的引言如證詞一般，再強化跟天主的合體，分享跨越生死界及拯救世人的能量，進一步為耶穌生平事蹟圖『拉撒路的復活』，築起綿密的基督教神蹟系譜圖，同時也關涉基督教信仰中的復活觀，不單耶穌受難犧牲後的復活，還有基督再臨最後審判時人人復活重生的契機。此為本冊頁提供記誦及默思的一個主要路徑。

六、耶穌受難犧牲13則敘事圖像

　　聖弗里安《貧窮人聖經》古帙，針對耶穌受難犧牲此一基督教史上的重大事件，計收錄有13則敘事單元，審慎也萬分地周延。它們包括：『進入耶路撒冷城』、『聖殿驅逐錢商』、『最後的晚餐』、『猶大賣主』、『猶大索金』、『猶大之吻』、『受審』、『基督封冠』、『背荷十字架』、『十字架刑圖』、『刺腋』、『聖體入殮』、『下煉獄』等。傳統上，針對耶穌受難犧牲的這個週期，咸以耶穌進入聖城耶路撒冷起始，及至耶穌入殮後復活。不過，也有起始於耶穌受捕，並以十字架刑為收尾的界分。本書的劃分採取廣義的分期。另也應一提的是，耶穌遭十字架刑處決不幸犧牲，其近因出於被門徒猶大所出賣這一段經過，聖弗里安卷帙以3個冊頁單元刻劃，十分地不尋常，帶有濃厚的反猶色彩，也為後世詬病的所在。本章其餘10冊頁單元的主題，則咸屬基督教藝術傳統表現的慣見題材[92]，普遍為人們所知曉。

92　本章節內容主要取自筆者2018年〈基督神學知識的後製作：聖弗里安《貧窮人聖經》耶穌受難犧牲13則敘事圖像〉一文，有關13則耶穌受難犧牲冊頁單元見下文。有關基督神學知識後製作區塊，因融入書中論述篇，故予刪除。參見羊文漪（2018），《書畫藝術學刊》（24，06），頁1-78。

14 『進入耶路撒冷城』（Triumphal Entry into Jerusalem）

圖14：『進入耶路撒冷城』冊頁單元（左側『迎接大衛』，右側『迎接以利沙』）（fol. 4v, below）
© Die Stiftsbibliothek St Florian

　　聖弗里安《貧窮人聖經》抄本一書主題鎖定在耶穌一生救恩史上，針對耶穌在世最後七天所發生的經過，古帙抄本共編排有13則敘事冊頁單元完整呈現。

　　這一共13則的敘事單元，在傳統上也慣稱「耶穌受難犧牲」（Passion of Jesus）的經過，以耶穌公開宣教後，在眾信徒的簇擁下，浩浩蕩蕩地進入耶路撒冷聖城揭開序幕。在冊頁上，中央環圈的正上方寫到「棕枝日」（In die palmarum），為後人追思該日所訂的節慶名。視覺藝術上通稱為『進入耶路撒冷城』（德：Einzug Christi in Jerusalem；英：Entry into Jerusalem, Triumphal Entry into Jerusalem）。下先以這幅冊頁主圖做閱讀。

　　根據《新約》4大福音所繪製完成的『進入耶路撒冷城』一圖（馬太21：1-11、馬可11：1-11、路加19：28-44、約翰12：12-19），設在冊頁環圈裡，視覺表現主要焦點，在耶穌騎著驢子，帶著門徒彼得一行人進入耶路撒冷聖城，接受人民夾道歡迎

的情景。整個事件濃縮在幾個核心人物上，頭戴十字聖圈挺拔的耶穌，側坐在門徒為他牽來的驢子上，安頓在畫面中央稍偏左的位置。他伸出右手雙指，做賜福眾生狀。低頭的驢子，提足大步專注在前行中。環圈右側有兩名男孩，一位攀登在棕櫚樹上，手中也拿著一枝棕櫚葉；另一位則將一件長袍鋪墊在驢子前行的地面上，熱烈迎接聖子的到臨，正如經書所載：「……人把自己的衣服鋪在路上，還有人砍下樹枝來鋪在路上。」（馬太21：8）聖弗里安抄本因畫幅所致，『進入耶路撒冷城』一圖跟傳統圖像表現方式不同，包括夾道歡迎的聖城居民、耶穌12位門徒、聖城城垣以及城門，眾人簇擁的空前盛況均有所不一。緊隨耶穌身後的，冊頁上只納入手持天國鎖匙的使徒彼得一人，別具一格；整體圖像表現處理則簡潔有力、層次分明，對幾個事件的主要細節，也一一做了交代。

　　宣講耶穌受難犧牲與拯救世人的《貧窮人聖經》，運用視覺化的可見圖像，來講述基督福音信理教義，見證基督教視覺藝術主要功能及任務所在。在《貧窮人聖經》古帙上，基督福音題旨的表述，主要透過耶穌主圖像之外，再運用後製手法[93]，抽樣、剪輯、拼貼、重組各樣各式的《舊約》文本來做進一步彙編，其目的不外在固著耶穌福音，並打開基督神學知識的深度。

　　環繞在聖弗里安『進入耶路撒冷城』冊頁主敘事圖四周，有跨時空，出自古代不同時期的《舊約》文本元素，包括擷取〈撒耳母〉上以及〈列王記〉下兩幅敘事圖像：『迎接大衛』（德：Frauen Israels ziehen David entgegen；英：The Women of Israel come to meet David）、『迎接以利沙』（德：Prophetenschüler begrüßen Elischa；英：The Children of Prophets meet Eliseus），以及採集自〈詩篇〉、〈雅歌〉、〈撒迦利亞〉等書卷4則先知引言，及其作者現身在場，如大衛王、所羅門王、撒迦利亞等半身像，氣勢非凡也盛大。這一組計含2敘事圖、4人物像、4摘引文，共10個圖文單元物件，有圖也有文字，為承載訊息的雙媒體，屬本冊頁神學內容鋪陳上的多元材料。下就設置在『進入耶路撒冷城』一圖左右的2幅《舊約》敘事圖來看。

　　這兩幅取自《舊約》〈撒母耳〉的左圖『迎接大衛』，以及取自〈列王紀〉的右圖

93　《貧窮人聖經》古卷帙所引據《舊約》圖像與摘錄出自先知書卷引言的編纂模組，實屬後製作而來。2002年法國著名藝評及策展人布里歐（Nicolas Bourriaud）曾提到後製作（post-production）一詞，筆者挪用嘗試做一後設的比擬，儘管該書詩論案例均為當代視覺藝術，然頗有借鏡處。參見Bourriaud（2002）英譯本；布里歐（2014）中譯本。

『迎接以利沙』，它們刻劃的主題都關涉凱旋勝利歸來的議題。『迎接大衛』，又名『大衛凱旋歸來』（Triumph of David），圖像再現著名大衛王年輕時英勇斬下菲利人歌利亞的首級，在返鄉時，「婦女們從以色列各城裡出來，歡歡喜喜，打鼓奏樂，歌唱跳舞……」（撒上18：6）在視覺上表現大衛凱旋歸來一景，以左右對稱構圖方式呈現，大衛在左，十分年輕，反映了經書所載，還是牧羊童的年齡，不過身體孔武有力；他手握長劍擺在肩上，另一手拎舉著歌利亞髮鬚叢生的首級為戰利品。在他身後有兩名隨從，一老一少，是見證人。右邊迎接他歸來的婦女也有3人。起首的女子，以全身造形表現，外觀清秀，罩衫及地，胸前掛有一枚十字項圈，雙手捧著一圓鼓，持棒做擊打狀，從外觀做對比來看，圓鼓與歌利亞的首級相仿，生動地描繪了族人歡心鼓舞，"從各城裡出來"迎接英雄大衛凱旋歸來的情景。

在冊頁右方的『迎接以利沙』敘事圖，則勾勒一位滿臉捲鬚的年邁長者進入畫面，正跟面前3位男子交談對話的場景。他們頭頂上方嵌入了兩行硃砂紅色銘文寫著：「先知的子民迎接以利沙」（Pu(er)i p(ro)ph(et)a(rum) recipie(n)tes helyseum.）點出視覺圖像的主題與人物的身份。根據〈列王記下〉記載，先知以利沙在取得以利亞升天遺留世間的衣缽袈裟返鄉時，「在耶利哥的先知的門徒從對面看見他，說：『感動以利亞的靈臨到以利沙身上了。』他們就來迎接他，俯伏於地，向他下拜。」（列下2：15）冊頁上交談對話共為4個人，他們平起平坐，並未照經書中所寫的"俯伏於地"的視覺再現。

針對『進入耶路撒冷城』跟『迎接大衛』及『迎接以利沙』兩敘事圖的並置，冊頁上方欄的兩則頌經文，就此原由做了敘明，它們的關係主要建立在勝利凱旋歸來的共通點上，亦屬預表論神學的議題。它們依序如此寫道：

> 我們在撒母耳上讀到，大衛擊潰歌利亞，斬下他的首級拿在手中。返鄉時，婦人們擊磬打鼓，在耶路撒冷歌唱跳舞，滿心歡喜迎接他。大衛凱旋勝利進入耶路撒冷城，是耶穌的預表，希伯來的孩子們也滿懷喜悅，迎接耶穌進入耶路撒冷，唱著高歌，頌讚耶穌以神之名降臨，響徹雲霄[94]。

---

94 拉丁釋文如下：Narrat hystoria libri Regum, quod cum David percussisset golyam, praescidit caput eius et tulit istud in manu sua, dum venienti de praelio occurrerent mulieres cum tympanis et choris ipsum recipientes gaudiose in Jerusalem. David, qui cum gloria receptus fuit in Jerusalem, Christum significat, quem pueri hebraeorum recipientes in Jerusalem clamabant: benedictus qui venit in nomine domini osanna in excelsis.

我們在列王記下讀到，以利沙在回到城裡時，先知的子民紛紛歡喜的跑上去迎接頌唱榮耀他。先知以利沙是耶穌的預表，希伯來孩童在棕枝日也雀躍歡舞，迎接耶穌到臨，進入耶路撒冷聖城[95]。

上面兩則頌經文中，《舊約》的大衛跟以利沙兩人在編纂者的筆下，是耶穌進入耶路撒冷的預表。不過，他們受到熱烈歡迎的原因不一。大衛基於英勇無畏，斬砍歌利亞首級，為族人剷除長期宿敵。而先知以利沙受到歡迎的原因，頌經文中並未明確地說，但寫他受到的歡迎，一如"希伯來孩童在棕枝日也雀躍歡舞，迎接耶穌到臨，進入耶路撒冷聖城"。這兩個《舊約》預表原型（type）裡，『進入耶路撒冷城』跟『迎接大衛』的關係自然更為緊密。晚近新約學者針對〈馬太福音〉及〈路加福音〉的研究顯示，耶穌做為「大衛之子」（The son of David），是大衛的對範（anti-type），以及嵌入大衛彌賽亞傳統（Davidic messianic tradition），皆為福音作者撰述上優先處理的選項。（Zacharias, 2016, 112-118；Kinman, 1995）然耶穌凱旋進入耶路撒冷聖城，既無需配備軍事顯赫英勇的事蹟，單就他做為大衛之子，在公開宣道過程中無以計數的顯神跡，還有自詡為王，為人子，已充分完滿也足夠了。

　　冊頁上中央環圈的外沿，集結了〈詩篇〉、〈雅歌〉、〈撒迦利亞〉等書卷作者的半身像，以及抄錄在環圈內，出自他們書卷的摘引文。環圈下方左右兩邊的引文，十分特別，都出自《舊約》〈撒迦利亞〉書卷，不過伴隨的左右半身像外觀不一，反映抄寫及圖繪分由不同人所操刀。這4句摘引文當中，右上方屬〈雅歌〉的引句，以褐色書寫，且字跡與其他不同，是為後來補上。藉由編者的精選，它們共時的安排在冊頁上，齊聲頌讚耶穌凱旋勝利歸來如下：

「願錫安的女兒因他們的王歡樂[96]。」（Filiae syon exulte(n)t in rege suo.）（詩篇149：2）

「告訴錫安的女兒們，看，王來了[97]。」（Dicite filiae syon, ecce rex tuus venit.）（撒迦利亞9：9）

---

95 拉丁釋文如下：Legitur in libro Regum, quod cum Helyseus reverteretur ad civitatem, occurrerunt ei pueri prophetarum, ipsum cum gloria et honore recipientes et eum laudantes. Helyseus propheta Christum significat, quem venientem in Jerusalem in die palmarum pueri hebreorum cum magna gloria et honore receperunt.

96 和合本新修版〈詩篇〉149章第2節經文中譯：「願錫安的民因他們的王歡樂」，跟聖弗里安《貧窮人聖經》繪本冊頁字捲軸引文稍有出入，後者取自武加大聖經，內文循此中譯，特此說明。武加大版聖經網路資源，見後參考書目所列。

97 同上，本則字捲軸引言由筆者中譯。

「耶路撒冷，滿心歡喜，救世主降臨[98]！」（Jerusale(m) gaude gaud(io) magno q(uia) ven(iet) sal(omon).）

「他謙和地騎著驢[99]。」（Ip(s)e pauper ascendens sup(er) pullum asinae.）（撒迦利亞9：9）

這4句取自《舊約》先知書的文句，無需多做闡述，皆以相同口吻，爭相走告，歡心鼓舞的迎接聖子耶穌的到臨，因在語境轉換與預表論意涵的扣合下，以耶穌為焦點再自然不過。需要指出的是，〈撒迦利亞〉一書第9章9節經文，先後摘引兩次，因為這段經文是對未來彌賽亞出世的預言，受到後來作者所重視。（Ferreiro, 2003, ACCS, 258-260）而摘引文中相關的指稱名號，如"王歡樂"、"王來了"、"救世主降臨"自非耶穌莫屬，這便讓耶穌帶著門徒上耶路撒冷聖城，產生非凡深層意義。

本冊頁《新約》1幅主圖像，跟《舊約》圖文物件之外，還有3則短詩句，分屬『進入耶路撒冷城』、『迎接大衛』以及『迎接以利沙』3幅敘事圖的標題跟圖說，它們以紅字繕寫在上方文本欄位區的最底部，一一呼應3幅敘事圖說道：

「大衛擊敗敵人，接受笙歌歡迎。」（Hostem qui stravit, laudatur carmine David.）

「耶穌，希伯來人奏樂聲中歡迎你。」（Carmen hebreorum te laudat, Christe, sonorum.）

「榮耀歸於神子，非以利沙所有。」（Gloria, nate dei, tibi convenit (haec) Helysei.）

這3句短詩也不約而同頌讚迎賓降臨的歡心與喜悅。從結構上看，前兩句屬於針對圖像言簡意賅的摘要，但配上有聲的元素，大大增加聖事儀典色彩，特別就『進入耶路撒冷城』主圖而言。後一句則重新再詮釋先知以利沙的榮耀，非他個人所屬，回歸到聖子的賜贈，這符合預表論神學基督中心論（Christocentrism），底層也跟

---

98 此段經文，經查屬格列高利的聖樂中（Gregorian chant）的一句歌詞，約自10世紀起於聖誕節耶穌誕生降臨前三週週日所吟唱。不過是以褐色，非紅色抄寫，故為後來所增補，非原內文。另，跟聖弗里安抄本相近的維也納《貧窮人聖經》相同位置字捲軸上的經文寫到：Egredimini filiae Syon et videte regem Salomonem. 出自〈雅歌〉3章11節。和合版中譯為「錫安的女子啊，你們要出去觀看所羅門王！」兩抄本內容不一。該歌詞取自額我略一世（Pope Gregory I, 540-604）他個人等身著作，3本有關教會聖事儀典之一的*Liber Responsalis*一書736節的末尾，參見數位網頁http://www.documentacatholicaomnia.eu/01p/0590-0604,_SS_Gregorius_I_Magnus,_Liber_Responsalis,_MLT.pdf.

99 〈撒迦利亞〉書卷第9章第9節的引句，含預表之意，主因該經文預告未來君主彌賽亞的降臨：「錫安哪，應當大大喜樂；耶路撒冷啊，應當歡呼。看哪，你的王來到你這裏！他是公義的，並且施行拯救，謙和地騎著驢，騎著小驢、驢的駒子。」耶穌在進入耶路撒冷聖城時，差遣手下牽驢子回來做為座騎，與此有關。在古代希伯來人時，驢子已屬君王蒞臨的記號。參見 Ferreiro（2003），258-260。

邏各斯中心主義（logocentrism）運用語言創造環境世界，如天主造世、耶穌道成肉身（Incarnation）呼應。

　　『進入耶路撒冷城』冊頁綜括來看，跨兩約圖像以及多則經書的文本，各司其職，以群組方式出現，儼偌合聲部的音樂旋律，此起彼落，共同譜出嘹亮清澈與超拔的聖樂章。中世紀盛期輾轉傳抄於德、奧修道院之間的《貧窮人聖經》，在使用端上，實屬記頌默禱的讀物，因而整體在後製作系統化的集結後，基督教早期的解經知識，成為參佐再運用的基礎，耶穌凱旋進入耶路撒冷的事蹟，如此便跟前耶穌時代《舊約》書卷所載合體為一，從而成為修院僧侶佈道講經、闡揚基督救世福音不可或缺的備課材料。而耶穌正式宣教後，進入耶路撒冷城的這事蹟，也有了不同凡響，凱旋勝利的深刻底蘊。

15 『聖殿驅逐錢商』（Expulsion of the Money Changers from the Temple）

圖15：『聖殿驅逐錢商』冊頁單元（左側『大流士王重建聖殿』、右側『猶大・瑪加伯光復聖殿』）（fol. 5r, above）
© Die Stiftsbibliothek St Florian

聖弗里安卷帙本冊頁單元主題『聖殿驅逐錢商』（Expulsio vendentium de templo），繕寫於中央環圈上。耶穌在進入耶路撒冷聖城後，目睹天父聖殿敗壞淪為金錢交易所，因此進而驅逐錢商，潔淨聖殿，這是本冊頁根據4大福音記載所刻劃的對象，亦稱為『聖殿驅逐錢商』（德：Vertreibung der Verkäufer aus dem Tempel；英：Expulsion of the Money Changers from the Temple, Cleansing of the Temple, Christ Driving the Money Changers from the Temple）或『潔淨聖殿』（Purifying the Temple）。（馬太21：12-17、馬可11：15-19、路加19：45-48、約翰2：13-16）

在『聖殿驅逐錢商』圖像周邊，循慣例採集《舊約》多文本圖像元素，包含取自〈以斯拉〉以及〈瑪加伯〉兩書：『大流士王重建聖殿』（德：Darius lässt durch Esra einen Tempel errichten；英：Darius purifies the Temple）（以斯拉6）以及『猶大·瑪加伯光復聖殿』（德：Makkabäus reinigt den Tempel；英：Judas Machabeus Cleanses the Temple）（瑪加伯上4：42-57；下10：1-3）兩敘事圖。4位先知半身像：大衛王、阿摩司、何西亞以及撒迦利亞，安頓於環圈外側4角落，與擷取自相傳由他們所撰寫的〈詩篇〉、〈阿摩司〉、〈何西亞〉、〈撒迦利亞〉4則摘引文，抄錄於環圈外框中。在冊頁上方文本區中，左右欄位內有兩段頌經文以及3則短詩句，共同組成本冊頁多類型複合圖文元素。

在這些多類圖文元素中，環圈內『聖殿驅逐錢商』為冊頁上的主圖像，具優先性也是論述主體所在。如經書所載，耶穌進入聖城後，出乎意料地「他看見聖殿裏有賣牛羊和鴿子的，還有兌換銀錢的人坐著，耶穌就拿繩子做成鞭子，把所有的，包括牛羊都趕出聖殿……又對賣鴿子的說：「『把這些東西拿走！不要把我父的殿當作買賣的地方[100]。』」（約翰2：14-16）圖像上兩名戴著猶太人尖釘帽的年輕商販在右，露出倉皇神色，遭一旁頭戴聖十字圈的耶穌以繩鞭笞，趕出聖殿的情景，為經文去背景的視覺再現。兩位商販其中一位，手捧兩頭鴿子，亦回應經書所載，耶穌斥責逐出"賣鴿子的"，十分精簡地勾勒耶穌潔淨天父聖殿的經過。

---

100 此引言取自〈約翰福音〉一書，在其他三福音裡，另納入耶穌引據《舊約》經文：如「經上說：『我的殿是禱告的殿，你們倒使它成為賊窩了。』」（馬太21：13、馬可11：17、路加19：46）有關"賊窩"及聖殿相關的論述、以及跟〈耶若米〉（7：1, 11；26：1）、〈以賽亞〉〈29：13〉書卷各節次的互文對話，參見Goppelt（1982），66中的解析。

配置在『聖殿驅逐錢商』左側是『大流士王重建聖殿』一圖，刻劃波斯帝國國王大流士（Darius Rex）出人意表地推出懷柔安撫政策，降旨讓猶太人返鄉重建耶路撒冷聖殿的經過。因他曾說：所有「聖殿金銀器皿，就是尼布甲尼撒從耶路撒冷的殿中掠取帶到巴比倫的，必須歸還，帶回耶路撒冷的殿中，各按原處放在上帝的殿裏。」（以斯拉6：5）在冊頁圖像上，波斯大流士王一人在左，身上衣著十分講究：一襲長袍，外披罩衫，罩衫雙肩繡上圖案，頸上掛著綴飾，配上圍巾一條。所戴冠冕，鑲著十字架飾物一枚，也很別緻，示意他對猶太人的友善與寬大。在他面前的3名猶太人，主角是前方的經師文士以斯拉（Esdras），一頭捲髮、蓄鬚，墊起雙足，站在前方，流露出欣然接受聖殿重建諭令的神情。（以斯拉6：6-15）發生在西元前6世紀初的這個事件，後因聖殿順利重建完成，史稱為猶太人第二聖殿。

　　冊頁右側另一端的『猶大·瑪加伯光復聖殿』一圖，也跟天主在人間的聖殿有關。根據《舊約》〈瑪加伯〉所載，西元前二世紀，古塞琉王朝統治猶太人時期，以色列民族英雄猶大·瑪加伯（Machabeus）跟他的兄弟們揭竿起義，抵抗外侮，並受神助而成功收復了聖城，鏟除了搗毀異教的廟宇，同時「把外方人在廣場上建立的一切祭壇，以及廟宇都予以拆毀[101]。」（瑪加伯下10：2）在冊頁上，猶大·瑪加伯頭戴十字架冠冕，身材魁梧，十分威嚴，他手上握著筆直的字捲軸上寫道：「潔淨天主的聖所。」（Mundamini templum dei vestry.）回應經書所載：「猶大和他的兄弟們說：『看，我們的敵人業已粉碎，我們要上去清潔聖所，再行祝聖禮。』」（瑪加上4：36）正是猶大·瑪加伯光復聖殿的寫照。不過，此圖視覺表現雖同屬對話形式處理，但與猶大·瑪加伯對話的3名猶太人中，有2位頭戴冠冕，中間是祭司。他們關係是友好的，因屬同族人身份且"敵人業已粉碎"，跟前面『聖殿驅逐錢商』敘事圖中所示的對立關係不盡一致。

　　接著，在聖弗里安冊頁上方文本區塊，有左右兩則誦經文，就『聖殿驅逐錢商』主圖，跟兩側『大流士王重建聖殿』及『猶大·瑪加伯光復聖殿』兩《舊約》圖像的互動關係，做如下的闡釋：

在以斯拉書卷中寫道：大流士王下令以斯拉前往耶路撒冷，潔淨並重建聖殿。

大流士王是耶穌的預表。耶穌潔淨聖殿，驅逐商販買賣，鏟除聖所遭濫用，這

101　《舊約》〈瑪加伯〉上下並未蒐入和合版中譯本，此段及後摘引〈瑪加伯〉經文一律取自思高版中譯，數位網址參見書尾參考書目。

便讓世人知曉，聖殿是上帝的聖所，不是買賣之地[102]。

在瑪加伯書卷中寫道：猶大·瑪加伯下令族人，去除聖殿所有汙穢跟違背律法不潔物。猶大·瑪加伯是耶穌的預表。耶穌以繩代鞭，驅逐商販買賣，如他說到：不要將我父的殿當作買賣地方[103]。

這兩則頌經文，屬於冊頁上闡釋解説型文本，將3幅敘事圖像預表論神學上的關係點明出來。所羅門王所建造的耶路撒冷聖殿，可説是它們共同的主題及發生的所在。異邦人大流士王應允聖殿重建，猶大·瑪加伯之後全力守護維繫，兩人做為耶穌潔淨聖殿的預表，建立在守護聖殿直接或間接的作為上。特別是第二則頌經文中，摘引了福音書所寫："不要把我父的殿當作買賣的地方"，（約翰2：16）凸顯耶穌聖子非凡崇高身份。

冊頁上2則誦經文的最下層，有一行以紅字書寫排開3則短詩句，它們是3幅敘事圖的標題，言簡意賅，語意清楚明朗，依左到右它們寫道：

「這人下令潔淨聖殿，為典章儀禮用。」（Templu(m) mundari iub(et) hic et festa vacari.）

「耶穌在聖殿裡驅逐了買賣商販。」（Christus vendentes temploq(ue) repellit em(en)tes.）

「英雄瑪加伯，潔淨了神聖之地。」（Et tua s(an)c(t)a, d(eu)s, mundare stud(et) Machabeus.）

最後，在冊頁中央環圈外側4角，大衛、阿摩司、何西阿與撒迦利亞等4位《舊約》先知現身在場，他們針對潔淨聖殿，以手持字捲軸的方式，語重心長地説道：

「因我為你的殿心裡焦急，如同火燒。」（Zelus domus tuae comedit me.）（詩篇69：9）

---

102 拉丁釋文如下：Leg(itur) in li(bro) Esdre, q(uo)d Rex Darius pr(ae)cep(it) Esdrae, ut iret in J(er)us(ale)m et q(uo)d ipse templum mundaret et reaedificaret. Rex Christum s(i)g(nifica)t, qui c(um) ementes e(t) vendentes de templo expulit e(t) mumdaret ab illicitis, dans intelligere, q(uo)d templ(u)m del e(st) locus or(ati)onis, non venditionis.

103 拉丁釋文如下：In lib(ro) Machab(eorum) leg(itur_, q(uo)d Judas Machabeus p(rae)cepit p(o)p(u)lo, q(uo)d templum de illicitis mundaret et s(i)g(ni)fic)aret, qui c(ontra) legem polluti fu(er)ant. Judas enim Christum praefigurabat, qui f(a)cto flagello de funiculis ementes et vendentes de templo excussit decens: Nolite face(re) domu(m) p(at)ris mei dominu(m) negociac(i)onis.

「他們怨恨那在城門口斷是非的[104]。」（Hodio habuerunt corripientem.）
（阿摩司5：10）

「因他們所行的惡，我必把他們趕出我的殿。」（Eiiciam eos de domo mea p(ro)p(ter) maliciam eorum.）（何西阿9：15）

「在萬軍之耶和華的殿中必不再有做買賣的人。」（Non erit ult(ra) m(e) rcator in domo mea.）（撒迦利亞14：21）

這4則擷取自《舊約》的引言，運用到3種策略的安排。〈詩篇〉及〈何西阿〉書卷的摘引，以轉軌方式，將原本先知所獲的神諭，遷入新語境中，如出自耶穌之口。接著，〈撒迦利亞〉經文本身原為一句預告，在耶穌進入耶路撒冷聖殿驅逐商販後，而得到應驗，此屬預表論觀點的實踐。最後，〈阿摩司〉書卷的引言，則為對即將發生未來的描述，透露耶穌危機四伏的處境。因該書卷接著寫：「他們……，厭惡講真話的人。」（阿摩司5：10）可說為耶穌遭致猶太祭司長老所憎恨，後加迫害埋下伏筆。

本冊頁以耶穌生平事蹟『聖殿驅逐錢商』為主軸圖進行多元論述，闡述重點在聖殿此一議題的屬性，及使用的規範上。一方面，上接耶路撒冷第二聖殿的重建，跟歷史傳統系譜扣合；另一方面，對聖殿為天主所有，且不可侵犯的崇高性，做了史觀的回顧以及比照跟輝映，進而為冊頁上的主圖增添權威色彩，且延伸到聖殿無可撼動的神聖性上。至於四則先知摘引文的部分，天主與耶穌合體訊息十分鮮明，穿針引線，為接下來反猶議題預做鋪陳。

---

104 此段先知阿摩司引言，和合版中譯為：「你們怨恨那在城門口斷是非的。」（阿摩司5：10）內文循聖弗里安《貧窮人聖經》使用中古武加大版由筆者微調中譯。

16 『最後的晚餐』（Last Supper）

圖16：『最後的晚餐』冊頁單元（左側『麥基洗德會晤亞伯拉罕』、右側『天降瑪納餅』）（fol. 5r, below）
© Die Stiftsbibliothek St Florian

在基督教祭儀當中，「聖體禮」（Eucharist），亦稱「聖餐禮」（Holy Communion）無疑佔據樞紐地位。它的文本出自《新約》4大福音（馬太26：20-29、馬可14：17-25、路加22：14-23、約翰13：1-14：31），記載耶穌在被捕前夕與門徒共進晚餐的經過，以及在餐會上發表影響後世既深且遠的談話。

聖弗里安本冊頁中央環圈上寫「主的晚餐」（Cena Domini），為耶穌『最後的晚餐』（德：Letztes Abendmahl；英：Last Supper）一圖主標。在其四周收集《舊約》2敘事圖像，取自〈創世記〉以及〈出埃及記〉的兩敘事圖：『麥基洗德會晤亞伯拉罕』（德：Opfer Melchisedeks；英：Melchisedec Meets Abeaham）（創世紀14：17-20）及『天降瑪納餅』（德：Mannalese；英：Manna Falls from Heaven）（出埃及16：14-15）。《舊約》先知大衛王（David）、先知以賽亞，以及

所羅門王（Sal(om)on）等半身像，安頓於環圈外側4角落；4摘引文抄入環圈內取自《舊約》〈詩篇〉、〈以賽亞〉、〈箴言〉等書卷。此外，在冊頁上方的文本區塊裡，含有兩則頌經文以及一行3則短詩句，共同組成本冊頁上7圖9文的編碼元素。

　　『最後的晚餐』視覺圖像，廣為周知，按傳統圖像學慣例，多以耶穌及門徒一字排開，坐於一張長餐桌之後的構圖布設；頭戴聖十字光圈，捲髮中分及肩的耶穌，莊嚴直挺居坐中央。緊靠在身旁，俯臥餐桌上的是恍神的使徒約翰，耶穌一手輕放在他身上，流露對門徒的關愛；另在耶穌左右，安排各2位門徒在場。餐桌前方還有一細節，是一位身材短小、席地而坐的修士，但他頭上並無聖圈，非為門徒。他伸手張開口，凝望著耶穌遞給他聖餅，此為嵌入的當代表現，也由於餐桌上空無一物，為圖像祭儀主題下一註腳。

　　在主圖的左右，以《舊約》『麥基洗德會晤亞伯拉罕』，以及『天降瑪納餅』兩敘事圖編輯配置一旁。前者『麥基洗德會晤亞伯拉罕』一圖，刻劃亞伯拉罕因救援姪子羅得，擊敗埃蘭國王基大老瑪為首的4王，在凱旋歸來時，耶路撒冷王麥基洗德心存感激，特地「帶著餅和酒出來；他是至高神的祭司。他為亞伯蘭祝福，說：『願至高的神、天地的主賜福給亞伯蘭！至高的神把敵人交在你手裏，他是應當稱頌的！』」（創世紀14：18-19）這是冊頁左圖的再現情景。頭戴王冠的麥基洗德在左，以長者站姿勾勒，手中捧持一只碩大高腳杯，上面放置一片小的圓形糕餅，正十分慎重地將此杯獻給面前一身盔甲軍戎、手持旌旗、腰配長刀，英姿神勇的人物，也就是亞伯拉罕。在上方空白處，象徵勝利歸來的旌旗兩側，書寫著麥基洗德（Melchisedech）的名字，以及「亞伯拉罕歸來」（Ab(ra)ha(m) ve(n)iens de.）字樣，為圖像的主題做文字說明。（Sheridan, 2002, ACCS, 25-26）

　　冊頁右側《舊約》『天降瑪納餅』敘事圖上，也有一則字捲軸持在摩西（Moyses）手中，上面寫到：「天降瑪納落到你們身上。」（Manna de celo pluit vobis.）這幅圖像為一神蹟的再現，刻劃摩西帶領族人出埃及之後，居無定所，在曠野紮營40年之久，而飢餓使民怨聲此起彼落，摩西因而祈求神助，天主便降下瑪納餅為民填腹解危。在圖像中，自雲端落下無數方形餅狀物，即為天主回應摩西之請所賜贈族人的靈糧。（Lienhard & Rombs, 2001, ACCS, 87-88）

本單元『最後的晚餐』主圖，跟左右《舊約》『麥基洗德會晤亞伯拉罕』及『天降瑪納餅』兩圖，也有著預表論神學上的關係，如上方頌經文本寫道：

> 我們在〈創世紀〉讀到，亞伯拉罕自敵方勝利歸來，帶回無數戰利品，至高的祭司麥基洗德獻上酒與餅給他。麥基洗德是耶穌的預表。酒與餅，是耶穌的聖體跟聖血，在最後晚餐時他給門徒吃與喝[105]。

> 我們在〈出埃及記〉讀到，上帝令摩西指示族人，每人收集從天上降下瑪納一天的量。天父賜與以色列人從天而降下的瑪納，這是對聖餅的預表，最神聖的聖體。在最後晚餐上，耶穌親自給門徒，如他說：你們拿去吃吧[106]。

這兩則頌經文，闡釋聖弗里安冊頁上3幅敘事圖之間預表論神學的關係，如上所示，是透過嚴選並置兩幅《舊約》敘事圖於耶穌『最後的晚餐』兩旁而來。祭司麥基洗德將酒與餅獻給亞伯拉罕，以及天主賜瑪納餅給以色列子民，這跟最後晚餐上耶穌所說：「你們拿著吃，這是我的身體；……你們都喝這個，因為這是我立約的血。」（馬太26：26-28），屬於全知全能天主精心的安排。

在環圈外側4角落的《舊約》先知則為見證人。他們手中字捲軸上所抄繕的經文，也不脫舊律法時代針對聖餅意象多方面的預告。它們依序左上、左下、右上、右下如此寫到：

> 「天使的食糧，世人可以享受[107]。」（Panem ang(e)lo(rum) manducavit ho(mo).）（詩篇78：25）

> 「你們要留意聽從我的話，就能吃那美物。」（Audite audientes me e(t) obaudite.）（以賽亞 55：2）

> 「你們來，吃我的餅。」（Venite comedite e(t) bibite mecu(m).）（箴言 9：5）

105　拉丁釋文如下：Leg(itur) in Gen(esi), q(uo)d c(um) Abraham rediret d(e) caede inimicorum suorum e(t) f(er)ret secum magnam p(rae)dam, q(uam) excussit de inimicis suis, tu(nc) Melchisedech sacerdos dei obtulit ei panem e(t) vinu(m). Melchisedech Christum sig(nific)at, qui panem corporis e(t) v(i)num sa(n)gu(i)nis sui in cena suis discipulis ad comede(n)du(m) e(t) bibendu(m) dedit.

106　拉丁釋文如下：Leg(itur) in Exodo, q(uo)d do(minus) praec(e)p(it) Moysi, q(ui) diceret p(o)p(u)lo, ut quil(ibet) colligeret de manna celesti, q(ua)nt(um) sufficeret p(ro) die illa. Manna autem celestis, q(uo)d d(e)us p(o)p(u)lo israhelitico dedit, s(i)gn(ifica)bat pane(m) s(an)c(tu)m, scilicet s(anc)ti(ssi)mi sui corporis q(uem) ipse dedit in cena (suis) discipulis, c(u)m dix(it): Accipite e(t) comedite ex (h)oc o(mne)s. H(oc) est corpus meum etc.

107　此〈詩篇〉引言中譯，取自思高版，相對接近冊頁拉丁文的原意。

「給他們賞賜了天上的糧食[108]。」（Pane(m) de celo dedisti nobis domine.）（詩篇77：24）

在冊頁上方欄位誦經文下方，3則短詩句也呼應寫道：

「麥基洗德給亞伯拉罕的聖物，預告著基督[109]。」（S(an)cta nota(n)t Christi, q(uae) Melchisedech dedit isti.）

「如王般在宴席上為十二門徒所圍繞。」（Rex sedet i(n) cena turba cinct(us) duodena.）

「族人無比驚訝，天降佳餚。」（Plebas h(ic) mirat(ur), du(m) celi pane cibat(ur).）

耶穌身陷囹圄遭逮捕前，在最後晚餐上所進行的儀式，對於基督教發展而言，意義重大。後代對於耶穌所說的「聖餅」、「聖酒」涵意有著不同的解讀：究竟在彌撒祭儀上代表並象徵著聖體、聖血，或其本身即是耶穌的聖體跟聖血，爭議至今仍存在不同的教派間。不過在聖弗里安冊頁上未涉入此一論爭。另外，聖餐禮跟救贖的關係，因耶穌也說：「我就是生命的糧。」（約翰6：48）同樣未進一步論述，相反地，重點放在神學論述跟修辭學上的見證。耶穌最後晚餐上所說奧秘的話，在《舊約》包括兩幅敘事圖以及4則經書引文的配置下，冊頁上總體至少透露3個主要編碼訊息：如大祭司角色身份功能、古代祭儀禮中的酒與餅、天主賜予神聖糧食拯救摩西及族人等，一一歸諸於耶穌聖子身上，底蘊既是深遠，意義也無以倫比。

108　同上註。
109　「麥基洗德給亞伯拉罕的聖物，預告著基督。」此句短詩文比較特別，它不是『麥基洗德會晤亞伯拉罕』一圖的摘要或標題，而是擷取上面頌經文"麥基洗德是耶穌的預表。酒與餅，是耶穌的聖體跟聖血"的重點，因而也具有預表含意的表述。

17 『猶大賣主』（Judas Betrays Jesus）

圖17：『猶大賣主』冊頁單元（左側『誆騙雅各』、右側『押沙龍密謀造反』）（fol. 5v, above）© Die Stiftsbibliothek St Florian

　　基督教尊奉聖父、聖子、聖靈三位一體的信仰。在傳統3大《信經》中，耶穌受難犧牲與復活升天，為欽定精髓所在；然聖弗里安古帳對耶穌如何身陷囹圄的背景，給予了額外且特殊的關照，自本冊頁起，一共蒐羅3則敘事單元，包括『猶大之吻』、『猶大賣主』及『猶大索金』等來做系列性的陳述。此一篩選的取向，跟中世紀盛期猶太人負面圖像開始廣為流行有關。（Lipton, 2014, 5-6）約自11世紀起，猶太人做為耶穌犧牲的加害者、惡行昭彰陷害自己同胞，還有猶太人因腐敗墮落為羅馬帝國所滅等，這些事件加總起來都成為社會普遍反猶的氣候。

　　在本冊頁單元上，環圈內主圖為有關猶大3單元中的第一則，亦『猶大賣主』（德：Judas bietet Kaiphas den Verrat Christi an；英：Judas Betrays Jesus），（馬太26：14-16、馬可14：10、路加22：4）刻劃猶大與祭司長該亞法兩人密謀陷害耶穌的經過，起因於受到人民愛戴擁護的耶穌，在進入耶路撒冷潔淨聖殿後，猶太祭司階層既得利益者原本已存畏懼，現更是欲除之而後快。

環圈內的視覺主圖像，單獨以猶大（Judas）跟該亞法兩人的對話做鋪陳構圖。該亞法為當時耶路撒冷大祭司，在造形上採年輕人的外型、一頭捲髮、身著及膝短衣、外加斗蓬罩衫，並無一絲長老的神態，他身體姿態向前傾，一手擺前而另一手在後，模樣輕浮也得意。右邊的猶大，則是一身及地的僧侶服，側面站姿伸出雙手，特別是如豆般的雙眼、尖鉤鼻，狡詐神色，為負面的處理。根據經書所載，猶大見到祭司長後便說：「我把他交給你們，你們願意給我多少錢？」（馬太26：15）此為冊頁視覺所再現的時刻。

　　循照慣例，本冊頁在主圖周邊環境集結多樣的《舊約》圖文元素，兩幅取材自〈創世記〉、〈撒母耳〉書卷的視覺圖像為：『誆騙雅各』（德：Jakob wird von seinen Söhnen hintergangen；英：Joseph's Brothers Betray Him）（創37：32-33）及『押沙龍密謀造反』（德：Abschalom reizt das Volk gegen David；英：Absalom Betrays David）（撒下15：1-12）。4位《舊約》知名人士或先知，為雅各、所羅門王、大衛王、那鴻等人，還有4則揀選自〈創世記〉、〈箴言〉、〈詩篇〉、〈那鴻〉等書卷摘引文。這些各自獨立且座落不同時空的《舊約》經書文本，分享有關「出賣」的主題，回應猶大貪圖利益，背叛出賣耶穌的主圖。

　　『誆騙雅各』一圖在環圈左側，刻劃以色列12族大家長雅各之愛子約瑟遭兄長打壓，被賣到埃及的經過。圖像上，老態龍鍾的雅各（Jacob）長袍及地，一人在左；頭戴猶太人尖帽的兩位信差（Nuncy）在右。垂掛在他們中間的字捲軸，交代情節寫道：「惡獸把我兒約瑟吃了。」（Fera pessima devoravit filiu(m) m(eum) joseph.）原來約瑟的兄長們妒嫉他，將他賣到埃及，但又怕父親疑心，故找了一件沾滿山羊血的長袍衣，「派人把長袍送到他們的父親那裏，說：『我們發現這個，請認一認，是不是你兒子的外衣？』他認出來，就說：『這是我兒子的外衣，惡獸把他吃了，約瑟一定被撕碎了！』」（創37：32-33）圖像上處理的正是受人誆騙的雅各，由信差那裡看到愛子衣服時的片刻。引人注意的是，這幅字捲軸由信差所握持，但是內容出自雅各之口。那件沾血的長袍衣在此也未再現。

　　冊頁環圈右邊的『押沙龍密謀造反』一圖，則關涉大衛王之愛子押沙龍（Absalon），公開煽動民眾造反，密謀殺害父王，欲取而代之的經過。在冊頁上，

押沙龍在左，筆直而站，手中拿著字捲軸。一旁3位民眾（Volgus）在右向後依序排列，後面2人僅露出部分五官，以重疊手法表現。從稍晚收藏於維也納國家圖書館另一本《貧窮人聖經》（Codex Vindobonensis 1198）與之比對可知，字捲軸上寫的是押沙龍所説的一句話：「由我做判官，必秉公判斷。」（Quis me constituet iudicem ut iuste iudicem.）（撒下15：4）原來，長達4年之久，押沙龍曾經持續出現在城門口，為訴訟案求王判決落空的人給予協助，因而獲得以色列人民心。惟其後來密謀造反手段激烈，為先知撒母耳膏立為王的父親大衛王所擺平。

在冊頁上方文本區塊左右欄位中，進一步闡述這2幅《舊約》敘事圖跟環圈主圖『猶大賣主』的關係，頌經文上是如此解釋的：

> 在創世記中寫道：約瑟的兄長差人到父親雅各身前，告訴他約瑟遇害，遭惡獸吞食而死。他們這麼做，心存惡意，密謀害死弟弟。約瑟被不忠實的兄長出賣，這是耶穌被不忠實的猶大出賣的預表[110]。

> 在撒母耳下寫道：大衛的兒子押沙龍來到城門，向路過的子民說：誰將立我為士師，讓我公平而立？因而深獲人心，跟一同站出來反抗大衛的那些人密謀，先立自己為王，再致大衛於死地。押沙龍，是叛徒猶大的預表。猶大跟那些不忠實的猶太人，一起圖謀陷害善良的父親耶穌[111]。

由上闡釋可知，耶穌進入耶路撒冷聖城後，因祭司長老們對祂心懷畏懼，欲除之而後快。耶穌12門徒之一的猶大，向當局密告賣主的這件事，與約瑟被兄長出賣、押沙龍背叛父王共陳並置，彼此扣合，產生預表論神學上的呼應。因這3樁出賣事件發生在師徒/兄弟/父子間，亦人際最親近的環境中。此外，『詆騙雅各』一圖中那件沾滿山羊血的長袍衣，是一個偽證，出賣耶穌的原因為無稽之談，也屬偽證，如聖安博（St. Ambrose, 340?-397）所指出，此即是構成預表關係的主因。（Lienhard & Rombs, 2001, ACCS, 241）

---

110 拉丁釋文如下：Legitur in G(enes)i, q(uo)d fr(atr)es Joseph miserunt ad Jacob p(at)rem suu(m) dicerentq(ue), q(uo)d fera pessima devorass(et) filiu(m) eius; hoc enim fecerunt dolose conspirantes in morte(m) fr(atr)is sui. Joseph a(utem) fratrib(us) dolose venditus Christum sig(nifica)t, qui a Juda dolose venditus fuit.

111 拉丁釋文如下：In lib(ro) R(egum) le(gitur), q(uo)d Absalon filius D(avi)d stetit ad intr(oi)tum p(or)tae civitatis e(t) p(o)p(u)lo egredie(n)ti loq(ue)bat(ur): q(ui)s me constituet iudi(ce)m, ut iuste iudicem, et sic loq(ue)ns inclinavit corda virorum, q(ui) secu(m) conspirantes c(ontra) David p(a)trem suum ip(su)m rege(m) constituer(un)t e(t) p(ost)ea p(at)rem occidere intendeba(n)t. Abasalon i(ste) Juda(m) t(rad)itorem s(i)g(nifica)t, qui in morte(m) p(a)tris Christi piissimi cum perfidis iudeis conspiravit.

緊接著頌經文，也在冊頁上方文本區裡，還有一行以紅字書寫的3則短詩句，它們直白也言簡意賅地，針對『猶大賣主』、『誆騙雅各』、以及『押沙龍密謀造反』3幅圖的主題，做了旨意上的敘述：

　　「兄弟心懷不軌，共同陷害弟弟。」（T(ur)ba malignat(ur) fr(at)rem, puer ut puniatur.）

　　「以色列人集結起來，陷害耶穌。」（In morte Christi conspira(n)t i(n) Israel isti.）

　　「兒子處心積慮，致父親於死地。」（Nititur in fata patris proles scelerata.）

　　不同於上面3段平鋪直敘的短詩句，4位《舊約》先知手中字捲軸上面經文，則鏗鏘有力地發出了公平正義之聲，分為雅各、所羅門王、大衛王、以及小先知那鴻，他們如此說道：

　　「願我的靈啊，不與他們同謀。」（In (con)siliu(m) eor(um) no(n) veniat anima tua.）（創世紀49：6）

　　「沒人能以智慧敵擋耶和華。」（Non est sapientia c(ontra) d(o)m(i)n(um).）（箴言21：30）

　　「他們一同商議攻擊我，圖謀害我的性命。」（In eo du(m) c(on)venire(n)t simul accipere a(……)）（詩篇31：13）

　　「為何計謀攻擊耶和華呢？他必終結一切。」（Qui cogitatis c(ontra) d(o)m(i)n(um) consumac(i)one(m).）（那鴻1：9）

這4句《舊約》書卷的摘引文句句擲地有聲，帶含宗教道德色彩。出自〈創世記〉的引句，屬於雅各對後代子孫諄諄告誡，絕不可與惡人同謀，劃出善惡間不可逾越的界線。接著，所羅門〈箴言〉書卷的話，屬於一句讚詞，也告誡橫行誆騙的惡人，難脫逃天主的法眼。而屬冊頁右邊的2則《舊約》摘引文十分貼切地將警句移轉為第一人稱之語，當中〈詩篇〉書卷的經文，如出自耶穌之口，低調訴諸認同。而小先知那鴻的一句摘引文，再總結回到全知全能的天主，最後公理正義勢必降臨，為耶穌

遭猶大出賣，坎坷不平的命運，做撫平見證。整體上，〈箴言〉及〈那鴻書〉的兩則摘引文，因涉入對象為無所不知、無所不能的耶和華天主，也便將冊頁從背叛及出賣主題，提升到更高一層有關天主的恩典計畫當中。

18 『猶大索金』（The Chief Priests Pay Judas）

圖18：『猶大索金』冊頁單元（左側『約瑟出賣給以實瑪利人』、右側『約瑟轉賣給波提乏』）(fol. 5v, below)
© Die Stiftsbibliothek St Florian

　　本冊頁單元為『猶大出賣基督』（Judas vendidit christum），如標題繕寫在中央環圈的頂端。環圈內的主圖像，勾勒猶大跟手捧銀元的猶太祭司，兩人暗中交易的情景，題名亦稱『猶大索金』（德：Judas erhält die dreißig Silberlinge；英：The Chief Priests Pay Judas）（馬太26：14-16、馬可14：10-11、路加22：3-6），為《貧窮人聖經》再現猶大出賣耶穌共3單元系列中之二。

在冊頁上，『猶大索金』這幅圖像以兩個人面對面的對話鋪陳。猶大赤足站立在環圈內之右，以側面處理，一付急切神色，迫不急待地伸出雙手，呈現索取酬金狀。他面前是一位頭戴冠帽的猶太祭司，身上裹著圓滾滾的銀幣，緊緊摟在懷中，頗生動地表現出兩位猶太人的貪婪之貌。如經書所載，猶大跟祭司說：「我把他交給你們，你們願意給我多少錢？」他們給了他三十塊銀錢。」（馬太26：14-15）在冊頁上方文本區，這幅圖像的短詩句上，便不客氣地寫道：「出賣耶穌的猶大，買入地獄的票。」（Q(ui) Christum vendis, Judas, ad tartara te(n)dis.）

　　針對這起重大的出賣事件，本冊頁在《舊約》〈創世記〉中檢選兩則經文做視覺上的並置。環圈左側為『約瑟出賣給以實瑪利人』（德：Josef wird an die Ismaeliter verkauft；英：Joseph is sold to the Ismaelites）（創世37：25-28）；冊頁右側為『約瑟轉賣給波提乏』（Josef wird an Potifar verkauft，The Ismaelited sell Joseph to Putiphar）（創世紀39：1-2）。同樣取材自《舊約》的環圈外側4角落有知名人士大衛、哈該、所羅門，以及撒迦利亞等4人的半身像，以及4則相傳由他們所寫的〈詩篇〉、〈哈該〉、〈箴言〉、〈撒迦利亞〉等書卷的摘引文抄入環圈外框中，一起組成本冊頁的主要元素。

　　在此用以搭配『猶大索金』出賣耶穌的兩幅《舊約》圖像，取自〈創世記〉書卷，不意外地，也刻劃有關金錢交易出賣的主題，且如題名所示，對焦在約瑟一人身上。先是約瑟被兄長賣給了以實瑪利人，之後再從以實瑪利人手中轉賣給埃及法老侍衛長波提乏（Potiphar）。約瑟一生大起大落，具傳奇色彩。前一冊頁的『詆騙雅各』中，約瑟被宣告為惡獸所吞食，曾為敘事的主題，本單元接續刻劃約瑟生平事蹟，反映他在聖弗里安古帙中，僅次於大衛王的重要地位。

　　從圖像端上看，左圖『約瑟出賣給以實瑪利人』，描繪約瑟遭出賣兜售（Joseph vendit(ur)）的經過。畫面中央一位年青人，一頭捲髮，雙手交叉於胸前，垂首滿面愁容，他便是神色頗為哀愁無助的約瑟。買方賣方各據一方在他面前，此時交易正式展開。右邊是精明幹練的以實瑪利人，從腰際錢包掏出銀幣，成串的投入左邊約瑟兄長手中的布袋，簇擁在後還有3人。經書上就此便寫到，約瑟的兄長：「他們以二十塊銀子把約瑟賣給以實瑪利人。」（創世37：28）在上方欄文本區的

短詩句中也說，約瑟，「被出賣的男孩，你意表耶穌。」（Te signat, Christe, iuvenis venu(m)datus iste.）將約瑟跟耶穌直接做了預表論關係上的表述。

　　環圈右側『約瑟轉賣給波提乏』一圖上，則描述勾繪約瑟遭到二度轉手的情景：以實瑪利人把約瑟帶到埃及以後，輾轉又再賣給了埃及的護衛長。在視覺端上，也選用買賣兩造對話的方式來勾勒畫面。左邊是以實瑪利商人，右邊為埃及軍官波提乏，他手持秤錘，銖錙必較，一付精打細算的神態。圖像上方寫著：「約瑟被賣到埃及」。（Joseph ve(n)dit(um) e(st) i(n) egyptys.）而上方文本區的短詩句也說：「所有發生在男孩身上的，都預表耶穌。」（Conve(n)it hic Christo, quidq(uid) pu(er)o fit in isto.）再一次無保留地將耶穌跟約瑟的預表關係表述出來。在冊頁圖像上，以實瑪利這位商人，先買後賣，以長者之姿先後出現在左右兩幅圖像中；在視覺勾繪上，循此也做了造形的左右翻轉，反映圖繪者對於所刻劃人物身份的瞭然於心。

> 在創世記中記載到，約瑟兄長以30銀幣將他賣給以實瑪利人。正直無辜的約瑟，被兄長出賣。他是耶穌的預表。背叛的猶大，利慾薰心，以30銀幣，將無辜的耶穌賣給猶太人[112]。（創37：25-28）

> 在創世記中記載到，約瑟被以實瑪利人帶到埃及後，轉賣給一位埃及將領。那個被轉賣的男孩約瑟，他是耶穌的預表。耶穌遭背離天主的猶大所出賣[113]。（創37：36）

約瑟因天主榮寵擁有釋夢異稟，招惹到兄長的妒嫉，被驅離家園，如奴隸般三番兩次遭逢兜售的命運。（Lienhard & Rombs, 2001, ACCS, 241）好在數十年後，為埃及法老成功釋夢，不單走出牢獄、榮登大位，也感人地與父親雅各重逢。然耶穌不幸因猶大"利慾薰心"而遭出賣，此與亞伯拉罕的曾孫—約瑟生命軌跡有所共振，還基於另一個原因，誠如一位近東古文獻學者所寫，「在將背叛的門徒猶大與猶太人綁在一起，為耶穌之死歸咎到猶太人身上。」（to tie the betraying apostle

---

112 拉丁釋文如下：De Joseph legit(ur) in Gen(esi), q(uo)d fr(atr)es sui eu(m) ysmahelitis vendiderunt XXX argenteis. Joseph iste iustus a fr(atr)ibus innocenter venditus Christum designabat innocente(m) dolose a Juda traditore venditu(m), qui eu(m) iudeis XXX arge(n)teis ve(n)didit.

113 拉丁釋文如下：Dicit(ur) in Gen(esi), q(uo)d, cu(m) ysmahelite Joseph in suam duxissent t(er)ram, vendiderunt eum in egyptu(m) principi miliciae reg(is) egypti. Puer iste Joseph venditus Christum ab impio Juda traditu(m) significabat.

Judas to *Judah* in order to blame "Jews" for the death of Jesus. [斜體及引號出自原作者，筆者按]，Hatch, 2019, 150）

編者接著循慣例篩選4則《舊約》先知的引言，為『猶大索金』冊頁上3幅敘事圖像提供更廣幅的閱讀視角，而且不例外地一致聚焦在"利慾薰心"的行徑上，宛若主持公道般寫道：

「願他的年歲短少。」（Fiant dies eius pauci et ...）（詩篇109：8）

「領工錢的，領了工錢卻裝入有破洞的袋中。」（Qui m(er)cedes c(on)gregavit misit.）（哈該1:6）

「緊閉雙目的，圖謀乖謬。」（Qui absconsis oculis suis cogitat.）（箴言16：30）

「他們秤了30銀幣作為我的工價。」（Appe(r)u(n)deru(n)t mercede(m) m(eam) XXX arge(nteis).）（撒迦利亞11：12）

這4則具批判意味的先知引句，帶含著刻薄的詛咒以及示警的語句，頗為大快人心。唯一最後先知撒迦利亞的引文嵌入新環境之後，產生預告與應驗效果及意涵，獨樹一格。綜括以上，4則先知引言並未向上層屬靈面上發展，因而本冊頁3敘事圖所勾勒的貪婪主題，反更能凸顯出來。

19 『猶大之吻』(Judas betrays Christ)

圖19：『猶大之吻』冊頁單元（左側『約押暗殺押尼珥』、右側『特黎豐誘騙猶大及以色列人』）(fol. 6r, above)
© Die Stiftsbibliothek St Florian

聖弗里安《貧窮人聖經》運用3則敘事單元，處理表現耶穌受難由來，「符合中世紀末期的反猶主義」。(in accordance with late medieval anti-Judaism)（Rasmussen, 2008, 90）。在1215年召開的第四屆拉特朗大公會（Fourth Council of the Lateran）決議的第68、69條上，首次明訂猶太人出門時身上必須配戴標幟，讓人辨識出他們非基督徒身份，且不得擔任公職，因「對於褻瀆基督的人，讓他們施展權力在基督徒身上，太荒誕無稽[114]。」

本冊頁單元主題「猶大親吻耶穌」（Judas osc(u)lat(ur) Christum），字樣繕寫在中央環圈正上方，圖像名慣稱『猶大之吻』或『猶大賣主』（德：Judas kuss；

114　引言英譯如下：「It would be too absurd for a blasphemer of Christ to exercise power over Christians.」為1215年大公會第69條決議文啟首句子。參見Rosenwein (2018)，370。

英：Judas betrays Christ），乃基督教藝術中最常見的圖像之一。（馬太26：47-56、馬可14：43-52、路加22：47-53、約翰18：1-11）安置在中央環圈左右的兩幅《舊約》圖像，分別為〈撒母耳〉下的『約押暗殺押尼珥』（德：Joab tötet Abner；英：Joab slays Abner）（撒下3：22-30）以及〈瑪加伯〉上書卷的『特黎豐誘騙猶大及以色列人』（德：Tryphon ueberfaellt das Volk von Juda；英：Tryphon betrays the Men of Juda and Israel[115]）（瑪加上12：39-52）。4位在中央環圈外側的《舊約》先知半身像，分為大衛王、以賽亞、所羅門王、耶利米等人。他們手中各有一字捲軸，取自《舊約》〈詩篇〉、〈以賽亞〉、〈箴言〉、〈耶利米〉等4書卷，組成本冊頁7圖9文本，縈繞跨新舊兩約的後製元素。

　　『猶大之吻』十分著名，刻劃在猶太人包圍下，耶穌因猶大之吻被指認而遭拘提的經過。如經書記載：「那出賣耶穌的給了他們一個暗號，說：『我親誰，誰就是。你們把他抓住。』」（馬太26：48）這個事件發生在客西馬尼的庭園，耶穌跟12門徒享用最後晚餐之後。

　　在視覺表現上，這一幕精簡濃縮以3人布設全圖。頭戴聖十字圈的耶穌居中，被左右各一人團團圍住；猶大在左，一手繞過耶穌肩膀，做擁抱狀，準備親吻耶穌，這是拘提的暗號。如福音所載：「十二使徒之一名叫猶大的，走在前頭，接近耶穌，要親他。」（路加22：47）前來拘提的捕頭在右，披著鎖子甲頭巾，露出五官，神色堅定，一手捉住耶穌手腕，另一手揪住耶穌髮際，做逮捕狀。耶穌對此並不在意，反而轉身道：「猶大！你用親嘴的暗號賣人子嗎？」（路加22：48）耶穌遭逮捕後即成階下囚，受審、鞭笞、嘲諷直轉急下，次日便送上各各他十字架刑之路，皆因猶大出賣所致。

　　搭配『猶大之吻』的兩幅《舊約》圖像，分別取自〈撒母耳〉書卷的『約押暗殺押尼珥』以及取自〈瑪加伯〉書卷的『特黎豐誘騙猶大及以色列人』兩圖，勾繪圖謀不軌、背信謀害他人的兩組不義行徑。這當中，前者『約押暗殺押尼珥』，刻劃押尼珥前來向大衛輸誠，卻遭大衛王營中將領約押公報私仇，在城門口詭騙押尼珥前來密商，卻將他一劍刺死的經過。在冊頁圖像上，這個場景處理頗為殘暴。繪者以約押正面表現，雖為一介武將，此處以微服長袍現身，他的左手勾搭著押尼珥的肩

115　聖弗里安古帙數位網頁上，此圖題名標示『特黎豐暗殺押尼珥』（Tryphon ueberfaellt Abner），此為將環圈左圖中的人士不慎嵌入的一個誤植。取材自〈瑪加伯〉書卷的『特黎豐誘騙猶大及以色列人』本圖，鮮少出現在視覺藝術創作中，此題名筆者沿用1990年Labriola & Smeltz兩位學者匯整大英圖書館藏《貧窮人聖經》單印版編號C.9 d.2而來。參見Labriola & Smeltz（1990），120。

膀，右手握一把碩大長劍，毫不留情一股腦地刺進押尼珥的肚腹及至雙環圈內。上方頌經文就此便說道：

> 撒母耳中記載到，大衛手下將領約押，虛情假義跟押尼珥交談，卻一刀穿刺他
> 的肚腹。約押他一邊示好，卻暗中圖謀不軌，他是猶大的預表。猶大陰險親吻
> 耶穌，置他於死地[116]。

押尼珥投誠大衛，意義重大，讓大衛結束流亡期，最終登基為王。押尼珥是前王掃羅營中大將，約押卻不顧主子與押尼珥的協議，從中破壞，因而背叛行徑跟猶大出賣耶穌具有類比性。尤其在城門口的虛情假意，跟猶大之吻也相近。故上頌經文寫到：「約押……是猶大的預表」，成為連接兩約的負面樣板。

接著，冊頁右側『特黎豐誘騙猶大及以色列人』一圖，也是一則負面表述的情節。敘事焦點在塞琉古帝國中期，野心勃勃的特黎豐身上。他是一位篡位皇帝，為掃盪敵軍擴充版圖，無所不用其極，手段殘忍。他包藏禍心地拐騙瑪加伯家族的約拿單及其軍隊前來共商大計，卻在安撫之後背信，將之一一殲滅。圖像所再現的，即是兩軍對壘的拉鋸景象。特黎豐與約拿單的人馬各據一方，在左的是馬卡伯的猶太人，他們一身軍戎，穿戴手套長筒褲，如冊頁上方所寫：此為「猶太子民」（Viri iuda）。特黎豐的大軍在右，身批盔甲，全副武裝，手持長矛與盾，兩軍配備十分懸殊，戰況因此回天乏術。在他們的焦點中央，有一幅字捲軸，上寫到：「誘騙眾民的特黎豐」（Tripho(n) seducens populum），將特黎豐狡詐惡行付諸文字。一如頌經文上方寫道：

> 瑪加伯中記載到，陰險的特黎豐來到以色列與猶大之地，在狡詐欺騙中將他
> 們一一拿下消滅。特黎豐是叛徒猶大的預表。猶大心懷詭計來到耶穌身邊，
> 陰險親吻耶穌，將他出賣給不虔誠的猶太人[117]。

特黎豐的詐騙及背叛，在頌經文中跟猶大出賣耶穌之情節一塊並置。原因之一，在特黎豐先騙到了瑪加伯家族約拿單完全的信任，之後再毀約背信，如經書所載：特

116　拉丁釋文如下：Legit(ur) in li(bro) Re(gum), q(uo)d Joab princeps milicie ve(n)it ad Abner, ut loq(ue)ret(ur) sibi in dolo, q(uem), c(um) dolose et blande alloq(ue)ret(ur), t(ra)nsfod(it) eum gladio. Joab, qui dolose loq(ue)bat(ur), s(i)g(nifica)t Judam, q(ui) Christum doloso osculo t(radi)dit ad int(er)ficiendu(m).

117　拉丁釋文如下：In libro Macha(beorum) I(egitu)r, q(uo)d t(ri)phon ad viros Juda et Isr(ae)l venit, ut eis loque(re)t(ur) in dolo, et sic eos caperet. Triphon iste Judam t(ra)ditorem s(i)g(nifica)t, qui dolose ad Christum venie(n)s, ip(su)m in dolo oscula(ns) sic eum impiis iudeis tradidit.

黎豐早先「以禮接待他，將他推薦給自己的眾朋友，送給他禮物，還命自己的朋友和自己的軍隊，都要服從他，如同服從自己一樣。」（瑪加伯上12：43）而這與猶太為耶穌12門徒之一不無共通處。

接著，冊頁編者以3短詩文，針對兩幅《舊約》圖像，以及中央環圈『猶大之吻』主圖，做了平鋪直敘，但略帶評論的書寫如下：

「約押虛情假意跟他交談，一刀刺死他。」（Alloq(ui)t(ur) blande Joab hu(n)c perimitque nefande.）

「滿口仁義，特黎豐磨刀霍霍。」（V(er)ba ge(re)ns blanda t(ri)phon p(ar)at arma nefa(n)da.）

「主啊，叛徒友善之吻，將你出賣了。」（P(er) pacem, Christe, te t(radi) dit traditor iste.）

相對下，聖弗里安環圈外側4角，手持字捲軸的《舊約》先知，大衛王、以賽亞、所羅門王、耶利米等人，做為見證人則發出針砭正義之聲：

「連我知己的朋友，我所信賴。」（Homo pacis mee in quo speravi.）（詩篇41：9）

「惡人有禍了！他必遭災難。」（Ve impio in malu(m) ret(ri)but(i)o man(uum).）（以賽亞3：11）

「搬弄是非，必陷於災禍。」（Qui vertit linguam, incidet malu(m).）（箴言17：20）

「跟鄰舍口說平安，心卻謀害他。」（Loquet(ur) pacem cum proximo suo et (...)）（耶利米9：8）

字捲軸這4句引言，同前冊頁單元『猶大索金』相仿，屬道德宣講，跟神學表述無關。這4則《舊約》摘引句，置入冊頁主圖所揭的新環境下，大致環繞兩主題：一是關涉 "知己的朋友"、"說平安" 的 "鄰舍"，他們隨時反目做出陷害的舉動，指出人心不古。二是 "搬弄是非" 者跟 "惡人"，他們的下場 "必遭災難"。由此看，引言中有關

知人知面不知心，及惡有惡報等，誠屬普世性的道德告誡與規訓，為4先知現身在冊頁闡說的重點所在。

　　綜括之，聖弗里安抄本一股作氣地運用前後3則敘事單元篇幅，處理猶大出賣耶穌事件的經過，別具一格地見證反猶在當時受到重視與處理的必要性，不免略偏離天主恩典救贖議題的主軸。這3則冊頁單元聚焦3幅關涉猶大的主圖像，共引進6則《舊約》敘事圖、12則《舊約》書卷引言、以及12位先知見證人，整體上，除了前面第一則『猶大賣主』冊頁上，涉入天主全能全知身份議題之外，在後兩則『猶大索金』及『猶大之吻』單元上，則主以宗教道德角度的闡揚，敘述策略與其他冊頁有別。

20 『受審』（Christ before Pilate）

圖20：『受審』冊頁單元（左側『耶洗別謀刺以利亞』、右側『但以理遭控訴』）（fol. 6r, below）
© Die Stiftsbibliothek St Florian

耶穌因猶大的出賣而遭拘提後，接受猶太長老以及羅馬行政總督彼拉多，先後兩次接受審訊，本冊頁的主題即此，亦名為『耶穌被帶到彼拉多面前』（Hic Jesus p(rae)sentat(ur) Pylato），如環圈上方所寫。視覺上慣稱為『耶穌在彼拉多面前』（德：Christus vor Pilatus；英：Christ before Pilate），中譯『受審』（馬太27：1-30、馬可15：1-19、路加23：1-25、約翰18：28-40）。這是耶穌在世的最後一日，定讞之後，耶穌便直接送往髑髏地接受十字架刑。

　　在中央環圈『受審』的主圖上，審判的概念精簡地採以3人互動布設，耶穌在左，雙手被綁束起來，由一名獄卒帶到羅馬駐耶路撒冷行政官彼拉多的面前。後者端坐在一台座上，他們頭上所戴帽式不一，耶穌為聖十字聖圈，猶太人獄卒是尖釘帽，彼拉多則為翻沿寬帽，呼應身份背景的差異。經書就此場景記載到：「耶穌站在總督面前，總督問他：『你是猶太人的王嗎？』耶穌說：『是你說的。』」（馬太27：11）說完這話，耶穌便任憑彼拉多偵訊發問不再開口，質疑審訊的正當性。

　　設置在主圖左右的兩幅《舊約》敘事圖像，分為左側『耶洗別謀刺以利亞』（德：Isebel versucht Elija zu töten；英：Jezabel seeks to slay Elias）（列上19：1-3）以及右側『但以理遭控訴』（德：Babylonier fordern den Tod Daniels；英：Daniel is accused by the Babylonians）（但以理6：11-24）。它們的主題內容，也涉及無辜者的性命岌岌可危、遭逢不公控訴的情節。

　　在視覺的表現上，這兩幅《舊約》的設計兩相呼應，採一坐一站對話方式構圖。兩圖也都有一寶座，一人高坐其上，而且緊貼著中央環圈置放，具有鏡面般的對稱感。不過，左圖坐在寶座上的是頭帶祭司帽的以利亞（Helyas），一旁站立的是擺出威權姿態的腓尼基公主、北國以色列女王耶洗別（Jezabel）。她的位階顯然更高，頭戴冠冕，身披及地長罩衫，眼神冷冽，因記恨先知以利亞擊潰她所崇拜的巴力神祭司，故欲除之為快。根據經書所載，她派使者傳訊以利亞說：「明日約這時候，我若不使你的性命像那些人的性命一樣，願神明重重懲罰我。」（列上19：2）正襟危坐的以利亞，絲毫不為所動[118]，手中拿著一條字捲軸，惜留白未做抄繕。耶洗別追殺先知以利亞的計謀並未能得逞，以利亞在天主神的指引下全身而退。反倒耶洗別因

118　依聖經所載，先知以利亞與耶洗別兩人並未打照面，內文引言為派遣使者去告知以利亞的話。

剛愎自用之後悲劇收場。從視覺敘事上看，這個場景十分特別，由於耶洗別跟以利亞實際上並未打到照面，『耶洗別謀刺以利亞』一圖，可說生動地將耶洗別下詔令的時刻，與以利亞聽聞判決的當下，合併融入共時再現。

　　冊頁環圈右側的『但以理遭控訴』一圖，則是刻劃手持權杖，高坐寶座上的巴比倫國王尼布甲尼撒王（Rex Nabuchonodosor），回應宮中大臣意欲逮捕但以理的經過[119]。原因出自但以理受王所倚重，朝廷大臣妒嫉而視之為眼中釘，便設計陷阱求王頒一禁令，將但以理捉拿送進獅子穴；一如經書所載，大臣向王說道：「若在王以外，或向神明或向人求甚麼，必被扔在獅子坑中。王啊，現在求你立這禁令，在這文件上簽署，使它不能更改。」（但以理6：7-8）圖像上捕捉的便是這個場景。右側為軍營士官前後共有6人，為首的士官長右手握一皮製物件，應為王所簽署頒發的禁令。好在，但以理執禮如儀，毫不畏懼，雖遭拘捕投入獅子穴，然蒙天主恩寵全身而退。在冊頁畫幅的上方，有一銘文寫著：「巴比倫人」（Babilo(nii)）的字樣。根據經書的記載，集結進宮的有兩批人馬，先是「總長和總督」。（但以理6：6）後為「總長、欽差、總督、謀士和省長」。（但以理6：6）圖中所表現的，為一將軍率領著部下前往拘提但以理。

　　本冊頁上耶穌『受審』主圖，跟兩幅《舊約》『耶洗別謀刺以利亞』及『但以理遭控訴』，它們之間也有著預表的互動關係，如冊頁上方兩則頌經文記敘道：

> 列王記中記載到，背離天主的耶洗別王后，下令格殺上帝所有的先知，也要殺害以利亞。這個背離天主的女人，便是離棄天主，猶太人的預表。耶穌是真以利亞。在公開揭露他們惡行後，這些殘暴忌妒他的猶太人，置耶穌於死地[120]。

> 但以理書中記載到，憤怒的群眾來到宮中，要國王交出但以理。國王心存畏懼，便將無辜的但以理交出。這些群眾是把耶穌交給彼拉多的那些猶太人的預表。他們說：把他釘十字架，把他釘十字架，你若放了他，便不是皇帝的朋

119　先知但以理送入獅子穴，為傳統圖像經常處理的對象。不過當時主政者為波斯國王大流士，並非冊頁所寫的巴比倫王尼布甲尼撒。見《舊約》〈列王記〉下19：1-3及〈但以理〉第6章所載。

120　拉丁釋文如下：In lib(ro) Re(gum) l(egitu)r, q(uo)d Jezabel impia regina, c(um) occidisset p(ro)ph(et)am d(omi)ni, Helyam p(ro)ph(et)am interficere desiderat. Hec impia femina impios iudeos significabat, q(ui) v(eru)m Helya(m), Christum, crudelit(er) et invidiose intendebant occidere, q(ui) eis eo(ru)m mali(ci)am p(rae)dicando manifestabat.

友。那個把但以理交出的國王，是彼拉多的預表。他畏懼猶太人，將無辜的耶穌判刑[121]。

上面兩則頌經文本揭櫫的預表論概念，建立在兩個負面類比的基礎上，可説一組是以"背離天主"做為槓桿，將耶洗別王后、巴比倫憤怒群眾，以及陷害耶穌的猶太人，這3組人串成一氣。而另一組類比，則在"把但以理交出"的尼布甲尼撒王，以及將耶穌交出的羅馬總督行政官彼拉多身上。這兩位掌權者，因"心存畏懼"與"畏懼猶太人"，便順從民意，將但以理跟耶穌一一交出。

頌經文本下方3則短詩句，以紅筆書寫一行排列，彷彿就此頗憤憤不平地寫道：

「那個女人邪惡的譴責他，暴民置耶穌於死地。」（Femina crux istu(m), dampnat plebs i(m)pia Christum.）

「野蠻的群眾，竟要耶穌性命。」（Est fera plebs ausa da(m)pnare Jesum si(ne) ca(usa).）

「殘忍的群眾，要但以理的性命。」（Gens h(aec) cru(de)lis sitit i(n) t(er)itu(m) danyelis.）

這3句短詩義憤填膺，語句嚴厲，它們延續頌經文的敘述發言，而非針對3幅敘事圖的旨趣做摘要，跟先前冊頁處理的方式不同，而且並未有所保留。

至於冊頁上中央環圈4角的以賽亞（Isaiah）、所羅門王（Salomo）、約伯、及阿摩司等4先知，他們以見證人身份露出，相對訴之以理，運用典雅詞藻，從倫理道德層面取徑勾勒。摘自他們書卷的4句《舊約》引文如此説道：

「公義站在遠處。」（Conversum est retrorsum iudicium.）（以賽亞59：14）

---

121 拉丁釋文如下：In Danyele l(egitu)r, q(uo)d p(o)p(u)lus i(niqu)us venit ad regem et dixerunt: trade nobis Danyelem, qui devictus timore eis Danyelem innoc(e)ntem tradidit; p(o)p(u)lus i(ste) iudeos s(i)g(nifica)bat, q(ui) ad pylatu(m) dicebant: c(ru)cifige (eum): si hunc dimittis, n(on) es amic(us) cesaris. Rex i(ste) pylatum s(i)g(nifica)bat, qui iudeos timuit et Christum eis innocentem t(ra)didit.

「你的案子如出惡人判決[122]。」（Causa tua quasi impii iudicata est.）
（約伯36：17）

「徇私惡人，是不好的[123]。」（Accipe p(er)sonam i(n) iudic(i)o no(n) est bonu(m).）（格言18：5）

「你們使公平變為茵蔯。」（Qui convertitis in absynthiu(m) iudici(um).）
（阿摩5：7）

　　根據《新約》4大福音所載，彼拉多偵訊耶穌之後，並未發現確鑿的罪證，（約翰9：4）且有大事化小之意，然在猶太長老祭司們群起要脅下，彼拉多"畏懼猶太人"，順從其意，將耶穌判處十字架刑，歷史悲劇不再有轉圜之地。至於本冊頁單元的組織安排，綜括耶穌受審不幸經過，與古希伯來人分享相同命運，兩位先知以利亞與但以理做共時並置的布設，一方面展呈無辜受害者身份，不幸遭致權威者的判決，具有跨時空呼應，營造出史觀脈絡；另一方面，3位冊頁上的判決人士，一位王后、一位國王、一位殖民地總督，雖身居大位，但皆為背離上帝的外邦人，這是公理正義淪喪的主要原因所在，便為耶穌犧牲受難提出貼切的詮釋。從預表論的鋪設上看，它們屬於「情境韻」範疇，如學者施密德分類所示。

　　至於先知4摘引文，對焦在審判的結果上，公義遭到棄置、公平被視若敝屣，而遠離上帝的惡人卻能得逞，相對地表述消極也低調，遠不及3則短詩句強而有力含帶譴責色彩，是為本冊頁的總體安排；特別在文本區塊，提出以短詩句為主、先知引文為輔的另類編輯樣式。

122　此段內文由筆者參武加大版中譯。
123　此段內文由筆者參武加大版中譯。

21 『基督封冠』（Flagellation and Crowning of Jesus）

圖21:『基督封冠』冊頁單元（左側『挪亞醉酒』、右側『遭訕笑的以利沙』）（fol. 6v, above）© Die Stiftsbibliothek St Florian

　　耶穌十字架刑定讞後，耶路撒冷羅馬的總督彼拉多將耶穌發還，羅馬士兵齊聚過來，幸災樂禍地嘲諷與羞辱他。《貧窮人聖經》本冊頁主題如環圈上方所寫：「主的封冠」（Coronat(i)o d(omi)ni），亦名『基督封冠』（德：Dornenkrönung Christi；英：Flagellation and Crowning of Jesus）（馬太27：28-30、馬可15：17-19、約翰19：2-8），即刻劃這段耶穌遭嘲弄奚落的情境。

　　在『基督封冠』主圖像的周邊，編排剪輯《舊約》三組群的文本及圖像，包括一4位《舊約》先知半身像：大衛王、所羅門王、耶利米，以及以賽亞；一組2則《舊約》敘事圖像：『挪亞醉酒』（德：Trunkenheit Noachs；英：Noe's Nakedness is mocked by His Sons、Noah's druckenness）（創9：18-23）與『遭訕笑的以利沙』（德：Elischa wird von den Knaben verspottet；英：The Children mock Eliseus）（列上2：23-24），以及一組取自〈詩篇〉、〈哀歌〉、〈箴言〉、〈以賽亞〉4

書卷的4摘引言。另循照冊頁一慣編排格式，抄繕兩則頌經文本與3則短詩句，闡明全冊頁各圖像間交織繁複的關係。

　　根據《新約》福音記載，耶穌經彼拉多審訊後，遭到羅馬士兵們的嘲弄與訕笑，先是「……士兵用荊棘編了冠冕，戴在他頭上，給他穿上紫袍，又走到他面前，說：『萬歲，猶太人的王！』」（約翰19：2-3）隨後，彼拉多便將戴著荊棘冠冕，穿著紫袍的耶穌帶到眾人前，

> ……對他們說：「看哪，這個人！」祭司長和聖殿警衛看見他，就喊著說：「釘十字架！釘十字架！」彼拉多對他們說：「你們自己把他帶去釘十字架吧！我查不出他有甚麼罪狀。」猶太人回答他：「我們有律法，按照律法，他是該死的，因為他自以為是上帝的兒子。」（約翰19：5-7）

　　這段具有高度象徵意義的經過，經視覺轉換後，有了濃縮聚焦及宗教色彩的再詮釋。中央環圈裡，耶穌居坐寶座中央，正面莊嚴身姿如同聖像圖，雙手伸出打開十指，擺出「謙遜手式」（Demutsgestus），意表超脫世俗淺陋愚昧的行徑。他頭上戴著聞名的荊棘冠（crown of thorns）以工整豎立葉片做裝飾，卻遮蓋不住耶穌本身的聖十字光圈。在耶穌寶座兩側，左右對稱有手持蘆葦桿的兩位羅馬士兵，他們正高舉起蘆葦桿，如福音書所寫，「他們又拿一根蘆葦桿打他的頭。」（馬可15：19）這兩位施刑者有如同步行動，採對稱方式表現鞭笞，適足構成具有象徵意義十字架的造形，如此避開悲情色彩，凸顯耶穌王者尊貴身份，為『基督封冠』做出正向詮釋。此一圖式先前曾於1260年前後，繪於瑞士巴塞爾西妥教區（Zisterzienserkloaster, Basel）《詩篇》彩繪手抄本中[124]。

　　在『基督封冠』一圖的左右兩幅檢選自《舊約》預表的圖像分別為『挪亞醉酒』與『遭訕笑的以利沙』。前者描繪挪亞離開方舟後務農為生，一日在葡萄園，因酒醉席地裸裎入睡，他的3個兒子閃（Sem）、含（Cham）、以及雅弗（Japhet），對此有著截然不同的反應。閃及雅弗，因戒慎父親威嚴，「倒退著進去，遮蓋父親的赤身；他們背著臉，看不見父親的赤身。」（創世9：23）而挪亞的次子含，則毫無羞愧，反伺機訕笑。此敘事圖即為挪亞及3個兒子共4人的表現，場面略為擁擠但層次分明。老邁蓄鬚的挪亞閉目熟睡在左，倚靠山坡地上，周身並未裸裎，僅露出右腿

124　該圖參見Erffa, Schmitt & Gall (Hrg.) (1958). Bd. 4, Sp. 319/320，圖版566。

做一暗示。他的3個兒子分立其左，閃及雅弗兩人在前景，肩上披掛長巾，雅弗更遮住了眼目、顯出不願直視的模樣；他們手捧著罩衫，正為父親覆蓋上身。次子含一人單獨在後，居高臨下，提起的雙手一上一下，則做出嘲弄訕笑的姿態。

中央環圈右邊『遭嘲諷的以利沙』敘事圖上表現十分生動，儘管根據文本所載，刻劃情節殘酷不堪。在一株3瓣葉子的茂盛大樹蔭下，繼承先知以利亞衣缽的以利沙（Elischas）一人在右，面前是一群6名列隊的童子跟下方張開口的兩隻小獅子。根據〈列王記〉書卷中寫道：先知以利沙在取得以利亞衣缽後，「正上路的時候，有些孩童從城裏出來，譏笑他，對他說：『禿頭的，上去吧！禿頭的，上去吧！』他轉過身來瞪著他們，奉耶和華的名詛咒他們。於是有兩隻母熊從林中出來，撕裂他們當中的四十二個孩童。」（列王2：23-24）畫幅中，以利沙如經文所載，露出禿頭外觀，兩隻小獅則替代母熊，齜牙咧嘴，虎視眈眈，猶待飽餐一頓。

這兩幅取自《舊約》書卷的敘事圖與主圖『基督封冠』的關係，如經上述，顯見建立在兩位《舊約》族長與先知—挪亞及以利沙，跟耶穌一樣，遭到世人輕蔑與訕笑上。冊頁上方文本欄位中，左右頌經文便如此寫到：

> 創世記中記載到，挪亞入睡後赤裸的躺在地上，兒子含看到，便嘲笑他。挪亞的另外兩個兒子但不去看父親，蒙起眼睛。挪亞是耶穌的預表。猶太人嘲笑耶穌，給他帶上荊棘冠，剝下他的衣服。像不孝子傻子般地對待他[125]。

> 在列王記中記載到，先知以利沙下山後，孩童一一跑來，戲耍訕笑他。以利沙是耶穌的預表。耶穌被他的孩子，也便是猶太人，戴上冠冕，在受難時，遭致嘲笑與譏諷[126]。

在這兩則頌經文的下方，有一行未做斷句的文本，它們是3則短詩文，屬於冊頁上3幅敘事圖像言簡意賅的梗概，以紅筆字樣寫道：

> 「父親的裸裎，含惡意的嘲笑他。」（Nuda vere(n)da videt du(m) p(at)ris, cham male ridet.）

125　拉丁釋文如下：Leg(itur) in Gen(esi), q(uo)d Noe, cu(m) obdormisset, iacuit in t(er)ra denudatis verendis, q(uem) c(um) vidisset cham filius eius, d(e)seruit eum, sed alii filii eius videre eu(m) noluer(un)t, sed oc(u)los suos obtexer(un)t. Noe Christum s(i)g(nifica)t, q(uem) iudei deridentes ip(su)m corona spinea coronaverunt, e(t) denuda(ver)unt e(t) sicut infideles filii eu(m) ta(m)q(uam) stultum subsannaverunt.

126　拉丁釋文如下：Legitur in lib(ro) Re(gum), q(uo)d, cum helyseus p(ro)ph(et)a descendisset d(e) monte, occ(ur)re(run)t ei pu(er)i p(ro)p(het)arum et ip(su)m inclamando e(t) subsa(n)nando deriserunt. Helyseus Christum s(i)g(nifica)bat, q(uem) sui pu(er)i, s(cilicet) iudei, incoronave(runt) e(t) passione t(ur)piter deriserunt e(t) blasphemaverunt.

「哦，耶穌，為了我們您蒙受所有譏諷。」（P(ro) nob(is) triste p(ro) briu(m) pat(er)is, pie Christe.）

「訕笑以利沙的，遭上帝憤怒懲罰。」（P(er)cutit ira d(e)i derisores Helysei.）

此3則短詩文從文字媒體下標題般描述，唯一『基督封冠』一圖的短詩，刻劃耶穌為拯救人類蒙受冤屈，如同親臨現場的吐訴，含帶感召打動人心色彩。

本冊頁4句摘錄《舊約》的引言，分別出自安頓在中央環圈外側4角落的先知之口，大衛王（David）、所羅門王（Salomo）、耶利米以及以賽亞，引言如此說道：

「凡看見我的，都嗤笑我。」（(Om(n)es vide(n)tes me d(e)riserunt me).）（詩篇22：7）

「我成了全體百姓的笑柄。」（F(actu)s su(m) in derisum om(n)i p(o)p(u)lo meo.）（哀歌3：14）

「審判為輕蔑的人預備的[127]。」（Parata su(n)t derisorib(us) iudicia.）（箴言19：29）

「[他們離棄耶和華]，藐視以色列的聖者。」（Blasphema sanctum israhel e(t) cetera.）（以賽亞1：4）

這4則摘引文經聖弗里安編纂者精心篩選及重組，貼切地去/再脈絡化，嵌入主圖『基督封冠』的新語境之中。前兩則摘引文由挪亞與耶穌所分享，凸顯兩人遭致嘲諷羞辱的不公平的待遇。尤其出處轉換以第一人稱做表述，具臨場感之效。所羅門〈箴言〉書卷的引文，則有倫理涵意，翻轉了嘲諷輕蔑者與被嘲諷輕蔑者的關係。〈以賽亞〉書卷的摘引言則跟以利沙遭孩童訕笑嘲弄有關，也隱射羅馬士兵的愚昧無知，最終則致為關鍵凸顯了"聖者"身份，將焦點移至耶穌基督身上。

綜括之，透過《舊約》多文本及多圖的漸層式鋪陳，聖弗里安本冊頁敘事單元，見證耶穌臨刑前蒙受羞辱。此遭遇也發生在古代先知賢士身上，遂傳遞並深化認同情愫，有利於默思記誦。做為冊頁的主圖像『基督封冠』，在視覺表現上充分傳達其天主之子的尊榮身份，是為本單元的一大特色所在，值得做一強調。

127　經查，此幅字捲軸引言內文與武加大版所載相同，與和合及思高版中譯則不一；此處筆者依前者另行中譯，做一說明。

22 『背荷十字架』（Christ Carrying the Cross）

圖22：『背荷十字架』冊頁單元（左側『以撒荷柴』、右側『以利亞與撒勒法的寡婦』）（fol. 6v, below）
© Die Stiftsbibliothek St Florian

　　聖弗里安本冊頁主題『背荷十字架』（德：Kreuztragung Christi；英：Christ bears His Cross, Christ Carrying the Cross），刻劃耶穌遭羅馬士兵嘲諷封冠後，背荷自己的十字架邁上各各它（Golgotha，另譯髑髏地）刑場的經過，此為冊頁中央環圈內主視覺圖像，發生時間在耶穌受難週的最後一天。

　　主要依據《新約》〈約翰福音〉記載的這段情節，（馬太27：31-32、馬可15：21-22、路加23：26-31、約翰19：16-17）在聖弗里安冊頁上，仍以一貫的去背景跟人物全身描繪來表現。居中頭戴十字聖圈的耶穌，肩上扛著一座碩大的十字架，前方是一名面目猙獰的禿頭卒吏，一手吊掛在十字架上，另一手拉著綑綁在耶穌腰腹的鎖鏈，左腳勾住十字架底端，神態頗是輕浮也露出不屑狀。身後一名女子愁容滿面，流露依依不捨的神情，頭部微微前傾，雙手從後方托住十字架框的一角，彷彿正分

擔負荷，她是耶穌的母親－瑪利亞。『背荷十字架』一圖因上述幾個細部刻劃，勾勒交待情節外，增添情感面的張力。

　　位在環圈左右配置的兩幅《舊約》預表圖像，分為『以撒荷柴』（德：Isaak trägt das Opferholz；英：Isaac Carries Wood for His Own Safricice）（創22：6-13）以及『以利亞與撒勒法的寡婦』（德：Elija und die Witwe von Sarepta；英：The Widow of Sarephta Holds Two Pieces of Wood to Form a Cross）（列上17：8-16）。

　　前一圖『以撒荷柴』至為著名，表現亞伯拉罕晚年得子以撒（Issac），奉上帝之命攜子上山祭獻給天主的情景。圖像上，亞伯拉罕（Abraham）手持長劍，捧著火種缽具，一邊轉頭望向後面的以撒。年幼個子不高的以撒肩上扛著一捆木材，跟隨在父親的後面。此時，根據經書記載，以撒忍不住問到：「看哪，火與柴都有了，但燔祭的羔羊在哪裏呢？」（創22：7）所幸亞伯拉罕正待揮刀砍殺以撒的最後一刻，天使下凡制止了。亞伯拉罕因信通過天主的試探，化解了殺子的悲劇。這一段出自《舊約》〈創世記〉的著名記載，跟冊頁上耶穌『背荷十字架』主圖像關係十分密切。冊頁上方誦經文中，便如此闡述：

> 創世記中記載到，亞伯拉罕與以撒一塊出發，亞伯拉罕手持火種及劍，以撒背荷薪柴。背荷薪柴的以撒，是耶穌的預表。耶穌用自己的身體背荷十字架木，為我們犧牲受難[128]。

在冊頁右側『以利亞與撒勒法的寡婦』一圖中，也同樣傳遞有關十字架木的預表思維。畫面上有2位主角，一左一右以對話方式鋪設。左邊寶座上的是先知以利亞（Helyas），頭戴山型狀冠帽，十分神氣。右邊筆直站著的是撒勒法寡婦（vidua Sarepta），也是天主所授意的先知以利亞的供養人。她外型秀麗，身穿一襲及地長裙，頭上有雙層頭巾配著飾物，撒勒法寡婦手中十分顯眼地拿著兩根木條交叉於身前，形成一個十字架的造形。原來以利亞飢寒交迫要求飽腹，撒勒法寡婦家中卻十分清貧，因而她不假顏色地回道：「我指著永生的耶和華－你的上帝起誓，我沒有

128　拉丁釋文如下：Leg(itur) in Gen(esi), q(uo)d cum Abraham e(t) Ysaac p(er)g(er)ent simul e(t) Ab(ra)ham portavit gladium e(t) ignem, ysaac v(er)o, qui ligna p(or)tavit, Christum s(i)g(nifica)bat, qui lignu(m) crucis, in q(uo) immolari p(ro) nob(is) voluit, suo corpore p(ro)prio p(or)tavit.

餅，罈內只有一把麵，瓶裏只有一點油。看哪，我去找兩根柴，帶回家為我和我兒子做餅。我們吃了，就等死吧！」（列上17：12）撒勒法寡婦手中的兩根木，由此看，是她準備烘製大餅進食後等死的薪材，此物跟十字架木巧妙地產生連結。對此，上方欄的誦經文便寫：

> 在列王記記載到，以利亞跟在田裡撿木材的寡婦說道，燒麵糊來給我吃。寡婦回答說：「看啊，我撿了兩塊木，是為了我跟我兒子燒麵糊用的。」這兩塊木，是耶穌十字架木的預表。耶穌用自己的身體扛著它[129]。

如同頌經文上所寫，撒勒法寡婦撿回來的兩根薪木"是耶穌十字架木的預表"。在『以利亞與撒勒法的寡婦』一圖中，先知以利亞右手做囑附之勢，另一手中拿著一幅字捲軸，上頭寫著：「在我眼前預備食物。」（Fac pulm(en)tum ut comedam.）孰知這正是神跡的預告，之後撒勒法寡婦家中「罈內的麵果然沒有用盡，瓶裡的油也不缺短，正如耶和華藉以利亞所說的話。」（列上17：16）進一步看，撒勒法寡婦手中的兩根薪木還有兩個含意，一是隱射「最後的晚餐」，因為她說"我們吃了，就等死吧"。一是宣告新生，因以利亞為她帶來享用不盡的食材。這跟耶穌十字架刑後復活也有互動關係。

聖弗里安《貧窮人聖經》冊頁上，文本欄位區也有3則短詩，針對冊頁3幅敘事性圖像說道：

> 「背荷為了獻祭的薪材，這個孩童預表耶穌。」（Ligna ferens, Christe, te p(rae)signat puer iste.）

> 「自己肩荷十字架木，耶穌視之為尊嚴。」（Fert c(ruci)s h(oc) lignum Christus repute(n)s s(ibi) dignu(m).）

> 「寡婦的兩根木，十字架神秘記號。」（Mystica s(un)t signa c(ruci)s h(aec) viduae duo ligna.）

129　拉丁釋文如下：In lib(ro) R(egum) le(gitur), q(uo) helias clamabat ad m(u)lierem viduam, quae ibat in ca(m)pu(m), ut ligna collig(er)et e(t) dix(it), ut pulm(en)t(um) s(ibi) faceret, q(uae) respo(n)de(n)s ait: En colligo duo ligna, ut i(n) faciam (mi)hi et filio meo pulm(en)tu(m). Duo ligna s(i)g(nifica)bant lignum crucis, quem ipse Christus in suo corpore p(ro)p(ri)o portando colligebat.

這三句詩十分工整也強而有力，依左至右為『以撒荷柴』、『背荷十字架』主圖及『以利亞與撒勒法的寡婦』3圖，做出言簡意賅的說明，包含針對《舊約》兩圖的預表含意，呼應上方頌經文所述。

在冊頁環圈外4角的先知像，為耶利米、以賽亞、所羅門等人，他們手持字捲軸，二幅以紅筆抄繕，二幅以褐筆書寫，出自後來增補。取自以賽亞及耶利米先知書卷的引句，對於耶穌背荷十字架前赴各各它，尤其動之以情：

「他像羊羔被牽到宰殺之地。」（Sic(ut) ovis ad occisione ductus est.）（以賽亞53：7）

「讓我們把木頭放他麵包上[130]。」（Mittamus lignum in panem eius.）（耶利米11：19）

「我們要陷害義人，因為他反對我們的作為[131]。」（Opprimamus virum iustum, quoniam contrarius est operibus nostris.）（智慧2：10）

「我像柔順的羊羔……。」（Ego quasi agnus mansuetus.）（耶利米11：19）

在基督神學傳統中，耶穌是勝利羔羊（the triumphant Lamb），也是犧牲羔羊（the sacrificial Lamb）。兩位先知的摘引文循此角度進行申論，且從第三人稱（以賽亞語）、第一人稱（耶利米語）兩個角度做交叉陳述，具修辭質性。〈耶利米〉跟〈智慧篇〉書卷的兩則引言，前者在早期教父就此便曾指出，先知耶利米已預見耶穌受難犧牲遭逢十字架刑的命運。（Wenthe, 2009, ACCS, 98-100）至於後者，則屬辯證式的論證法，反向敘述，藉以凸顯其觀點，並將其包藏禍心的意圖透明化。

本冊頁單元以耶穌前赴刑場，自己親自背荷十字架為視覺再現的主題。經《舊約》兩敘事圖像的集結，勾勒出聖十字架此一聖物之前的源流，新舊兩約預表關係，正烘托出此一"神秘跡象"。2則先知引言，則從耶穌是羊羔的神學象徵角度，申

130　此摘引句為後增補。在中央環圈右上方先知半身像一旁有「耶利米第11章」（JEREM(IAS) XI）褐色寫的字樣。環圈所抄內文為：「mittamus lignum in panem eius.」經查出自該書19節上，中譯為：「讓我們把木頭變成他的麵包。」（耶利米11：19）另需提〈耶利米〉此句引文，和合版及思高版中譯，跟冊頁上所抄繕武加大版內容不一。此處中譯出自筆者之手。

131　此摘引句也為後所增補。在冊頁左下先知半身像底沿寫有〈智慧篇〉的字樣（LIB(ER) SAPIEN(TIAE)）。環圈所抄內文為：「Opprimamus virum iustum, quoniam contrarius est operibus nostris.」經查為一混裝句，結合該書卷第2章第1、10、12節等的經文。中譯出自筆者之手。另，此則摘引文及上註摘引文，在維也納《貧窮人聖經》編號1198卷帙上皆留白，後亦未再補齊。

論耶穌的真實身份,正回應施洗約翰首度看到耶穌時所説的:「看哪,神的羔羊,除去世人罪孽的!」(約翰1:29)便是全冊頁為耶穌生平紀實的首要任務外,打開基督神學中犧牲與勝利的底蘊。

23 『十字架刑圖』(The Crucifixion)

圖23:『十字架刑圖』冊頁單元(左側『亞伯拉罕獻子』、右側『摩西懸掛銅蛇』)(fol. 7r, above)
© Die Stiftsbibliothek St Florian

　　本冊頁進入耶穌受難犧牲臨終的時刻,名為「耶穌的受難犧牲」(Passio domini),寫在雙環圈的中央。視覺藝術傳統則慣稱『十字架刑圖』(德:Kreuzigung Christi;英:The Crucifixion)(馬太27:35-50、馬可15:24-37、路加23:33-46、約翰19:18-28),顧名思義,對焦在耶穌十字架上犧牲的單一場景。配置於『十字架刑圖』兩側,兩幅《舊約》預表圖像,分別取材自〈創世記〉書卷的『亞伯拉罕獻子』(德:Opfer Abrahams;英:The Sacrifice of Isaac)(創22:1-13),及〈民數記〉書卷的『摩西懸掛銅蛇』(德:Mose errichtet die eherne

Schlange；英：Moses and the Brazen Serpent）（民數21：4-9），這兩幅《舊約》知名圖像，策略性地安頓在中央環圈主圖的外側，具有預表論神學交叉申論的意圖與功能。

　　冊頁環圈耶穌『十字架刑圖』，刻劃天主之子為拯救世人，犧牲受難的情景。圖像上，耶穌以傳統表現方式呈現：聖子頭戴聖十字圈，向左側垂下，上身赤裸，下身圍一布巾，四肢被釘在十字架木上向左側垂下，然雙目炯然四射。在十字架兩側對稱站在耶穌左右的，分別是母親聖母瑪利亞與愛徒約翰兩人，都流露哀慟神色；左邊是垂頭祝禱的聖母，雙手緊握，全身裹在及地的長衫中。右邊門徒約翰則以正面表現，一身兩件式袍衣及地，眉頭深鎖、目光垂地，隱忍莫大哀愁。圖像上相對特別的是，耶穌懸於十字架的載具，兩側呈弧型狀，為一原生樹幹外型，且含多個小枝節，十分獨特。這個視覺細節回應1260年前後撰就的《黃金傳奇》（Legenda aurea）一書所記載，它源自天堂伊甸園的智慧樹，後經亞當、示拔女王、所羅門王一脈相承傳到後世，成為耶穌受難的十字架木。聖弗里安冊頁主圖上面的十字架，循此為表現依據。

　　配置在環圈『十字架刑圖』左右的兩幅《舊約》圖像—『亞伯拉罕獻子』及『摩西懸掛銅蛇』，也為基督教藝術至為著名的圖像。『亞伯拉罕獻子』一圖接續前冊頁『以撒荷柴』，刻劃依天主曉諭，亞伯拉罕帶著獨子以撒上山獻祭所發生的經過。圖像上，以撒（Ysaac）、亞伯拉罕（Abraham）以及天使（Angelus）3名角色一一出場，名字抄寫在人物之側。居中長者亞伯拉罕，此時持長劍高舉在右手中，左手則緊握獨子的頭部，義無反顧地準備宰殺雙手被捆縛、蹲踞在祭台上的以撒。而左側上方角落適時現身的天使，則一手握住刀刃，右手指向亞伯拉罕令他不可造次。就此，『亞伯拉罕獻子』一圖上方的誦經文，提供讀者對圖像意義的闡釋：

　　創世記中記載到，亞伯拉罕拔劍，要宰殺以撒獻給天主時，神的使者自天而降，制止他說：不可在這孩子身上下手，不要傷害他！我現在知道你實在敬畏天主。亞伯拉罕意味天主，將自己的兒子，也便是耶穌，在十字架上獻祭給我們。這是個表示天主對世人慈愛的記號，[132]。

132　拉丁釋文如下：Leg(itur) in Gen(esi), q(uo)d c(um) Ab(ra)ham gladiu(m) extendisset, ut filiu(m) suum immolaret, ang(e)l(u)s d(omi)ni ip(sum) de celo p(ro)hibuit dice(n)s: Ne extendas manu(m) tua(m) sup(er) p(uer)um eo q(uo)d timeas d(ominu)m. Ab(ra)ham enim p(atr)em celestem significabat, q(ui) filiu(m) suu(m), s(cilicet) Christum, p(ro) nob(is) omnib(u)s in cruce immolavit, ut p(er) h(oc) n(o)b(is) signu(m) amoris innueret.

『亞伯拉罕獻子』圖像還有一個視覺元素，不應遺漏：以撒跪踞的祭台下方，一頭豎身而立的羔羊，攀爬在一株小樹上，牠的一隻羚角為叢枝所絆綁住，反身仰望的方向正是中央環圈裡十字架上的耶穌。據經書所載，天使現身制止殺子之後，「亞伯拉罕就去牽了那隻公綿羊，獻為燔祭，代替他的兒子。」（創22：13）此一細節不只交代亞伯拉罕獻祭儀式的完成，在早期教父等的解經詮釋下，則連接羔羊與耶穌，形成幾個著名預告：耶穌將如羔羊一般被犧牲宰割、以撒背荷薪材上山，是預示耶穌肩負著自己的十字架，如前則冊頁單元『以撒荷柴』所示，以及頌經文上面寫到："亞伯拉罕意味天主"，因為他義無反顧也無所眷戀地獻上以撒，而天主對人類的慈愛更是無垠浩瀚，不惜以獨生子燔祭來救贖世人，也就是"將自己的兒子，也便是耶穌，在十字架上獻祭給我們。"（Sheridan, 2002, ACCS, 106-111）此即頌經文所寫神人之間的"記號"。

　　冊頁右邊的『摩西懸掛銅蛇』一圖，主題也相當馳名，包括米開朗基羅也曾在西斯汀大教堂的拱頂上繪製相同題材的經典壁畫，聚焦在巨蟒與猶太族人的掙扎與吞噬上，而本冊頁上的表現則屬靜態式的描述：一條蟒蛇盤旋捲曲，高掛在一根叉枝木幹上，佔據畫面的左邊半幅空間，十分醒目；右邊是摩西（Moyses）跟族人一起簇擁圍觀，此圖像實刻劃摩西帶領族人出埃及後，生活困頓、民不聊生，群眾信心動搖，怨聲載道。因而「耶和華派火蛇進入百姓當中去咬他們，於是以色列中死了許多百姓。」（民數21：6）在摩西虔敬的祈求後，「耶和華對摩西說：『你要造一條火蛇，掛在杆子上。凡被咬的，一望這蛇就必存活。』」（民數21：8）因而摩西便製了一條銅蛇掛在竹竿上，讓族人仰望，以獲新生。一如圖像上方文本欄中的誦經文所闡述：

> 民數記中記載到，天主在眾人被蛇咬時，下令摩西製一銅蛇掛在木杆上，讓所有仰望銅蛇的人因而獲救。掛在木杆上的銅蛇，是被釘在十字架上耶穌的預表。凡是被蛇，亦是被魔鬼咬到的人，必須觀看他，方得以獲救[133]。

---

133 拉丁釋文如下：Cum do(minus) vellet p(o)p(u)lum, quem s(er)p(e)ntes momorderant, d(e) s(er)pen(ti)bus lib(er)are, p(rae)cep(it) Moysi, ut faceret s(er)p(e)nte(m) eneu(m) et eu(m) in ligno suspenderet ita, ut q(uicum)que illu(m) aspiceret, de s(er)p(e)ntibus lib(e)raret(ur). S(er)pens, en(im) qui susp(e)nsus intu(en)sque p(o)p(u)l(u)m lib(e)rabat, Christum in cruce susp(e)nsu(m) s(i)g(nifica)bat, q(uem) intueri debet, qui a serp(e)nte, s(cilicet) dyaboli, vult lib(er)ari.

耶穌對於《舊約》經文所知甚詳，多次引經據典。根據〈約翰福音〉記載，耶穌曾援引上述〈民數記〉說到：「摩西在曠野怎樣舉蛇，人子也必照樣被舉起來，叫一切信他的都得永生。」（約翰3：14-15）在本冊頁上『十字架刑圖』與『摩西懸掛銅蛇』兩圖的並置，因而相互輝映，由來已久。（Lienhard & Rombs, 2001, ACCS. 214-215）

在冊頁上方文本欄底部的紅字書寫3句短詩，它們對應冊頁上的3幅敘事圖，不僅概括題旨上的描述，其中一句也富預表思維，它們依序寫到：

「被父親獻祭的孩童，是耶穌的預表。」（Signa(n)te(m) Christum pue(rum) p(ate)r immolat istum.）

「從萬劫不赦的深淵，十字架上的耶穌拯救我們。」（Eruit a t(ri)sti baratro nos passio Christi.）

「被蛇咬的人，只有看銅蛇得以獲救。」（Lesi currant(ur), s(er)p(e)ntem du(m) speculantur.）

至於抄繕在中央環圈裡的4則先知字捲軸，取自於《舊約》不同的書卷及章節，也從幾個不同面向做了如下的見證：

「他們扎了我的手、我的腳。」（Federunt manus meas et pedes meos.）（詩篇22：16）

「你能用釣鉤捕捉利維坦[134]？」（Numquid capis leviathan hamo.）（約伯40：20）

「他犧牲，如他所願[135]。」（Oblatus est, quia ip(ps)e voluit.）（以賽亞53：7）

「從他手裏發出光芒。」（Cornua in manibus eius inabscondua.）（哈巴谷3：4）

134　和合本修訂版〈約伯40：20〉中譯為：「諸山為牠產出食物，百獸也在那裏遊玩。」與《貧窮人聖經》武加大拉丁版不一。內文根據後者由筆者中譯。
135　和合本修訂版〈以賽亞53：7〉中譯為「他被欺壓受苦，卻不開口。」與《貧窮人聖經》武加大拉丁版不一。筆者據後者中譯。

這4句引自《舊約》〈詩篇〉、〈約伯記〉、〈以賽亞〉、〈哈巴谷〉書卷經文，出自大衛王、以賽亞、約伯、哈巴谷等4位先知作者之口，包括有如近距離現場的微觀，與對於加害者難以得逞的評論，強調了耶穌犧牲從容受難的主動性，將不可見的可見化，細膩地做了逐步的鋪陳與開發，為冊頁單元主題之耶穌『十字架刑圖』注入莊嚴神聖性及感召色彩。尤其最後一句"從他手裏發出光芒"，如同聖樂旋律，頌揚耶穌至高無上奉獻精神，及仰之彌高的崇高性。

至於，冊頁環圈左上約伯的字捲軸"你能用釣鉤捕捉利維坦？"也十分著稱。這隻無人可匹敵的海怪巨靈，相傳是天主創造世間萬物最雄偉的動物，《舊約》中多次提及（約伯3：8、40：20、詩篇104：15-41、以賽亞27：1），在後世西方的文人騷客廣泛地引用比擬。不過此處，利維坦意則在點出天主的無所不知、無所不能，相對於世俗計謀，不自量力的愚昧及無知，無法跨越造物主完滿至高的恩典計畫。

本冊頁聚焦耶穌生平關鍵的事蹟，亦再現十字架上聖子之死。做為基督教信仰的根基，冊頁上以『十字架刑圖』開始帶入主題，搭配《舊約》『亞伯拉罕獻子』、『摩西懸掛銅蛇』兩敘事圖、4則《舊約》先知摘引文，還有5則闡釋跟說明性的文本，整體將耶穌生平事蹟提升到基督教信仰及信理面，著重精神境界的展開，聖子跟天主不可分割的親密關係上，以及跟世人重生的契機所在。此一周延完善架構，建立基督神學知識中重要的一環，也是欲以耳濡目染、時時刻刻常記在心的諄諄教誨。

24 『刺腋』（The Holy Lance）

圖24：『刺腋』冊頁單元（左側『創造夏娃』、右側『摩西擊岩出水』）（fol. 7r, below）© Die Stiftsbibliothek St Florian

　　根據《新約》福音書卷所載，耶穌在十字架上臨終時，正午陽光驟然變色，天地一片黑暗，過到3點，耶穌說：「『我渴了。』有一個盛滿了醋的罐子放在那裏，他們就拿海綿蘸滿了醋，綁在牛膝草上，送到他嘴邊。耶穌嘗了那醋，說：『成了！』就低下頭，斷了氣。」（約翰19：28-29）隨後，一位叫朗基努斯（Longinus）的羅馬士兵看到耶穌斷了氣，便「……拿槍扎他的肋旁，立刻有血和水流出來。」（約翰19：34）這一段經過，《新約》4大福音雖僅記載於〈約翰福音〉，然備受後世重視，也是本冊頁的主題。耶穌「流出聖血」（Emanacio sanguinis），書寫在冊頁中央雙環圈正上方，簡稱『刺腋』（德：Lanzenstich des Longinus；英：The Holy Lance）（約翰19：18-37）

　　針對〈約翰福音〉上面記載，聖弗里安冊頁做了細部回應。初看『刺腋』視覺圖上物件，如十字架彎曲樹幹造形、耶穌懸吊身體的姿勢、頭戴聖十字圈與上身裸裎

等細節，跟前面冊頁『十字架刑圖』並無二致，而主要的不同設計在新題材而殊異，耶穌雙目閉鎖、失去生命跡象的表現，及左右兩位羅馬士兵取代聖母與愛徒約翰。進一步看向這兩位羅馬士兵，他們一左一右持著木竿或是長矛，站姿一正一反，對稱平衡不失變化。右邊手拿木竿的士兵，他另一手拎著醋罐，背向著觀者，如經書所載，上面蘸滿了醋的牛膝草棒，是耶穌臨終前最後入口的飲物。畫面左邊則是著名的羅馬士兵朗基努斯，他正將手中的長矛對準耶穌的右肋側腋戳刺下去。

這個刺腋動作，以及所刺的所在，對於後世釋經者無比重要，而且道明教派熱內亞大主教雅各‧德‧佛拉金（Jacobus de Voragine，1228/29–1298）在撰寫《黃金傳奇》一書時，便提及朗基努斯原是一名盲人的觀點，在戳刺耶穌右肋"有血和水流出來"之後，而他的眼睛便奇蹟般地復原了，本冊頁正面回應了此一新文本，左側拿著長矛的朗基努斯雙眼是緊閉的。

冊頁『刺腋』主圖像的兩側《舊約》圖像，分為取材自〈創世記〉的『創造夏娃』（德：Erschaffung Evas；英：The Creation of Eve）（創世2：21-24），跟取自〈出埃及〉的『摩西擊岩出水』（德：Mose schlägt Wasser aus dem Felsen；英：Moses Strikes the Rock）（出埃17：1-7）兩圖，咸屬家喻戶曉的基督教藝術知名圖像，配置在『刺腋』兩旁自意義匪淺。

這兩幅《舊約》預表的圖像，線條處理頗為流暢與生動。左側『創造夏娃』一圖上，只見莊嚴聖容天主（Deus）親臨現身，一手做賜福狀，一手緊握夏娃（Eva）的手腕。夏娃神色恭謹，筆直站立一旁。亞當（Adam）對此無所知悉，兀自坐靠在一山坡地的石塊上，也是裸露呈現，墜入於沉睡中，如經書所記載：「耶和華上帝使他沉睡，他就睡了；於是取下他的一根肋骨，又在原處把肉合起來。耶和華上帝就用那人身上所取的肋骨造了一個女人。」（創世2：21-22）根據這段經文，『創造夏娃』一圖做了視覺再現。

『刺腋』主圖右側的『摩西擊岩出水』，也是描繪顯現神蹟的一幅圖像。它刻劃摩西帶領族人離開埃及後，過著居無定所、飄泊遊牧的日子，卻再次因缺水引起族人怨聲載道。摩西只得再祈求神助，天主便告諭摩西說：「你帶著以色列的幾個長老，走在百姓前面，手裏拿著你先前擊打尼羅河的杖，去吧！看哪，我要在何烈的磐石那

裏，站在你面前。你要擊打磐石，水就會從磐石流出來，給百姓喝。」（出埃17：5-6）圖像上就此段經文做了視覺轉換。頭戴祭司帽的摩西一人持杖居中而站，後是一名隨侍，兩人都僅露出上半身，因下方空間安置了6名頭戴尖頂帽的族人，以半蹲姿態呈現。摩西此時高高舉起了權杖，做擊石狀，在族人眼前倏忽間便流出滾滾神賜的泉水，解除了族人飢渴缺水的難關。

本冊頁針對耶穌生平主圖『刺腋』，跟《舊約》『創造夏娃』及『摩西擊岩出水』2圖的預表關係，在冊頁上方文本區做了必要的闡述，這兩段頌經文，先左後右，是如此寫到：

在創世記中我們讀到，天主讓亞當沉睡，從他身上取下一根肋骨來創造夏娃。沉睡中的亞當，是十字架上耶穌入眠的預表。士兵用長矛扎他的側腋，耶穌身上便流出了血與水，這是一個記號，好讓我們知道，所有聖事祭儀，都來自耶穌側腋所流出的血與水[136]。

在出埃及記中我們讀到，摩西帶領族人進到沙漠曠野後，人人飢渴交迫，摩西便用手中的杖，擊打岩石，泉水便滾滾湧出。這塊岩石，是對耶穌的預表。耶穌側腋湧出來的聖水，代表聖事祭禮中的救贖，是士兵在他胸前用長矛側腋，所扎出來的[137]。

綜括上述兩則頌經文，提供了至少兩個以上有關基督神學重要的知識。其一是再現〈約翰福音〉經文所載的『刺腋』一圖，涉入羅馬士兵朗基努斯在十字架上，針對耶穌右肋刺腋後所流出的"血與水"、"聖水"，是對基督教聖事聖禮，施洗禮與聖餐的預告。其二是耶穌有兩個新身份，一是亞當的預表，亦即「新亞當」或「亞當第二」；二是"岩石，是對於耶穌的預表"，這一共3個意義重大的聯結，將3幅敘事圖串接扣合成為一體。

---

136 拉丁釋文如下：Legit(ur) in G(enesi), q(uod) cu(m) Adam obdormisset, tulit d(omi)nus costam de la(te)re ei(us), s(cilicet) adae et formavit de ea mulierem. Adam dormie(n)s Christum in cruce dormiente(m) s(i)g(nifica)bat, de cuius la(te)re fluxit sanguis et aqua in signu(m) illius, ut intelligamus om(ni)a sac(rame)nta de la(te)re Christi effluxisse, cu(m) miles lancea latus eius apperuit.

137 拉丁釋文如下：Leg(itur) en(im), q(uo)d cu(m) Moyses p(o)p(u)lum p(er) desertum deduxisset, d(e)ficientibus ill(is) p(rae) aq(uae) penuria, Moyses c(um) virga, q(ua)m manu tenebat, silice(m) percuciebat et exieru(n)t (aquae) largissime. Silex seu lap(is) Christum s(i)g(nifica)t, q(ui) n(o)b(is) aq(u)as salutares, s(cilicet) sac(rame)nta d€ suo late(re) effudit, c(um) illud lancea militis aperiri permisit.

耶穌被認知是「新亞當」，因亞當跟夏娃在伊甸園中所犯下的原罪，是經耶穌的犧牲得以彌補的；而朗基努斯以長矛刺向耶穌的側腋，瞄準的部位特別不尋常，因為那是天主創造夏娃，從亞當身上取下肋骨的所在。因此，『刺腋』一圖與『創造夏娃』並置，便產生舉足輕重，揭示天主救恩計畫的精心安排。至於『刺腋』與『摩西擊岩出水』兩圖的連接亦然，使徒保羅乃是最早提及此一互文關係的書寫者，他於〈哥林多前書〉中寫到：摩西擊石出水，族人「所喝的是出於跟隨著他們的靈磐石；那磐石就是基督。」（哥林多前10：4）另外，耶穌遭刺腋後所流出的"血與水"與"聖水"，作為基督教聖事聖禮的預告，則不可不提基督教早期教父奧古斯丁，他是最完整將創造夏娃跟耶穌十字架上右腋流出"血與水"以及聖事聖餐禮3者合一論述的重要作者。（Haffner, 1999, 7-10; Clancy, 1997, 59-60）

接續頌經文的下方，冊頁上有3個短詩句，它們就3幅敘事圖的旨趣再度強調：

「看啊，這個女人從男人肋骨造出來的。」（Femina prima viri de costa cep(it) oriri.）

「耶穌身上流出的血，是聖潔的水。」（De Christo mu(n)da c(um) sa(n)guine p(ro)fluit unda.）

「岩石是耶穌的聖像，泉水從中滾滾流出。」（Est sac(ra)m(en)tu(m) Christi dans petra fluentum.）

此冊頁經過3圖3文鋪陳基督救恩神學面向外，中央環圈4角落，自左到右、先上後下，也集結4位《舊約》先知大衛王、以賽亞、撒迦利亞，與阿摩司等半身像，以及相傳出自他們書卷的摘引文。他們手中的字捲軸，不約而同地就主圖『刺腋』繼續吟頌強調到：

「在我的傷口，再加害一記[138]。」（Sup(er) dolorem volne(rum) meorum.）（詩篇69：26）

---

138 此句引文位於環圈左上，出自傳由大衛王所寫〈詩篇〉68章27節經文，亦今〈詩篇〉69章26節。和合本修訂版中譯為：「因為你所擊打的，他們就逼迫；你所擊傷的，他們戲說他的愁苦。」；思高版中譯：「因為他們繼續打擊你所打擊的人，他們另加苦害你所傷殘的人。」。經查拉丁文武加大版：「quoniam quem tu percussisti persecuti sunt et ut adfligerent vulneratos tuos narrabant.」後，King James版據此英譯為：「For they persecute him whom thou hast smitten; and they talk to the grief of those whom thou hast wounded.」聖弗里安冊頁該句引言與拉丁文武加大版最為接近，然字句不盡完全相同。經查維也納抄本、大英圖書館藏單印版，此摘引文與聖弗里安一致，咸為：Super dolorem vulnerum meorum (addiderunt)，本文據此版本中譯。參Schmidt (1968), Bde.III, 7r；Labriola & Smeltz (1990), 82。

「耶和華使我們眾人的罪孽都歸在他身上。」（Do(minu)s po(s)uit i(n) eo iniq(ui)tates o(mniu)m.）（以賽亞53：6）

「你兩手臂間是甚麼傷呢？」（Que sunt plage tue i(n) medio m(e)a.）（撒迦13：6）

「我要使太陽在正午落下。」（In die illa occidet in meridie sol.）（阿摩司8：9）

這4句《舊約》引言鑲嵌在『刺腋』一圖雙環圈的外框裡，是對耶穌遭刺腋、受難犧牲的幾則證詞，也開啟更多視角。當中3句摘引文類如對事件發生客觀的描述，不諱言地也具預表色彩，如先知阿摩司有關太陽的引言，原本是對以色列人的懲罰，新環境中便是耶穌十字架刑臨終時的異象。至於先知以賽亞的引文，顯而易見應從耶和華與聖子耶穌合體角度觀之。

綜括之，本冊頁細緻的刻劃耶穌在辭世之前，最後在十字架上再遭右肋戳刺的經過，做了忠實的展陳。然而『刺腋』一圖盤根錯節深入基督救恩神學的議題，則藉由《舊約》『創造夏娃』及『摩西擊岩出水』兩圖的左右共時並置，方得彰顯出一二。對於後學者而言，這是一個必要的起步與入門。耶穌為人類犧牲受難實屬天主恩典工程的計畫之一，耶穌刺腋後右肋流出的"血與水"，亦"聖水"，無疑也繼耶穌在『最後的晚餐』揭示聖餐儀禮後，更周延地重申此一神秘祭儀，再度揭示另一個上溯創世記的源頭，如此確保此一基礎性神學知識能夠完整的承傳後代。

25 『聖體入殮』（The Entombment of Christ）

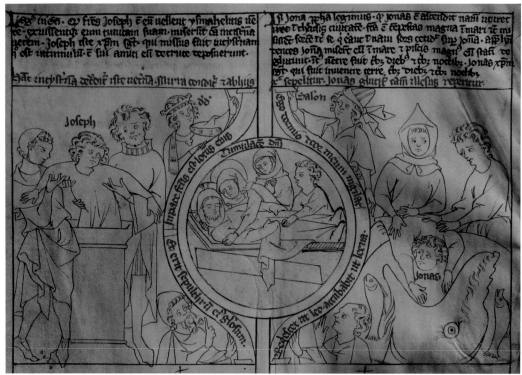

圖25：『聖體入殮』冊頁單元（左側『約瑟拋入井中』、右側『約拿拋入大海』）（fol. 7v, above）
© Die Stiftsbibliothek St Florian

　　聖弗里安本冊頁主題為「主的入殮」（Tumulac(i)o d(omi)ni），亦名『聖體入殮』（德：Grablegung Christi；英：The Entombment of Christ），刻劃聖母瑪利亞、使徒約翰及抹大拉等3人節哀抑制悲傷，為耶穌聖體入殮的經過情景。

　　據福音書所記載，耶穌斷氣前說：「我的上帝，我的上帝！為甚麼離棄我？」（馬太27：46）。頓時天地一片昏黑，聖殿的幕幔也從上到下裂為兩半。（路加23：45）四大福音接著都記載到，有一名猶太人會堂議員叫亞利馬太的約瑟（Joseph of Arimathea），（馬太27：57-58、馬可15：43、路加23：50-52、約翰19：38）向總督彼拉多央求得到安葬的許可，便「買了殮布，把耶穌卸下來，用殮布裹好，把他安放在巖石中鑿成的墳墓裡。」（馬可15：46）此時，據〈約翰福音〉所記載，曾經聆聽耶穌宣道的尼哥德慕（Nicodemus）也來了，「帶著沒藥及沉香調和的香料，約有一百

斤。他們取下了耶穌的遺體，照猶太人埋葬的習俗，用殮布和香料把他埋好。」（約翰19：39-40）各福音所載雖如上所示，但在視覺圖像上，約自12世紀起，『聖體入殮』一圖不再只限於亞利馬太的約瑟及尼哥德慕兩人[139]，包括聖母瑪利亞、使徒約翰以及抹大拉的瑪利亞等人先後出現在場景中，反映『聖體入殮』現身人的身份向『十字架刑圖』發展的走勢[140]。（Schweicher, 1970, Bd.2, 192-196）

在中央環圈『聖體入殮』的圖像中[141]，整體以一座水平棺槨做主構圖設計，與之平行的為全身裹殮布的耶穌聖體。聖母瑪利亞及一位門徒兩人一前一後，或托住聖體，或抬著雙腳，十分慎重細心地準備將耶穌聖體置入棺槨中。頭戴聖圈的聖母瑪利亞，雙眉深鎖，雙手摟住耶穌肩頸，流露哀慟神情，此細節後來在基督教圖像藝術上發展為獨立的聖殤圖（Pietà）。在她身後的是虔敬事奉主的抹大拉，交握雙手在胸前，也是滿面愁容。四大福音所提的亞利馬太的約瑟跟〈約翰福音〉寫到的尼哥德慕兩人，一人備妥殮衣、一人帶來沒藥及香料，並未現身此圖中。不過，耶穌聖體下有一塊石板，或正是那塊「塗膏禮石[142]」（Stone of unction），反映聖體入殮遵循古禮敷上香料以及膏油。

針對耶穌十字架刑後的安葬，2幅《舊約》搭配預表圖像分別取材自〈創世記〉及〈約拿書〉兩書卷，一是〈創世記〉的『約瑟拋入井中』（德：Josef wird in den Brunnen geworfen；英：Joseph is Let Down into the Well）（創37：24），另一是〈約拿書〉的『約拿拋入大海』（德：Jona wird ins Meer geworfen；英：Jonas is Cast into the Sea）（約拿1：4-17），兩圖主題皆環繞在耶穌未來復活與重生的預告上。下就此2圖先做一觀視。

---

139 有關耶穌入殮在場者，另於〈路加福音〉提及若干婦女，但未註明身份與姓名。其他二福音中較清楚寫到「有抹大拉的馬利亞和另一個馬利亞在那裏，對著墳墓坐著。」（馬太27：61）以及「抹大拉的馬利亞和約西的母親馬利亞都看見安放他的地方。」（馬可15：47）

140 1181年製作完成的『凡爾登祭壇畫』（Verdun Alter）中也有一幅『聖體入殮』，圖上聖母瑪利亞頭戴聖圈置身福音書記載的兩男士的後方，屬一過渡期表現。

141 基督教視覺圖像如於文藝復興時期，針對耶穌十字架上斷氣後，主有四種表現題材，分為：『卸下聖體』（Descent from the Cross, Deposition of Christ）、『悲悼耶穌』（Lamentation of Christ）、『聖殤』（Pieta），以及聖弗里安《貧窮人聖經》本冊頁上的『聖體入殮』。這4圖式一致對焦在耶穌十字架上交付靈魂後所發生的事上，然所強調的重點不盡相同。聖弗里安古帙，先前以3冊頁單元處理耶穌遭逮捕基於門徒猶大所出賣（『猶大的出賣』、『猶大索金』、及『猶大之吻』）；然對耶穌十字架上受難後所發生經過，聖弗里安卷帙則僅以一個單元做處理，在此稍一提及。

142 據傳於中世紀盛期進入西歐地區的「塗膏禮石」（Stone of unction），是耶穌入殮前安放身體以備塗抹香料及膏油的載具，故亦有「塗油禮石」（Stone of the Anointing）之稱。〈馬太福音〉中寫到，亞利馬太的約瑟將「大石頭滾到墓門口，然後離開。」（馬太27：60）同時提到另一段在其他福音書未見的記載，便是彼拉多應猶太祭司及法賽利人之請，下令士兵將耶穌墓穴封石妥守的經過：「他們就帶著看守的兵同去，封了石頭，將墳墓把守妥當。」（馬太27：66）封墓穴的這塊石頭，是否便是之前「滾到墓門口」的那塊？則無法確知。不過這兩塊石頭的用途，經由上述跟「塗膏禮石」的功能並不相同，這是顯見的。在視覺藝術史裡，耶穌入棺配上「塗膏禮石」最著名的畫作，當屬1438-1440年間文藝復興早期畫家弗拉·安傑利科（Fra Angelico, c.1395-1455）為佛羅倫斯聖馬可教堂祭壇座所繪製的『哀悼耶穌圖』（The Lamentation）。法國哲學家及藝術史學者G. Didi-Huberman就之跟「塗膏禮石」的關係，做了精闢與深入分析。參見Didi-Huberman（1995），96-99。

『約瑟拋入井中』一圖為再現雅各寵愛的幼兒約瑟，因兄長的嫉妒而遭到陷害，並被拋下水井的經過。在時序上，這則敘事較先前『猶大賣主』冊頁左圖『詭騙雅各』發生得更早，是在信差通知詭騙雅各有關約瑟下落前，兄長們先設計陷害約瑟之時。在圖像居中的是一口正方形的水井，約瑟半身已陷入井中，愁容滿面，一付百般不情願的樣子；約瑟左右是兩位兄輩托著他的雙腋，欲將他投入井中。好在，一位叫猶大的兄長於心不忍，剛好「有些米甸的商人從那裡經過，就把約瑟從坑裏拉上來，他們以二十塊銀子把約瑟賣給以實瑪利人，他們就把約瑟帶到埃及去了。」（創37：28）約瑟因此幸運地躲過死劫。從整體配置看，圖中兩人將約瑟投入井中的雙手動作並不直觀，看起來反倒更像是兩人欲自井中將他拉起來的姿勢。不過，就環境搭配中央環圈『聖體入殮』一圖看，仍應當理解為執行迫害的景象。一如上方文本區塊中，頌經文就這兩圖的互動關係便寫道：

> 我們在創世記中讀到，約瑟兄長將他賣給以實瑪利人時，先脫下他的外衣，再將他投入一口枯井中。約瑟是耶穌的預表。耶穌經親友將他從十字架卸下聖體後，也是放入井中，亦即棺槨中[143]。

約瑟被"投入一口枯井中"，對應耶穌被"放入棺槨中"，依上頌經文所說，即是兩圖呼應配置的主要原由之一。不過，耶穌在十字架刑身亡後入殮，而約瑟卻並未真正投入井中，即賣至埃及，兩人命運有所不一。對於早期教父而言，約瑟與耶穌的預表關係則顯而易見，像約瑟是父親雅各的愛子卻遭出賣，約瑟後來為法老王解夢，拯救了埃及的飢饉，或者約瑟被投入井前，"先脫下他的外衣"，跟耶穌審判後遭遇相同。還有約瑟賣給以實瑪利人，他們是「……從基列來，用駱駝馱著香料、乳香、沒藥，要帶下埃及去。」（創37：25）而這意表的不是猶太人，而是外邦人將正義的芬芳散播至天下。（Sheridan, 2002, ACCS, 238-240）

　　冊頁中央環圈的另一端為『約拿拋入大海』的敘事圖像，主在描繪先知約拿被拋下大海，為鯨魚吞食但卻不死的經過。在視覺圖像上，一頭捲髮的約拿（Jonas）匍伏在一個半圓形的舡版上，正被兩名同行者左右按住他的背部，準備拋入大海。畫幅下方是一頭以側面表現、張開巨口的鯨魚。約拿上半身已經幾乎遭吞噬，險象

143　拉丁釋文如下：Leg(itur) in G(e)n(esi), q(uo)d fra(tre)s Joseph c(um) eu(m) vellent ismahelitis ve(nde)re exuissentque eum tunica sua, miseru(n)t in cysterna(m) vete(re)m. Joseph iste Christum s(i)g(nifica)t, qui missus fuit in cysternam, h(oc) est in tumulum, c(um) sui amici eu(m) de cruce posuerunt.

環生，頗為生動。鯨魚左右側邊各有一尾潛泳的魚隻，暗示波濤起伏的汪洋大海。上方文本區塊的頌經文就此寫道：

> 我們在約拿書中讀到，約拿搭上了一條駛往塔利斯的船，途中暴風雨來襲，船員們抽籤，約拿抽中，便將他投入大海中，為一條大魚所吞食，在魚腹中3天3夜。約拿是耶穌的預表，耶穌也將3天3夜在大地的肚腹裡[144]。

上引這則頌經文的最後，近乎一字不漏抄錄「約拿3日3夜在大魚肚腹中，同樣，人子也要3日3夜在地裏面。」（馬太12：40）這一句出自〈馬太福音〉，而且十分特別地，這句引言是福音作者轉述耶穌所說的話。因而，頌經文中寫到的"約拿是耶穌的預表"，追溯其源頭，則由來已久，遠早於基督教早期教父解經論述，屬於預表論神學中幾個特殊案例之一。

在冊頁上方、文本區塊的底層，有一行以紅字所寫的3則短詩文，它們針對3幅敘事圖做了重點式的敘述，包含客觀描述以及鋪陳跟預告。它們從左至右如此寫道：

> 「這個人被投入井中。」（Ha(n)c in cysterna(m) det(ru)dit(ur) iste vet(er)na(m).）

> 「膏上沒藥，他們將耶穌入殮。」（Myrra condit(ur) e(t) ab his Christus sepelitur.）

> 「約拿被吞下，完好無缺被再吐出。」（Jona glutit(ur), tam(en) illesus reperitur.）

這3則短詩文分屬冊頁上3幅敘事圖：『約瑟拋入井中』、『聖體入殮』、『約拿拋入大海』的文字解說。第一則言簡意賅，如同圖像的標題；第二則補充論述，說明入殮遵循古禮；第3則引進耶穌不死，未來將復活重生，四平八穩地將3敘事圖放到適切合宜的框架脈絡中。

---

144 拉丁釋文如下：In Jona p(ro)ph(et)a legimus, q(uo)d Jonas, c(um) ascendisset navi(m), ut iret in tharsis civitate(m), f(ac)ta e(st) te(m)pestas magna i(n) mari, et cum, mississent sortem int(er) se, q(ui) erant i(n) navi, sors ce(cid)it sup(er) Jona(m); app(re)hendentes Jona(m) miser(un)t eu(m) i(n) mari e(t) piscis magn(us) eu(m) stati(m) deglutivit, i(n) c(uius) ventre fuit t(ri)b(u)s dieb(us) e(t) t(ri)b(u)s noctib(us). Jonas Christum s(i)g(nifica)t, qui fuit in ventre terrae t(ri)b(u)s diebus e(t) t(ri)b(u)s noctib(u)s.

最後，冊頁環圈外角落四處，4位《舊約》的先知分別是大衛王（David）、以賽亞、所羅門（Salomon），以及雅各的半身像。不過，他們在視覺外觀上不具個人化特徵，非傳統肖像類型而屬象徵性指涉，以見證人姿態露出。他們的證詞寫在手中的字捲軸之上：

「他處安居之所[145]。」（In pace f(a)c(t)us est locus eius.）（詩篇76：3）

「他歇息之聖墓所，大有榮耀[146]。」（Et erit sepulchru(m) ei(us) glo(rio)sum.）（以賽亞11：10）

「我身躺臥，我心卻醒。」（Ego dormio (et) cor meum vigilat.）（雅歌5：2）

「他蹲伏，他躺臥，如公獅，又如母獅。」（Req(ui)escet ut leo accubabit ut leena.）（創世49：9）

這4則《舊約》的摘引文，循去/再脈絡化的程序，勾勒耶穌做為救世主的特質及能量。出自〈詩篇〉及〈以賽亞〉啟始的兩句經文，涉入天主居所與耶穌聖墓的合一，為萬眾歸心所在，且帶來永世榮耀。後面兩句摘引文，前者為一讚詞，意表耶穌聖體跟教會永恆不渝的關係，或如教父亞力山大的區利羅（Cyril of Alexandria, c.375-444）從預表論的角度說，耶穌雖為了人類被釘在十字架上，但心是醒的，因為如天主一般，足戰勝冥府黑帝斯（Wright, & Oden, 2005, ACCS, 344）。至於〈創世記〉的引言，原為雅各對四子猶大所做的預告，在此則針對萬王之王—耶穌—無所不能的刻劃。

聖弗里安本冊頁以耶穌『聖體入殮』開講，經『約瑟拋入井中』及『約拿拋入大海』兩預表敘事圖史脈渠道上的支援，以及多則文本的勾勒與襯托下，為耶穌聖體入殮此一生平事蹟，開啟一幅莊嚴神聖的應許與告誡圖。前冊頁『刺腋』上，《舊約》『摩西擊岩出水』的短詩句，曾寫"岩石是耶穌的聖像，泉水從中滾滾流出"，以耶穌做岩石外，岩石也是教會的象徵。不過本則單元並未就此進一步發揚或闡說。

---

145 此句摘引文和合版中譯：「在撒冷有他的住處，在錫安有他的居所。」思高版中譯：「他在撒冷支搭了自己的帳幕，他在熙雍建豎了自己的住處。」與武加大版原文不盡相同。內文循字捲軸抄錄武加大版75章3節，由筆者自譯。
146 此句和合中譯：「他安歇之所大有榮耀。」思高中譯：「他駐節之地，將是輝煌的。」字捲軸中SEPULCHRU(M)，有墓、墓穴、墳塚之意，中譯版本未露出，筆者循字捲軸稍增字句翻譯，以助理解。

相反的，冊頁整體訴求從預表方面著手，約瑟拋入井、約拿入魚口，皆一一復生，亦足證耶穌入殮後的復活之必然。先知們的引言進一步強化天主與耶穌超越世俗，擁有榮耀，以及是萬能的，共同為本冊頁聖體安葬入殮原本傷慟哀悼的氛圍，一如在主圖中聖母瑪利亞及使徒約翰所示，進一步帶來轉圜與昇華的契機。

26 『下煉獄』（Christ Descended into Limbo）

圖26：『下煉獄』冊頁單元（左側『大衛與歌利亞』、右側『參孫撕裂幼獅』）（fol. 7v, below）
© Die Stiftsbibliothek St Florian

　　循古禮入殮聖體後，耶穌在復活升天前曾下到煉獄宣教，並拯救人類始祖亞當、夏娃以及古代聖賢，這是本冊頁單元主題，如環圈正上方所寫「下降地獄」（Spoliacio inferni），亦名『下煉獄』（德：Christus in der Vorhölle；英：Christ Descends into Limbo, the Harrowing of Hell）。（彼得前3：18-22、4：6）兩幅《舊約》配置敘事圖分為左圖『大衛與歌利亞』（德：David tötet Goliat；英：David cuts off the Head of Goliath）（撒上17：49-51），以及右圖『參孫撕裂幼

獅』（德：Simsons Kampf mit dem Löwen；英：Samson kills the Lion）（士師14：5-6），共同闡述耶穌基督戰勝死亡、進入冥界、來去自如，與無所不能的力量。

耶穌下到煉獄的這段經過，並未載入正典《新約》福音中。然在〈彼得前書〉提及耶穌雖然肉身死去，但在靈裡他是活的：「他藉這靈也曾去向那些在監獄裏的靈傳道，就是那些從前在挪亞預備方舟、神容忍等待的時候不信從的人。」（彼得前3：19-20）〈彼得前書〉且在下一章第6節上接著繼續寫：「為此，死人也曾有福音傳給他們，要使他們的肉體按著人受審判，他們的靈卻靠神活著。」另外，〈以弗所書〉4章9節上也有一段提及耶穌曾經下去的經過，因而在拼組橋接概念下，再加上4世紀中葉完成的次經《尼哥底母福音》（Gospel of Nicodemus）進一步的刻劃，至遲約在中世紀盛期，跟耶穌下煉獄相關的情節得到確立。

在『下煉獄』冊頁單元主圖上，耶穌自左進入畫面，一手持十字權杖，上頭飄揚勝利旌旗，另一手牽住墮入原罪的人類始祖－亞當與夏娃，將他們從地獄拱門領出的情景。亞當與夏娃兩人一前一後皆以裸體呈現，意味耶穌降臨，他們便除原罪，不再感到羞恥。前景右側坐著冥神黑帝斯（Hades）手下一名獄卒，咧嘴猙獰、尖鼻、獸足爪，體態龐大，臂膀勾著一根筆直的長竿茅，交叉在前，露出一截尾巴，象徵耶穌戰勝惡魔，無窒礙地出入冥界的神力。整個畫幅以十字權杖、獄卒長茅，兩條筆直線劃分3區塊，有條不紊，頗為生動。尤其獄卒長茅與地獄門的左沿交疊為一，透露靈活運用線條的手法。

本冊頁主圖『下煉獄』刻劃聖子耶穌進出地獄冥府、戰勝死亡惡魔，以及救贖人類始祖跟《舊約》古代先人等，共3個面向的能力，部分出自『下煉獄』圖的本身，部分則來自冊頁上其他圖文的烘托及並置。

本冊頁兩幅預表圖像揀選自《舊約》〈撒母耳〉及〈士師記〉書卷，圖左出自前者，為著名的『大衛與歌利亞』，描繪大衛（David）年少時，以一位牧羊童的身份神勇潰擊非利士大力士歌利亞（Golias）的英雄事蹟。該圖像上，大力士歌利亞採坐姿表現，身上軍戎裝備一應俱全：肩扛盾牌、頭戴挑高盔帽，額前有兩球狀飾物，雙手也戴著護套，尤其膝蓋穿戴兩片護膝甲上鑲飾花瓣，英姿勃勃，十分神氣。不過，現在他劍鞘裡的長劍卻被大衛緊握手中，大刀一揮，正向歌利亞的項頸砍去。如經書所寫：「大衛跑去，站在那非利士人身旁，把他的刀從鞘中拔出來，殺死他，用刀

割下他的頭。」(撒上17：51)畫面上，大衛穿著一身樸素：短衫及膝，腰上綁一個石子袋，雙腳並非"站在非利士人身旁"，而是雙腳一前一後分別踏踩在歌利亞的左右腳上，細緻勾勒了這件充滿傳奇色彩的事件。

圖右取自〈士師記〉書卷的『參孫撕裂幼獅』，刻劃也饒富趣味。參孫(Sampson)是天主從他出生後便極其眷顧的一名士師，擁有莫大無比的力量，神出鬼沒地拯救以色列的百姓。聖弗里安本單元右側的敘事圖，即勾勒參孫隻手撕裂一頭幼獅的著名經過。如經書所載：「參孫跟他父母下亭拿去，他們到了亭拿的葡萄園。看哪，有一隻少壯獅子對著他吼叫。耶和華的靈大大感動參孫，他就手無寸鐵撕裂獅子，如撕裂小山羊一樣。」(士師14：5-6)冊頁圖上，年輕的參孫力大無窮，一腳著地、一腳跨坐在巨獅身上，徒手便將巨獅露出利齒的嘴巴扳了開來。參孫赤手空拳、猛勇無比的神力，特別反映在他怒髮衝冠三千髮絲上，左右各3綹中分的捲髮，飄飄然揚起，威猛凜然，而他的頭髮正是天主賦予參孫的神力所在。

本冊頁上3幅敘事圖像的文本跨新、舊兩約，出自預表論神學而意義相連。針對兩幅《舊約》圖像跟中央環圈『下煉獄』一圖的互動關係，冊頁上方文本區的兩則頌經文已清楚交待，它們依序寫到：

> 我們在撒母耳中讀到，一名叫歌利亞的雜種，口出惡言漫罵以色列軍伍。大衛跳出來擊殺他，拔了他鞘中的刀，砍下他的頭。大衛是耶穌的預表，用他的刀割下他的頭，潰擊魔鬼的，正是耶穌基督[147]。

> 我們在士師記中讀到，參孫到亭拿去，遇到一隻兇猛咆哮的幼獅，天主的靈降在他身上，便將那頭幼獅如小山羊般撕裂開來。參孫撕裂幼獅，意表耶穌潰擊魔鬼，耶穌這樣便解放了上帝選民，救贖了他們[148]。

耶穌的靈進入煉獄，意表"潰擊魔鬼"，他的無所不能。這是上2則頌經文不約而同強調的重點。大衛用歌利亞的刀，斬砍他的首級；參孫赤手空拳撕開幼獅，兩位《舊

147　拉丁釋文如下：Legit(ur) in primo lib(ro) regu(m), q(uod) cu(m) vir spuri(us) Golyas no(mi)ne exp(ro)brar(e)t) Agmin(i)bus isr(ahe)lis ven(it) David in occ(a)su(m) euis et stra(vit) eu(m) cap(ut)que ei(us) gladio amputa(vit). P(ro) David int(ellegi) tur Christus, p(ro) Golya dya(bolus) qui dum ante spe gre Christi fid(e)libus exp(ro)brar(et). Incarnatus Christus et pass(io) eadem dyabolus st(ra)vit et gladior(um) sui ips(ius) caput et pot(e)nciam amputavit.
148　拉丁釋文如下：Legit(ur) in lib(ro) Judicu(m), quod cum Sampson occurrisset leo saevus et rugiens. irruit in eum Spiritus(que) dilaceratum occidit. P(ro) Sampson(em) intellegitur Christus p(ro) leonem Thannata accipit(ur). Q(uod) d(um) ante incarnationem Christi tang leo rugiens ccunz et qurens que duorant(?) veniens in carne doninus ipsum dilacerant et in frust(ra) eduxit.

約》英雄超凡神力，是耶穌的預表，也是對耶穌復活下煉獄的預告。在〈約翰福音〉書卷中曾寫道：「死者要聽見天主子的聲音，凡聽從的，就必生存。」（約翰5：25）下探冥界的耶穌，其最終目的在於拯救"上帝選民"；惟聽從聖子聲音的，死後得以永生。

在冊頁頌經文的底層有一行橫向紅字書寫的3短詩句，它們以言簡意賅的方式為冊頁3幅敘事圖像做了評論。不過，有別於先前的冊頁將話語對象集中在耶穌一人身上，強而有力，且延續頌經文中預表的思維：

「基督！擊斃歌利亞者預告了你。」（Signans te Christe, golyam cont(er) it iste.）

「基督！你潰擊從前逆行者。」（Cont(er)is antique(u)m, tu Christe pot(e) ns, inimic(um).）

「耶穌意表參孫；魔鬼是獅子。」（Sampson te Christe, sathana(m) leo d(e)notat iste.）

擲地有聲地為冊頁主圖耶穌『下煉獄』做了最佳註腳。

本冊頁中央環圈外側揀選的4位《舊約》先知，跟摘引自他們書卷的經文，採見證者的角度言說。依順序先左後右，先上至下，他們分別是大衛王、撒迦利亞、何西阿及雅各等4人，他們手中字捲軸上的引文，取自〈詩篇〉、〈撒迦利亞〉、〈何西亞〉、〈創世記〉等4書卷如下依序寫道：

「因他打破了銅門，砍斷了鐵閂。」（Co(n)tuit p(or)tas ereas (et) vec (⋯⋯) fer(⋯⋯)）（詩篇107：16）

「我因與你立約的血。」（Tu michi sangui(n)em testamenti edu.）（撒迦9：11）

「死亡！我致你於死。」（O mors, ero mors tua mort(us) tuus.）（何西阿13：14）

「我兒，你獵取食物而長大。」（Ad p(rae)dam fili michi descendisti.）（創世記49：9）

這4則取自《舊約》書卷的先知摘引文，聚焦在耶穌下煉獄戰勝魔鬼、戰勝死亡以及拯救亡靈上。句句勢如破竹，勾勒耶穌直搗煉獄無可抵擋的磅礴氣勢。一如稍早〈詩篇〉所寫：「他從黑暗中、從死蔭裏領他們出來，扯斷他們的捆綁。」（詩篇107：14）一般，所有"銅門"、"鐵門"，一一裂解。先知撒迦利亞的摘引句[149]，則強調神人間的盟約關係，惟僅上帝選民得以獲得救贖。何西阿的引言言簡意賅，勾勒耶穌超越死界，超凡的神力上。環圈左下最後一句引言，則是雅各臨終前賜與兒子猶大的遺言，也跟上面摘引文一般，經再脈絡化後，橋接到耶穌身上，因雅各便繼續說：「我兒啊，你捕獲了獵物就上去。他蹲伏，他躺臥，如公獅，又如母獅，誰敢惹他呢？權杖必不離猶大。」（創世記49：9-10）強調亞伯拉罕一脈相承的威權及系譜由來，以及預表論落實應驗在耶穌基督身上。

本單元『下煉獄』講述耶穌入殮之後，復活之前，下到煉獄拯救眾生的經過。兩幅《舊約》敘事圖像的集結，彰顯耶穌下冥界戰勝魔鬼的勝利，以及有關救贖神學的底蘊。3短詩句以耶穌中心論出發，將大衛與參孫英勇事蹟等行徑，迴映在耶穌身上；及至最後，4位先知攜4則引言翩然而降，再度添增耶穌征服死亡及拯救亡靈盟約所顯示出的大能，為此做了完滿的鋪陳，並透過振奮人心的勾勒娓娓道來，讓後世刻骨銘心永不忘懷。

七、耶穌復活升天8則敘事圖像

繼耶穌經歷受難犧牲後，聖弗里安《貧窮人聖經》古帙進入到尾聲；針對耶穌最後的復活與升天，計收錄8則敘事單元，分別是：『耶穌復活圖』、『三位瑪利亞參拜聖墓』、『勿觸碰我』、『向門徒顯現』、『疑惑的多瑪』、『耶穌升天圖』、『聖靈降臨』、『聖母之死』等。從文本角度上看，除最後一則『聖母之死』之外，餘取材自《新約》4福音書材料，反映經書記載為視覺圖像主要的依歸。

『聖母之死』冊頁做為全古帙的收尾單元，有其編纂上的考量。計含34則耶穌生平圖像的聖弗里安古帙，自天使向瑪利亞報佳音揭開序幕，一路娓娓道來，最後重返聖母主題，以『聖母之死』單元來做結尾，形成前呼後應，完滿的一個環圈。15世紀後，收錄40則耶穌生平事蹟的《貧窮人聖經》書冊中，新增單元之一為

149　該兩句完整經文為：「錫安哪，我因與你立約的血，要從無水坑裏釋放你中間被囚的人。」（撒迦9：11）以及「我必救贖他們脫離陰間，救贖他們脫離死亡。死亡啊，你的災害在哪裏？陰間哪，你的毀滅在哪裏？憐憫必從我眼前消逝。」（何西亞13：14）提出供參。

『聖母封冠圖』（Coronation of the Virgin）敘事，再次透露聖母瑪利亞在基督教史自3世紀後不可動搖的地位。下面本章按卷帙的排序，介述最後耶穌復活升天前的行蹤[150]。

27、『耶穌復活圖』（Resurrection）

圖27：『耶穌復活圖』冊頁單元（左側『參孫肩扛迦薩城門』，右側『約拿從鯨腹吐出』）（fol. 8r, above）
© Die Stiftsbibliothek St Florian

本冊頁主題為耶穌十字架刑入殮後第三天的復活。循慣例，以下從環圈主圖像及左右兩幅《舊約》預表圖像啟始閱讀。

在中央環圈內主敘事圖『耶穌復活圖』（德：Auferstehung des Herrn；英：Resurrection），如「復活」（Resurreccio）一字書寫於正上方，（馬太28：1-10、

馬可16：1-8、路加24：1-9、約翰20：1-10）集結兩幅《舊約》敘事性的預表圖像於左右，分別擷自《舊約》〈士師記〉書卷的左圖『參孫肩扛迦薩城門』（德：Simson mit den Toren von Gaza；英：Samson tears down the Gates of Gaza）（士師16：2-3），及右側〈約拿書〉卷的『約拿從鯨腹吐出』（德：Jona wird vom Walfisch ausgespien；英：Jonas is released from the Whale）（約拿2：10）。這兩幅敘事圖上的物件都不多，所刻劃的主人翁參孫跟約拿外觀造形為焦點所在，表現生動鮮活，直接間接與復活主題有關。

中央環圈的『耶穌復活圖』勾勒耶穌入殮安葬第3天，自棺槨中大步邁出的景象，意表戰勝死亡，神子的身份。莊嚴凜然以筆直正面勾繪的耶穌，頭戴聖十字圈，一如猶在世時，對稱地伸開雙手做賜福眾生狀；亦如前面單元『下煉獄』圖中所示，手持一面「勝利十字架旌旗」（triumphal cross，Crux longa）緊握在左手中。他一腳在內，一腳跨出棺槨的表現，是約自13世紀中葉以來，已進入基督教的視覺圖像中，凸顯時間性，強調耶穌復活的片刻。在畫幅前景下方以及棺槨左側後方，各有一名守墓士兵昏睡的模樣，他們對於耶穌的復活渾然無所知，反映復活本身奧妙的神聖色彩。此外在左側的棺槨裡還有一塊被扳開筆直豎立的棺槨板，這是神界天使降臨的傑作，如經書所載：「因為有主的一個使者從天上下來，把石頭滾開。」（馬太28：2）而在本冊頁『耶穌復活圖』中，則是以棺槨板替代巨石做處理；但在冊頁文本區底層的短詩文所寫，則仍舊以福音記載為準：「耶穌推開巨石，從深鎖墓穴中走出。」（Que(m) saxu(m) tex(it) ingens tumulu(m) Jeusus exit.）

位在冊頁左側的『參孫肩扛迦薩城門』一圖中，長髮披肩、年輕俊秀的人物是《舊約》大力士參孫。在前冊頁耶穌『下煉獄』單元上，曾對參孫徒手撕裂幼獅做了栩栩如生的處理。在這一則單元中，聚焦其生平另一段亡命的神奇事蹟上。冊頁上，參孫一人在左，體姿壯碩魁梧高大，他的肩上扛著兩扇鑲有鐵片的門板，以雙手托住，於月夜黑風中奮勇闖關，一股腦地逃離了迦薩城。正如經書上記載：「參孫睡到半夜，在半夜起來，抓住城門的門扇和兩個門框，把它們和門閂一起拆下來，扛在肩上，抬到希伯崙前面的山頂上。」（士師16：3）原來這一回，參孫再遭宿敵非利士人團團圍住，欲除之為快，如他們說：「等到天一亮我們就殺他。」（士師16：2）參孫因此而漏夜逃亡，躲過了一劫。

冊頁上除了主角參孫外，細緻地還安排兩個場景物件做空間交待。一是在中景的一座城牆高樓上，一位披甲、手持大刀與盾牌的非利士士兵藏匿於其中，可說是以側面交待參孫遭捕殺的險惡處境；二是一座踞齒雙層城垛的刻劃，置於參孫腳邊，暗示不費吹灰之力，躍牆逃離的情景。一身力大無窮的參孫擁有的神賜力量，係出自他的頭髮，因此圖像刻劃參孫的捲髮隨風飄逸於兩肩。而參孫下半身衣袍及膝岔開處，露出孔武有力、粗獷結實的腿，也表現其力大無窮拯，救族人的英姿。上方文本區底層3短詩句起首的第1句寫道：「為眾人所包圍，參孫扛著城門脫身而去。」（Obsessus turbis Sampson valvas tulit Urb(is).）將圖像旨趣做完整的揭示。

　　設在『耶穌復活圖』右側並置的第3幅敘事圖『約拿從鯨腹吐出』十分著名，描繪約拿受命於天主前往尼尼微傳道，卻違反旨諭登船遠走他鄉，不幸遭到暴風雨襲擊，被同行人將他拋下大海餵食鯨魚的經過。約拿經3天3夜向神求救懺悔，終獲得寬恕：「耶和華吩咐那魚，魚就把約拿吐在陸地上。」（約拿2：10）出自《舊約》〈約拿書〉卷的這段經過，早在基督教古羅馬地下墓穴的壁畫上已受到歡迎。冊頁上圖像，一條巨型鯨魚張口朝上露出上半個頭部，右上一株橡樹以及一身裸露的約拿，跨坐在鯨魚張口的大嘴上來做視覺表現。側身騎站在鯨魚上的約拿，造形處理相當別緻：一手輕觸鯨魚嘴尖，一手伸到象徵復活的茂密橡樹樹幹前，頸部略向左仰，身體軀幹筆直、雙腿呈曲坐姿態，線條流暢，饒具細緻變化，特別是頸部左傾，跟橡樹頂端搖曳偏左的枝葉與樹幹蜿蜒而下兩相呼應，處理不俗。除此之外，在表現鯨魚頭部特寫張開大口向上的揚升動作，同時勾勒了髭嘴與眼旁皺摺，擬人化地表現也頗生動，「這是意表耶穌從墓穴中的復活。」（D(e) tumulo Christe surge(n)te(m) deno(ta)t iste.）一如上方文本區短詩句，就『約拿從鯨腹吐出』一圖所做預表論的闡揚。

　　從上面3幅敘事圖像勾勒知悉，參孫、耶穌基督與約拿3人的生平並排出列，顯見是跟本冊頁復活主題有關。對此，上方文本區的兩段頌經文，如此敘述：

　　　士師記中記載到，參孫半夜醒來，從天使賜予的力量，拆下兩扇銅門，一肩扛

　　　起離開了城堡。參孫是耶穌的預表，耶穌在三天後夜裡起來，推開墓穴巨石，

　　　離開棺槨復活了[151]。

151　拉丁釋文如下：Leg(itur) de Samsone i(n) li(bro) iudicum, q(uo)d ip(s)e media nocte surrexit p(or)tasque civitatis (ereas) ambas sua fortitude(n)e deiecit et ext(ra) civitatem secu(m) detulit. Sampson Christum s(i)g(nifica)t, q(ui) media nocte de sepulc(hro) resurgens portasque sepulc(hri), h(oc) est lapidem, qu(em) ipse de sepulc(hro) eiecit e(t) liber inde exivit.

在約拿書卷中記載到，約拿在鯨魚腹中三天三夜之後，被吐出到陸地。約拿是耶穌的預表，三天三夜耶穌也復活了[152]。

冊頁上面兩則頌經文都提到，也援引基督教預表論的神學概念；不過在結構上它們未必可劃上等號。當中，『耶穌復活圖』與其右側《舊約》的原型，亦『約拿從鯨腹吐出』一圖，兩者呼應互動關係，誠如《新約》〈馬太福音〉所記載：「約拿三日三夜在大魚肚腹中，同樣，人子也要三日三夜在地裏面[153]。」（馬太12：40）出自耶穌之口，經〈馬太福音〉來轉述。兩者預表論神學形式工整也嚴謹。而『耶穌復活圖』與其左側的『參孫肩扛迦薩城門』的銜接及並置，從預表論相對客觀上看則偏弱，因參孫漏夜拆下城門逃離非利士人的魔爪，只是在鬼門關前走一遭而並不曾喪失性命，因此復活條件不成立。

就此，6世紀末教宗聖額我略一世（Pope Saint Gregory I, 任期590-604）便周延地提出兩個要點，一是參孫"拆下兩扇銅門，一肩扛起"脫困而出，這跟耶穌"推開墓穴巨石"同具神秘的類比性；二是參孫扛著城門一路來到希伯崙的山頂，意表耶穌的升天，植基於非利士人圍困參孫的迦薩城為罪惡淵藪之地，它若不意表地獄，還有什麼其他的含意呢？聖額我略一世如此說道[154]。因而，『參孫肩扛迦薩城門』一圖構成為『耶穌復活圖』的預表含意，建立在參孫徒手拆下城門無比的神力，跟耶穌輕鬆地移開墓穴棺槨巨石反差的對比上，以及參孫登上峰頂預告耶穌的升天。經此解碼，《舊約》參孫及先知約拿兩英雄生平的特定事蹟圖，置放『耶穌復活圖』左右，產生跨時空與預表論神學的訊息，凸顯耶穌十字架刑三天之後復活的必然。

除了3幅預表論圖像的展開外，冊頁上編排在中央環圈外側的4位見證人，亦為《舊約》知名的先知半身像，從左上、左下、右上、右下排列，分為大衛王、小先知何西阿、以色列先祖之一雅各，以及小先知西番雅等人。他們手中各持一幅字捲軸，上

---

152 拉丁釋文如下：Legitur De Jona p(ro)ph(et)a li(bro), q(uo)d cu(m) fuisset in pisce t(ri)bus dieb(us) e(t) t(ri)bus noctibus, piscis eu(m) exspuit sup(er) aridum. Jonas, qui post tres dies de pisce exivit, Christum nob(is) s(i)g(nificabat, qui post tres dies de sepulchro resurrexit.

153 此段經過僅載於〈馬太福音〉中。〈路加福音〉作者也略涉入寫道：「當眾人越來越擁擠的時候，耶穌說：『這世代是一個邪惡的世代。』他們求看神蹟，除了約拿的神蹟以外，再沒有神蹟給他們看了。約拿怎樣為尼尼微人成了神蹟，人子也要照樣為這世代的人成為神蹟。」（路加11：29-30）此提出供參。

154 此段參孫跟耶穌預表論神學的闡述，參見《跟聖額我略一世一同閱讀福音書：講道篇21-26》（Reading the Gospels with Gregory the Great: Homilies on the Gospels, 21-26）一書第21篇講道篇中所載，參該書頁15-16、29-36。其他早期教父就此的其他釋經，參見Franke（2005），ACCS, 157-158。

面抄繕的據傳是由他們所撰寫的〈詩篇〉、〈何西阿書〉、〈創世記〉、〈西番雅〉等的經文，有如見證詞分別說道：

「主像世人睡醒。」（Excitatus est ta(m)q(uam) dormiens d(omi)nus.）（詩篇78：65）

「第三天他必使我們興起。」（In die tercia suscitabit nos (……)）（何西阿6：3）

「猶大是個小獅子，我兒啊！」(Catulus leonis iuda filius m(eu)s .)（創世紀49：9）

「待我復活，列邦一一群聚[155]。」（In die resurrecc(i)onis mee c(on) gregabo ge(n)tes.）（西番雅3：8）

這4句引自《舊約》書卷的文本，本身不具預表論神學上的指涉，而主要是聚焦在耶穌復活，包含幾個基督神學的補述及闡明。其一是〈詩篇〉的引言，從睡眠中醒來，意表歷經十字架刑後，耶穌雖然入土，但並未死去，只是「氣斷了」，如福音所載，或一如耶穌救活拉撒路，顯神蹟時，稍早也說的：「我們的朋友拉撒路睡了，我去叫醒他。」（約翰11：11）其二是何西阿與西番雅兩位小先知的引文：“第三天他必使我們興起”與“待我復活，列邦一一群聚”，則是針對耶穌入殮三天後復活，及對未來應許榮景及美好世界藍圖的勾勒。最後，摘引自〈創世記〉雅各的引文：“猶大是隻小獅子，我兒啊！”則含正名、系譜梳爬之意。因在雅各後代以色列12族群之中，蒙受恩典的是四子猶大，後經耶西、大衛王、所羅門，及至瑪利亞聖靈受孕產下主耶穌基督，一脈相承，薪傳不墜。不過早期教父也提醒到，雅各這句賜福的話，帶有針對未來彌賽亞預表之意。（Sheridan, 2002, ACCS, 325）

　　本冊頁宣講耶穌聖體入殮三天後復活的情景，藉由左右並置《舊約》兩幅圖像以及2頌經文、4先知摘引文的鋪陳，總計有3個序列、3層意義循序漸進的展開，且從不同向度直接或間接來闡述耶穌生平事蹟這幅『耶穌復活圖』。基於「復活」對

155　小先知西番雅此句字捲軸引言出自〈西番雅書〉3章8節，和合版中譯：「你們要等候我，直到我興起作證的日子；因為我已定意招聚列邦，聚集列國。」思高版中譯：「你們等待我——上主的斷語——等到我起來作證的一天，因為我已決定聚集萬民，召集列國。」（索福尼亞3：8）此二中譯版本，與聖弗里安卷帙據武加大版抄繕內文不一，此句引言為筆者循後者中譯，特做註記。

於基督教有著無比重大的意義，為基本教義也是信理教條之一，特別是跟耶穌再臨讓信徒死後復活的關係密不可分，故全冊頁圖文單元齊心協力，共襄盛舉，發揚讚頌耶穌戰勝死亡、宣講基督復活的必然。誠如先知所言，"他必使我們興起"，進而開啟生命深刻的意義，與對未來的憧憬及無限希望。

28、『三位瑪利亞參拜聖墓』（Three Marys at the Tomb）

圖28：『三位瑪利亞參拜聖墓』冊頁單元（左側『呂便覓尋約瑟』，右側『覓新郎』）(fol. 8r, below)
© Die Stiftsbibliothek St Florian

　　根據《新約》4福音記載，耶穌入殮安葬後的第七天，有數名婦女前往參拜聖墓，未料人去墓空，僅見一白衣人。（馬太28：1-10；馬可16：1-8；路加24：1-10；約翰20：1-10）這段出自4福音的敘事，具正典色彩，為有關耶穌復活事蹟中，最古老的視覺題材，也是聖弗里安本冊頁單元主題，如「參拜聖墓」（Visitatio sepulchri）寫在環圈上，或如視覺藝術史上通稱為『三位瑪利亞參拜聖墓』（德：Drei Marian am Grab Christi；英：Three Marys at the Tomb）。

冊頁中央環圈主圖的兩側，布設2幅《舊約》敘事圖，左為取自〈創世記〉的『呂便覓尋約瑟』（德：Ruben Sucht Josef；英：Reuben Looking for Joseph）（創42：21-22）；右為出自〈雅歌〉一書的『覓新郎』（德：Braut Sucht den Braeutigam；英：The Bride looking for the Bridegroom）（雅歌3：3），冊頁上這3幅跨兩約的敘事圖，側面勾勒耶穌的復活，而重點則放在對主耶穌的尋尋覓覓與追思緬懷的主題上。

　　根據福音書所繪的『三位瑪利亞參拜聖墓』一圖，記述耶穌入殮第一個安息日後的第一天，三位耶穌身邊虔誠恭敬的婦女[156]，相約帶著香膏祭品前往參拜聖墓，為耶穌依循古禮施抹膏油的經過。但她們來到聖墓，卻見墓穴已開，如經書所載，她們「抬頭一看，看見石頭已經滾開了，原來那石頭很大。她們進了墳墓，看見一個年輕人坐在右邊，穿著白袍，就很驚奇。」（馬可16：4-5）這是冊頁圖像捕捉刻劃的情景。

　　在視覺表現上，畫幅運用水平置放的聖墓為居中主物件，劃分前後兩個場景。3名婦女集中站在棺槨的左側後方，全身裹在袍衣袍罩裡，僅留下上半身。兩人手捧備妥的油膏罐，神色凝重，面帶愁容，但頭上一律未配備聖光圈。唯一頭戴聖圈的是坐在棺槨上，且蹬翹著右腳搭在左腿上，身著一襲長袍衣姣美展翅的天使，十分醒目。他一手指向空棺，同時伸出左手向她們說：「不要驚慌！你們尋找那釘十字架的拿撒勒人耶穌，他已經復活了，不在這裏，請看安放他的地方。」（馬可16：6）確實畫面中的聖墓棺蓋業已移開，僅露出棺槨邊沿一角下垂的袍衣，示意人去墓空耶穌的復活。這也是冊頁訊息傳達的旨趣所在，一如上方文本區的短詩句所寫：「主！你復活，靈驗天使的話。」（Q(uo)d vivas, Christe, c(er)tu(m) docet angel(u)s iste .）

　　『三位瑪利亞參拜聖墓』一圖，如上述，為耶穌復活事蹟中最古老的視覺題材。冊頁上畫面一分為二，人神兩界出場人次比為3：1，天使採坐姿跟翹足動作，還有身後飄舉碩大的羽翼等，皆是傳統圖像中既定的組件。（Baert, 2006）不過繼續閱讀冊頁配置的其他圖文單元，則顯示耶穌人去墓空復活的主要訊息，仍在四處尋找耶穌的門徒身上。

156　四大福音對於參拜聖墓的人次跟所列名字不同一。〈約翰福音〉僅提及多位瑪利亞；（約翰20：1），〈馬太福音〉寫到是抹大拉的瑪利亞跟其他的瑪利亞；（馬太28：10）〈路加福音〉載明計為抹大拉的馬利亞、約亞拿、雅各的母親馬利亞跟其他婦女；（路加24：10）〈馬可福音〉則稱是抹大拉的瑪利亞、雅各的母親馬利亞，和撒羅默（Salome）三婦人。（馬可16：1）不過後世咸主張，聖母瑪利亞也一同前往。6世紀教宗額我略一世是將參墓婦人訂為3名瑪利亞主要推手。參見Bobbi Dykema（2012），258。

搭配耶穌主圖的兩幅《舊約》圖像，左為『呂便覓尋約瑟』，右為『覓新郎』，分別刻劃雅各寵愛的么兒約瑟被賣到埃及後，兄長呂便（Ruben）四處找尋約瑟時的焦慮情景，後者則描繪新娘（Sponsa）一心一意找尋心上人的情景，是為基督教獨特的新娘神學（Bridel theology）的再現。

這兩幅取自《舊約》的預表圖像，視覺上也以對話方式鋪陳，且採一人面對多人模組，呼應『三位瑪利亞參拜聖墓』主圖中，天使與三名婦女對話的構圖布局。此外，這兩幅《舊約》圖像居中位置，各嵌入一長條形字捲軸，具有開啟圖像閱讀取徑之意。

在冊頁左側『呂便覓尋約瑟』一圖的場景上，約瑟的哥哥呂便一人站在左邊，雙手合十做祈求狀；約瑟其餘弟兄六人集中站在右邊，雙方立場是對立的。儘管呂便未能制止兄弟們將約瑟投入井中，但良善的呂便卻曾特地為之求情，跟弟弟們說：「『我們不可害他的性命。……不可流他的血，可以把他丟在這曠野的坑裏，不可下手害他。』呂便要救他脫離他們的手，把他還給他父親。」（創世37：21-22）好在基於呂便的求情，約瑟最後從井中被拎起來，以20個銀子賣給了以實瑪利商人。不過，圖中呂便左腕夾著的字捲軸上抄錄的並不是這句，而是兄弟們後來到了埃及跟約瑟重逢，懺悔的說：「我們在弟弟身上實在犯了罪，在他哀求我們的時候。」（P(ec) cavimus in fratrem n(o)s(tru)m, dum d(e)precaretur nos.）對此，上方文本區底層的短詩句，循慣例針對圖像主旨也寫到：「呂便憂心弟弟的身亡[157]。」（Ruben s(u)blatu(m) pu(eru)m timet e(ss)e necatum.）

在冊頁右側的『覓新郎』同樣採取互動對話型的表現方式。一位尊貴典雅的婦人在左，兀自面對一兵團的士衛隊，最前者身披盔甲，腰間配長劍，左手持盾牌，右手持長矛。他們之間的互動關係寫在婦人手中字捲軸上。原來，出於四處尋覓新郎而不可得，婦人便向路上遇到的士衛問到：「你們看見我心所愛的沒有？」（Nu(m) q(ue)m diligit an(im)a m(e)a vidistis).）（雅歌3：3）這位貴婦尋覓新郎的心意十分堅定，因在上方短詩句中即書寫道：「她心中虔敬下承諾，找尋新郎。」（H(aec) pia vota gerit, du(m) sponsu(m) sedula q(uae)rit.）

157　呂便手中字捲軸引文，經查出自〈創世紀〉第42章21節的前半段，後半經文為：「我們看見他的痛苦，卻不肯聽，所以這場苦難臨到我們。」（創世42：21）這裡主指約瑟遭以實瑪利人轉手再賣給埃及將領波提乏之後，多次為法老王解夢，深受倚重，拔擢大位。而家中飢荒連年，哥哥們前來埃及討生計，反被約瑟認出，進而關入牢獄中時所說的話。

針對冊頁環圈主圖像『三位瑪利亞參拜聖墓』，跟『呂便覓尋約瑟』及『覓新郎』兩《舊約》圖像的關係，冊頁上方兩則頌經文分別如此寫道：

　　我們在創世記中讀到，呂便來找弟弟約瑟，但坑井中四處不見，憂心忡忡的跟弟弟們說：『童子沒有了。我往哪裡去才好呢？』呂便是抹大拉的瑪利亞的預表。

　　傷慟的抹大拉在墓穴尋找耶穌，直到天使告知耶穌的復活，之後蒙恩的她，才見到耶穌[158]。

　　我們在雅歌中讀到，新娘憂心四處尋覓愛人時說：『我尋覓心愛的人；我尋覓，卻沒找著。』新娘是抹大拉的瑪利亞的預表，她在墓穴四處找尋心愛的耶穌，後來在花園才見到他[159]。

由上這兩則頌經文的闡說可知，本敘事單元的聚焦對象在抹大拉的瑪利亞身上，她是"呂便"的預表、也是"新娘"的預表。『三位瑪利亞參拜聖墓』一圖聚焦點在她，兩幅《舊約》圖像亦然。此一表述重點，不外在對耶穌鍥而不捨的追尋上，而且如願以償，因下面一則耶穌生平的冊頁單元『勿觸碰我』，刻劃的便是抹大拉的瑪利亞，她"後來在花園"親自目睹復活後耶穌的經過。不過，抹大拉從《新約》的零星記載，之後擢升到僅次於聖母瑪利亞的崇高地位，有著「使徒中的使徒」(apostola apostolorum)、「教會」(Ecclesia) 代言、贖回「夏娃原罪」(Eve's sin) 者、「救贖的宣稱者」(the proclaimer of the salvation) 等稱呼方式，(Baert, 2006, 193) 則跟早期基督教教父，如聖希波律托 (St. Hippolytus of Rome, c. 170-235)、聖安溥 (St. Ambrose, c.340-397)，及後來陸續著述如《黃金傳奇》等出土有關。當然，抹大拉做為耶穌復活後第一位得以見面的世人，以及傳播此一訊息給其他門徒的身份，都出自她被揀選與榮寵於耶穌的獨特身份。

158　拉丁釋文如下：Leg(itur) in Gen(esi), q(uo)d Ruben venit et q(uae)sivit Joseph i(n) cyst(er)na, q(uem) c(um) n(on) i(n) ve(n)iss(et), turbat(us) e(r)at nimis et ad f(ra)tres suos ait: puer n(on) c(om)paret e(t) ego q(uo) ibo? Ruben iste Maria(m) Magdalena(m) s(i)g(nifica)t, q(uae) c(um) dolore Christum i(n) sepulch(ro) q(uae)sivit, c(um) aut(em) ab angel(o) resp(on)su(m) accepisset q(uo)d a mortuis surrexisset, ip(su)m postmodo vi(d)e(r)e meruit.

159　拉丁釋文如下：In canticis de ip(s)a sponsa d(icitur), q(uo)d q(uae)rendo suu(m) dil(ec)tum turbata ait: quaesivi q(uem) diligit anima mea, q(uae)sivi illu(m) et n(on) i(n)veni. H(aec) sponsa fig(u)ram gerit Mariae Magd(alenae), q(uae) suu(m) dil(ec)tum, id (est) Christum, i(n) tumulo q(uae)sivit e(t) postea i(n) horto vidit.

安頓在中央環圈外側4位《舊約》著名先知，上面兩位是尊榮的以賽亞與大衛王，下面兩位雖未謄寫他們身份名字，但依手中所拿的字捲軸文本可知，他們是小先知彌迦跟以色列12族的首腦雅各。他們字捲軸上的摘引文如此寫道：

　　「當趁耶和華可尋找的時候尋找他。」（Querite do(minu)m du(m) i(n) veniri potest.）（以賽55：6）

　　「我要仰望耶和華。」（Ego aut(em) ad d(omi)n(u)m aspiciam.）（彌迦7：7）

　　「願尋求耶和華的人心中歡喜。」（Letet(ur) cor q(ue)renciu(m) dominu(m).）（詩篇104：3）

　　「耶和華啊，我等候你的救恩。」（Salutare tuu(m) expectato domine.）（創49：18）

由上知曉，編者集結《舊約》4引言動之以情，訴求感性的言說。雖然不約而同以耶和華本尊為表述對象，然實無縫地適用於耶穌基督聖子身上。這是基督教預表論的精髓所在，《舊約》文本為原型，《新約》耶穌事蹟為對範，兩者打鑄合體為一。

　　本冊頁『三位瑪利亞參拜聖墓』的主圖，勾勒對主耶穌鍥而不捨的尋覓與追求。抹大拉的瑪利亞，做為預表對象，冊頁的基軸，一方面烘托耶穌的復活無可動搖，但更重要的是，在強調感召力與效法的精神。無論抹大拉、呂便或者是新娘，咸亦步亦趨追隨耶穌堅貞門徒的表徵，他們既是信徒認同的表率，也是未來救贖、耶穌再臨時重逢的媒介。耶穌人去墓空的本則敘事單元，最終回歸基本面，也是對離開世間的耶穌其復活信息的到臨，啟動未來希冀願景與虔敬專一孜孜矻矻的追隨。此外，基督教傳統中的新娘神學，強調信徒與救世主間，有如夫妻之間的盟約，在本冊頁上對此也有具體而微的視覺化的表述。

29、『勿觸碰我』（Christ appears to Mary Magdalene in the Garden）

圖29：『勿觸碰我』冊頁單元（左側『探視但以理』，右側『覓獲新郎』）（fol. 8v, above）© Die Stiftsbibliothek St Florian

　　耶穌生平代表事蹟，從復活到升天這段期間，曾多次顯現於信徒眼前。具有見證色彩的這段經過，後世亦名為「耶穌復活顯現」（Resurrection appearances of Jesus）。在聖弗里安《貧窮人聖經》古帙中，前後一共蒐羅了4則單元來做呈現，審慎以待也萬分重視。從宣教的角度看，誠如基督教哲人使徒保羅所說：「基督若沒有復活，我們所傳的就是枉然，你們所信的也是枉然[160]。」（哥林前15：14）

　　聖弗里安收錄的4則「耶穌復活顯現」敘事，包括『三位瑪利亞參拜聖墓』前一則的冊頁單元，以及接續下面3則：耶穌向抹大拉的瑪利亞、耶穌向諸眾門徒、以及耶穌向使徒湯瑪士的顯現。本單元主題為耶穌「向抹大拉的瑪利亞顯現」（Aparicio marie magd(alene)），如寫在中央雙環圈中，視覺藝術一般名『勿

---

[160]　耶穌的復活，易言之，對基督教信仰至為重要。如奉為圭臬的《信經》中不可動搖地寫到：「我信肉身的復活。」保羅做為基督教最初涉入耶穌復活議題的作者，在同書卷的35到57節中，進一步詮釋到生與死的議題，針對於復活，他說：「復活的是靈性的身體」（哥林前15：44）。此一源自古希臘相信靈魂不朽的觀點，為他所吸納；惟在教會機制下的發展，之後有了轉變。（Freed, 2005, 82）另參Evans（2005）。

觸碰我」（德：Noli me tangere, Erscheinung vor Maria Magdalena；英：Christ appears to Mary Magdalene in the Garden），取其尚未升天之前，聖子不得讓人觸碰之意。（約翰20：15-17）

搭配『勿觸碰我』主敘事圖的是，左側『探視但以理』（德：Daniel in der Loewengrube；英：The King of Babylon visits Daniel）（但以理6：19-24）以及右側『覓獲新郎』（德：Braut findet den Braeutigam；英：The Daughter of Sion discovers her Spouse）（雅歌3：4）兩則《舊約》的敘事圖。它們跟主圖的搭配關係，建立在尋尋覓覓而最終尋獲的滿心歡喜上，乍看預表論的色彩並不濃厚。

刻劃耶穌復活後向抹大拉的瑪利亞顯現的『勿觸碰我』一圖，流傳十分廣泛，在文藝復興視覺藝術上也經常露出，最早的視覺處理則可上溯10世紀手抄彩繪圖像。其所依據的文本，出自4大福音〈約翰福音〉一書。在該書卷中，抹大拉在參拜聖墓撲空之後，四處尋找耶穌，十分焦慮，先是遇到了天使，後者看她淚流滿面，便問她為何哭泣。之後耶穌向她顯現，但一時間，抹大拉卻並未認出對方的身份，反而問到：「先生，若是你把他移了去，請告訴我，你把他放在哪裏，我去把他移回來。」（約翰20：15）在冊頁圖像上，即對焦在接下來發生的事上。

在『勿觸碰我』一圖上，耶穌在左，抹大拉在右，兩人一站一跪，再配上一株生氣盎然的繁茂樹木，以及一面勝利的旌旗，點出花園場景跟聖子的親臨。恭敬曲膝跪地的抹大拉，全身裹在一襲及地長袍裡，僅露出頭巾下的清秀面容，她屈伸著雙手，似欲觸碰面前的耶穌。而頭戴聖十字圈的耶穌，向右傾面向抹大拉，以正面站姿表現，右手握著十字架權杖以及身後飄著勝利旌旗，神色頗是威嚴地向抹大拉說：「你別拉住我不放，因為我還沒有升到父那裏。」（約翰20：17）這是『勿觸碰我』一圖捕捉的畫面。接著，耶穌再交付抹大拉一個任務說到：「你到我弟兄那裏去告訴他們，我要升上去見我的父，也是你們的父，見我的神，也是你們的神。」（約翰20：17）抹大拉這才放寬心，以見證人身份，將看到主的經過，轉述告知其他門徒知曉。在環圈上方文本區塊的短詩句上，就此讚譽到：「基督啊，你向虔誠的瑪利亞現身。」（Te mostrando piam solaris Christe Maria(m).）精簡地描述了『勿觸碰我』一圖主題的旨趣。

不過，畫幅上有一細節不應略過，也就是抹大拉及地袍衫的裙擺處，不單一邊向右溢出環圈，同時另一角也觸碰到耶穌左腳指間。此一處理反映圖繪者的個人風格。然誠如比利時圖像學研究學者Barbara Baert所做的探討指出，『勿觸碰我』一圖兩位現身者的互動模組，基本上建立在一方欲迎與一方還拒的視覺敘事轉換上；但在其他版本中不同的創作者，對於雙手及腳有著十分多樣的刻劃。（Baert, 2006, 42-43）

編排在冊頁主圖『勿觸碰我』兩側的《舊約》圖像，分別是『探視但以理』與『覓獲新郎』。前者刻劃先知但以理擁有解夢異稟，然因受到讒言所害身陷獅穴。《舊約》經書便記載到，他的主子尼布甲尼撒王（Nabuchodonosor）掛念他的安危[161]，第二天一大早特前往探視，所幸但以理一身完好無恙，而且義正詞嚴地跟王說：「我的天主曾打發他的天使閉住獅子的口，一點沒有傷害我。」（但以理6：23）在畫幅上，尼布甲尼撒國王外觀雍容華貴，頭戴王冠，身著及地皇袍，自左邊跨步進入畫幅，身後兩名隨伺緊跟在後。畫面中間為一座高聳建築，示意牢獄。右邊先知但以理則以筆直站姿表現，外貌年輕，頭戴鑲寶石的祭司冠，一襲長袍，顯示身份顯赫。他抬頭望著建築頂端，一名展翅的小天使自天而降，雙手拎著生命活泉的圓壺及籃子前來救援。但以理的腳下安排三頭小獅子，簇擁成一團，張牙咧齒地十分神氣，卻不具任何威脅。圖像上這兩個一上一下的物件，是圖像學中慣稱的辨識物，清楚無誤地交付但以理脫離險境的前因與後果。在上方短詩句中也禮讚到：「王心歡喜，因他活著。」（Rex ioc(un)dat(ur) hu(n)c (u)t vivu(m) speculat(ur).）強調王與但以理生離死別後的重逢，無比高興。而《舊約》『探視但以理』這幅圖像，跟耶穌主圖『勿觸碰我』的關係，頌經文便就此說：

> 我們在但以理書中讀到，尼布甲尼撒王在但以理拋入獅穴後，第二天一大早前來獅穴探視。看到但以理完好未受損傷，十分欣慰。尼布甲尼撒王是抹大拉的瑪利亞的預表。她在清早參拜聖墓，獲知耶穌復活，也無比歡心。但以理則是耶穌的預表[162]。

---

161 據經書所載，前往獄中探視先知但以理的異邦國王並非尼布甲尼撒，而是波斯王朝大烏利國王。參〈但以理〉書6章19-24節所載。

162 拉丁釋文如下：Leg(itur) i(n) Dan(iele), q(uo)d, c(um) p(ro)ph(et)a Danyel miss(us) fuiss(et) i(n) lacu(m) leonu(m), ut eu(m) leones occiderent, mane f(ac)to rex ve(n)it ad lacu(m) ad danyelem, ut videret, si adhuc viveret, q(ue)m c(um) vide(re)t viv(er)e, gavisus e(st). Rex eni(m) i(ste) Maria(m) Magd(alenam) dem(onst)rat, q(uae) mane ve(nie)ns ad monum(en)t(um) e(t) pos(tea) d(omi)num suu(m) videns, q(uo)d a mortuis surrexisset, gavisa e(st) valde. Danyel aut(em) Christum fig(uraba)t.

《舊約》著名的先知但以理,自小身為人質,在新巴比倫宮中長大,因釋夢異稟受到國王賞識而崛起,但擢昇大位遭妒嫉,被陷害投入獅穴中。這段經過於古羅馬墓穴壁畫及棺槨浮雕上也有視覺創作。上引頌經文提到"但以理則是耶穌的預表",故為一典型預表論範例。耶穌在十字架上斷氣後入殮復活,但以理身陷獅穴,然死裡逃生存活下來,兩者具共通性,雖未必等值。跟前冊頁『約拿從鯨腹吐出』受歡迎程度相當,都是基督教早期藝術起始以來,被視為是預表耶穌復活的最佳搭配。惟此處比較引人注意的是,但以理獅穴脫身這段敘事,並未跟前一冊頁『耶穌的復活』單元並置,反而歸列在『勿觸碰我』本冊頁裡。究其原由,則如上引短詩中所寫,"王心歡喜,因他活著",正與抹大拉"獲知耶穌復活,也無比歡心",彼此呼應。另,據經書所載,但以理陷獅穴故事,發生在波斯王朝大烏利王之時,聖弗里安抄本在此卻以尼布甲尼撒王為抄錄對象,這點仍有待考證其緣由。

設置在中央環圈右側的『覓獲新郎』一圖,與前則『覓新郎』單元有著異曲同工的連動關係,可先平行來看。這兩圖的表現手法,精確地說,咸採擬人化象徵的手法表現,因此便也跟一般敘事性的圖像有所不同。其文本來源,出自據傳由所羅門王所撰的《舊約》〈雅歌〉書卷,也是基督教新娘神學發源所在。全書卷歌頌勾繪新娘與其愛慕者間有關於性的欲求,雙方彼此追求、仰慕、渴望親近、分享喜悅、訂下誓約、讚頌結合等都是主題內容,淋漓盡致也坦率無所保留地做了抒發。不過,早自基督教教父俄利根(Origenes Adamantius, ca. 184-253)開始,這本《舊約》獨一無二的「歌中之歌」(Song of Songs),就情侶之間雋永絕倫的詩篇樂章,轉軌為以寓意層面來解經,脫離字面涵意,描繪成為神跟以色列、神跟教會、耶穌與教會、耶穌跟信徒靈魂之間的關係。中世紀盛期,耶穌基督名正言順成為新郎,而新娘則為信徒的靈魂,且修院也據以自我認同,幾乎成為企求與耶穌合一的新娘。(Norris, 2003, 1)由是觀之,前冊頁的『覓新郎』跟本冊頁的『覓獲新郎』,文本源出《舊約》〈雅歌〉書卷,觀視角度但取決於早期教父與中世紀對〈雅歌〉的解經闡釋。

在『覓獲新郎』的圖像上,因而不意外地再現一位新娘(Spo(n)sa)與一位新郎(Sponsus)彼此遇合的景象。兩人面對面而站,微向後仰的上身跟前傾的頭部,適組成曲線動態的體姿,且兩兩對稱,相互呼應,頗細膩地傳遞欲迎還拒的情愫。

尤其新娘外觀十分尊貴，胸前綴飾一枚十字架，頭戴連頸帽，為中古宮廷婦女的裝扮造形。她手中字捲軸上寫著：「我拉住他不放。」（Tenui nec dimittam.）上方短詩句的文本也寫：「新娘找到愛人，為盼到的喜出望外。」（Spo(n)so q(uae)sito fruit(ur) ia(m) sponsa cupito.）新娘手中字捲軸內文摘錄〈雅歌〉第3章第4節的一句話，原來新娘出門到處尋找新郎，遇到城中守衛詢問下落之後所說的話：「我剛離開他們，就遇見我心所愛的。我拉住他，不放他走，領他進入我母親的家，……。」便將新娘滿心的喜悅表露無遺，也正如短詩句提綱挈領所言。

在冊頁上方的頌經文上，進一步就『覓獲新郎』跟『勿觸碰我』的主圖，相互關係做了闡釋，它寫道：

> 我們在雅歌中讀到，新娘找著她的新郎時雀躍道：「我找到心愛的人，再三說：我緊握他，不再鬆手。」這個新娘意表抹大拉的瑪利亞，她找著她的新郎，心愛的耶穌，之後想拉住他不放。但耶穌對她說：不要觸碰我，我還沒升天見到父王[163]。

這一則頌經文的旨趣，從預表論上看，跟前一則頌經文所闡述的，可說同中有異。相同的是尼布甲尼撒王跟新娘所尋獲的"欣慰"跟"雀躍"，一起轉嫁至抹大拉的身上。它們的殊異之處在於，本則頌經文的移轉機制是建立在基督教新娘神學上，更為深刻與撼動人心。如此抹大拉個人尋找復活的耶穌，成為尋找"她的新郎，心愛的耶穌"。這便將『勿觸碰我』主圖，嵌入進廣泛的人與神的關係中。本冊頁3圖像的安排設計，因而既足讓閱讀觀視者，分享也看到耶穌復活現身的雀躍與高興，同時凸顯新娘神學中，足供效法與認同的正面能量。

『勿觸碰我』本冊頁上中央環圈外側的4先知，分別為大衛王、哈拿、以賽亞等人。其中一位手中字捲軸留白，未經抄錄；其他3則援引自〈詩篇〉、〈撒母耳〉、〈以賽亞〉等《舊約》書卷。依左上、左下、右上分別寫道：

> 「因你沒有離棄尋求你的人。」（Non de(re)liq(uei)s(ti) q(uae)rentes te domine.）（詩篇9：10）

---

163 拉丁釋文如下：In Canticis le(gitur), q(uo)d sponsa, c(um) suu(m) d(i)le(ctu)m i(n)ve(n)isset, dix(it): Inveni q(uem) diligit a(nima) m(ea). E(t) iter(um) d(icit): Tenui eu(m) n(e)c dimitta(m) etc. Sponsa h(aec) enim Mariam Magd(alenam) s(i)g(nifica)t, q(uae) sponsum suu(m), i(d) (est) Christum s(uum) videns eu(m) tene(re) voluit, c(um) s(ibi) talit(er) respondit: Nolite me tangere. No(n)du(m) ascendi ad p(a)trem.

「我因耶和華大大歡喜。」（Gaudens gaudebo in domino.）（以賽亞61：10）

「我的心因耶和華快樂。」（Exultavit cor meu(m) in d(omi)no.）（撒母上2：1）

這3句摘引文，也咸從感性角度刻劃及描述入手。〈詩篇〉摘引句原經文寫到：「耶和華啊，認識你名的人要倚靠你。因你沒有離棄尋求你的人。」（詩篇9：10）強調天主對於子民信徒盟約的承諾。後兩句則為〈撒母耳〉書中撒母耳的母親哈拿，對神賜子感恩的祈禱[164]，以及後面先知以賽亞的經文，也是對天主恩澤廣被的頌讚詞，共同為抹大拉的瑪利亞，親身體驗並目睹耶穌重返人間的喜悅，做了一手見證。

綜括之，本冊頁關涉耶穌復活顯現議題，主圖『勿觸碰我』的核心旨趣之一，在耶穌升天前不得觸碰，"因為我還沒有升到父那裏"。在場目睹的抹大拉是耶穌復活的見證人。然透過兩幅《舊約》預表圖像的並置，冊頁焦點移至接受論上，從抹大拉做為虔敬信徒孜孜矻矻尋覓耶穌，及其滿心歡喜尋獲的角度來看。此一訊息尤其透過引進〈雅歌〉書卷所揭櫫的新娘神學，得以更普世性的鼓舞振奮人心，而成為效法追隨的目標。

---

164 這句摘引文出自《舊約》〈撒母耳〉上所載的哈拿之口。哈拿是油膏大衛王，大祭司撒母耳的母親。惟環圈左下勾繪人像非為女性，表現對象並非哈拿，此做一提。

30 『向門徒顯現』（Jesus Appears to the Disciples）

圖30：『向門徒顯現』冊頁單元（左側『約瑟與兄弟相認』、右側『浪子回頭』）（fol. 8v, below）
© Die Stiftsbibliothek St Florian

　　本冊頁主題『向門徒顯現』（apparitio post r(esur)r(ectione)m，德：Erscheinung nach der Auferstehung；英：Jesus Appears to the Disciples）（馬太28：16-20；馬可16：14-20；路加24：36-49；約翰20：19-23）設置於中央環圈內，為聖弗里安古帙「耶穌復活顯現」（Resurrection appearances of Jesus）4則中的第3則敘事。檢選其左右的《舊約》圖像為『約瑟與兄弟相認』（德：Joseph machte sich bekannt；英：Joseph made himself known）（創世紀45：1-15），以及著名的『浪子回頭』（德：Die Rückkehr des verlorenen Sohnes；英：The Return of the Prodigal Son）（路加15：11-32），加上環圈外側4角，大衛王、所羅門、以賽亞與以西結等4位先知半身像，共組成本冊頁的7幅圖像。

　　耶穌死而復生重返人間，為一超自然神跡。古代埃及跟近東腓尼基有奧西里斯神、巴特神，皆傳死後復活事跡。古希臘凡人不死，升天成神的不在少數。《舊約》

聖經中，特別以利亞跟以利沙兩位先知，讓死者復活再生的記載，十分著稱。（列王上17：17-24；列王下4：32-37、13：21）關於耶穌聖子的復活，基督教過去至今也有許多相關的討論。381年《尼西亞一君士坦丁信經》（後簡稱信經）中寫到：「我們嚮往死人的復活，和來世的生命」具指標里程碑意義性，為基督教基本教義之一，見證耶穌入殮後第三天復活，舉足輕重，佔一席重要的位置。

在本冊頁的『向門徒顯現』，是《新約》記載約10則耶穌復活顯現中的案例之一。抹大拉見到耶穌後，便依指示將耶穌復活的訊息傳給門徒知曉。不過，「他們聽見耶穌活了，被馬利亞看見，可是不信。」（馬可6：11）耶穌因而向他們現身，責備他們不信，這也是主圖『向門徒顯現』刻劃背景原由之一。『向門徒顯現』這一視覺圖像上，耶穌是以莊嚴聖容正面居中站立，頭戴雙十字聖圈，凜然神聖不可侵犯。左右隨伺門徒各兩人，也是一襲及地長袍，目光一致地聚焦在耶穌的身上，且舉手投足間，投遞不同的姿勢，露出與耶穌重逢訝異及歡喜的表情。而耶穌不為所動，以賜福眾生的手勢顯現世人面前。全幅動靜之間、人物姿態手勢不一，頗有內在表情的刻劃[165]。在上方短詩句中，擲地有聲，也寫到：「基督，榮耀復活，向門徒顯現。」（Hiis Jesus apparet, surge(n)tis Gl(ori)a daret.）為冊頁主圖做了最佳註腳。

冊頁左側的『約瑟與兄弟相認』一圖，約瑟（Joseph）一人顯赫且威嚴地站在右側；在他面前畢恭畢敬、分列排開的是他10個兄長（Fr(atr)es Joseph），跪在地上向他求饒。原來，約瑟被兄長們陷害被賣到埃及後（參前『三位瑪利亞參拜聖墓』冊頁上，『呂便覓尋約瑟』一圖）反而飛黃騰達：他因有釋夢異稟，為法老開釋七年豐收七年饑饉之預言，之後擢拔為萬人之上。哥哥們則相反，因家鄉饑荒無以為繼，來到埃及購糧，不意與約瑟重逢。此時兄弟地位懸殊，約瑟數度試探後，最後顯示自己的身份說：「我是你們賣到埃及的弟弟。」（Ego sum fr(ater) vest(er) iunior, que(m) vendidistis in egyptum.），如約瑟手中拿的字捲軸上所寫。（創

165　『向門徒顯現』同期最知名創作為1308至1311年間杜秋（Duccio di Buoninsegna, c.1255-1319）在西耶那大教堂所繪製的多翼祭壇畫背面有關耶穌生平此一題材的表現。畫中耶穌也以正面居中，右手伸出做賜福狀，以及左右對稱各配以5名門徒，流露表情亦多詫異驚訝或敬畏，惟含一座古典拱形殿堂建築背景，大門深鎖，回應〈約翰福音〉20章19節所說。此祭壇畫為文藝復興初期重要代表作，名「尊嚴圖」（Maesta），今藏西耶那大教堂博物館，可供比對。另，載於4大福音中的『向門徒顯現』一圖文本，在門徒人次、時間、地點、反應等方面皆稍有出入，最重要的訊息在耶穌下達傳道宣教的任務上，如耶穌接著「對他們說：『天上地下所有的權柄都賜給我了。所以，你們要去，使萬民作我的門徒，奉父、子、聖靈的名給他們施洗，凡我所吩咐你們的，都教導他們遵守。看哪，我天天與你們同在，直到世代的終結。』」（馬太28：18-20）有關於此題材的圖像學相關發展，及自9世紀起代表性作品的抽樣介述，參見德國中央藝術史機構（Zentralinstitute fuer Kunstgeschichte）2012年根據德國藝術史百科全書（*Reallexikons zur Deutschen Kunstgeschichte, RDK*）9冊紙本所建置的RDK Labor網站詞條所做介述：http://www.rdklabor.de/wiki/Erscheinungen_ Christi。

世紀45：4）對此，冊頁上方短詩句也小結般地寫到：「原折磨他的，現被他寬待。」（Q(uo)s vexat pridem, blandit(ur) fr(atr)ib(us) ide(m).）以德報怨的約瑟，最後經過幾番周折還是原諒了兄長，也跟年邁的父親雅各得以重逢，一圓父子情。『約瑟與兄弟相認』圖中，約瑟一人居高臨下，兄長們10人層層遞升4行排列跪在他面前，地位尊卑及主客身份，透過人物比例再現，一覽無疑。

本冊頁右側的『浪子回頭』亦稱「浪蕩子」歸來（The prodigal son），屬於宣道時期，關涉失而復得，屬耶穌三大著名比喻的故事之一，主題在合解、懺悔、寬恕與慈愛上。畫幅上，年輕的浪蕩兒子以正面站姿在右，揮霍殆盡後返家，雙手交錯身前，心知犯下罪過。父親（Pater）、母親（Mater）一前一後出來相迎。父親伸出雙手，不計前嫌，將他擁入懷中，流露寬容慈愛心。後方的母親也欣慰萬分，舉出手來做歡迎狀，是一幕溫馨感人的場景。畫面上方有一幅橫彎下垂的字捲軸，由摟住兒子肩膀的父親左手握持，適將團圓一家3人庇護其中，頗為特別，上面意味深長地說：「父親，我得罪了天，也得罪了你。」（Pa(ter) peccavi in celum coram te.）這是兒子跟父親懺悔的話。在『浪子回頭』一圖正上方的短詩句上，則反向從父親的角度切入寫道：「淚流滿面的父親迎接他，為迷途歸返的兒子，喜出望外。」（Flens a(m)plexat(ur) natu(m) pater et veneratur.）為這幅浪子歸來，兩代的前嫌冰釋做了最佳寫照。

冊頁上3幅敘事圖像跨《新約》及《舊約》，它們由左至右，為『約瑟與兄弟相認』、『向門徒顯現』以及『浪子回頭』。兩則頌經文，以耶穌『向門徒顯現』中央主圖，為論述焦點，依序分別寫到：

> 我們在創世紀第45章讀到，約瑟看到兄長們認不出他，也都嚇壞了，便安慰他們說：我是約瑟，你們的弟弟，不要害怕。約瑟是耶穌的預表。耶穌復活後顯現於門徒前，安慰他們說：不要害怕，是我[166]。

> 我們在福音書中讀到，一位富人的兒子跟父親說：屬於我的給我。父親便就給了他。兒子離家，將分到的遺產揮霍殆盡後返回家中。父親全心全意收留他、

---

166 拉丁釋文如下：Leg(itur) in G(enesi), q(uo)d Joseph, c(um) vidisset fr(atr)es suos te(rro)re c(on)cussos e(t) multu(m) (t)imerent e(t) ig(no)rare(n)t q(uo)d Joseph e(ss)et, dixit: Ego su(m) Joseph f(ra)ter v(este)r, nolite time(re), et c(on)solatus e(st) eos. Joseph Christum fig(ur)abat, qui p(os)t r(esur)r(ectio)nem suam discipulis suis existentibus apparuit et eos ali(qua)n(do) con(so)latus est dicens: Ego sum, nolite timere.

安慰他。這位慈祥的父親是天父，也就是耶穌的預表，他來到兒子，也就是眾門徒前，因為他的死安慰他們，將復活顯現在他們的面前[167]。

從上闡說可知，冊頁『向門徒顯現』主圖，與『約瑟與兄弟相認』跟『浪子回頭』左右兩圖關係，建立在預表神學上，亦即"約瑟是耶穌的預表"（前者）、"慈祥的父親是耶穌的預表"（後者[168]）。而它們之間的接榫點，前者在對畏懼的克服上，即"不要害怕，是我"。約瑟遭兄弟出賣排擠，音訊杳然大半生，形同死去；耶穌十字架刑後入殮安葬，消失世間。兩人穿越死界突然顯現在眼前，震驚與憾人是一致的。後者在於聖子耶穌的慈愛上，眾門徒是他的"兒子"。從這兩組預表論的結構上，分享認知情感層面上訴求：耶穌果真復活了，害怕是多餘的；父子間的慈愛是無限的，跨越生死界線。不過，這裡也應提及，『浪子回頭』一圖，它所依據的文本，來自《新約》而非《舊約》，因而溢出預表論跨兩約的基本結構，自成一格。

在中央環圈外側4角設置的先知半身像，分別為大衛王、所羅門、以賽亞與以西結，也是《舊約》中顯耀的標竿人士。他們如同見證人一般，守護環圈裡耶穌復活後顯現的情景，同時透過手中所持的字捲軸，進一步為冊頁『向門徒顯現』主圖，提出中肯的針砭。它們依左上、左下、之後右上、右下，分別如此寫到：

「在你面前有滿足的喜樂。」（Adimplebit me laetitia c(um) vultu tuo.）（詩篇16：11）

「追想自己是從哪塊磐石鑿出。」（Adtendite ad patrem, un(de) d(ec) isi estis.）（以賽亞51：1）

「對上主不失信的，上主必向他顯示[169]。」（Apparet qui fidem h(abe) nt in illu(m).）（智慧1：2）

---

167 拉丁釋文如下：In E(van)gelio le(gitur), q(uod), c(um) filius cu(iusd)am di(vit)is ad pa(tr)em dixisset, ut sibi p(ar)tem hereditatis t(rader)et e(t) p(ate)r s(ibi) tradidisset e(t) (i)pse abisset, tota(m) hereditate(m) c(on)su(m)psit, (e)t post h(oc) ad p(at)rem rev(er)sus p(ate)r eu(m) benigne recepit e(t) co(n)solabat(ur). Ipse (e)n(im) pius p(ate)r s(i)g(nifica)t illu(m) p(at)rem celestem, s(cilicet) Christum, qui ad suos filios, i(d est) ap(osto)los, venie(n)s eos de morte sua c(on)solat(us) e(st) e(t) sua(m) r(esur)r(ectione)m eis manifestavit.

168 『浪子回頭』一圖，亦可涉及復活概念，如〈路加福音〉所載，該父親有兩個兒子，大兒子老實務農在家，見弟弟返家，父親歡喜，為他穿金帶銀又宰牛犢接待，而心生不滿報怨連連，父親安慰他道：「兒啊！你常和我同在，我所有的一切都是你的；可是你這個弟弟是死而復活，失而復得的，所以我們理當歡喜慶祝。」（路加15：31-32）頌經文並未提及此段，而是聚焦在前半部父親興高采烈歡迎浪子返家的經過，此做一提。另，此創作題材，巴洛克荷蘭大師林布蘭特曾繪有一幅經典畫作，備受學界矚目，該作今藏聖彼得堡冬宮艾米塔吉美術館（State Hermitage Museum）。有關《新約》這則寓言，義大利中世紀及文藝復興學者Pietro Delcorno，晚近出版《浪子的鏡像：1200-1550年一則聖經敘事在牧靈傳道中的使用》（In the Mirror of the Prodigal Son: The Pastoral Uses of a Biblical Narrative (C. 1200-1550)）。書中文獻回顧頗豐，起自早期教父至文藝復興時期，惟視覺藝術份量不多，也一提供參。有關『浪子回頭』圖像發展，參Zimmermanns（1972），LCK, Bd 4. 172-174。

169 和合版聖經並未收納〈智慧篇〉，此句中譯取自思高版。

「看哪，我必親自尋找我的羊。」（Ecce ego ipse requiram oves.）（以西結34：11）

這4句《舊約》書卷引言，主要涉入信與義的道德教誨。傳大衛王所寫的〈詩篇〉摘引句，原上下文為：「你必將生命的道路指示我。在你面前有滿足的喜悅。」（詩篇16：11）鑲嵌在中央環圈『向門徒顯現』主圖周圍，勾勒出門徒與耶穌重逢喜悅歡心之情，底層則是對天主與耶穌的信的遵循。先知以賽亞的經文引句，也需對照上下文看：「追求公義、尋求耶和華的人哪，當聽從我！你們要追想自己是從哪塊磐石鑿出，從哪個巖穴挖掘而來。」（以賽亞51：1）基於磐石是耶穌的表徵，此字捲軸引言，訴諸引水思源，回歸聖父及聖子，具諄諄告誡之意。（Elliott, 2007, ACCS, 136-37）相傳由所羅門王所寫的〈智慧書〉的引句，以及出自先知以西結的引句，它們一正一反，從收受者及施與者雙向涉入，闡述了信與義的盟約以及互動跟行為的模組。先知以西結的證詞句子，尤其十分貼切，因『向門徒顯現』主圖主要表述的，正是"看哪，我必親自尋找我的羊"。誠如耶穌自己說：「我是好牧人；我認識我的羊，我的羊也認識我。」（約翰10：14）呼應耶穌復活後，追隨的門徒將成為使徒，啟動對外宣教的事工。

本冊頁以耶穌復活後向世間門徒顯現為主題，進行多皴折的表述。既是對從棺墓中復活耶穌的神跡，此一超自然現象賦予認知價值，如兩則頌經文咸強調："不要害怕，是我"，同時安排『約瑟與兄弟相認』跟『浪子回頭』兩幅敘事圖像於主圖兩冊，則再延伸引進天主與聖子耶穌的寬容、慈愛，以及恩典等議題，凸顯神祇與信徒關係等值的父子親情。而《舊約》先知的證詞，4字捲軸引言如沐春風，充滿悉心照護關懷的承諾，植基於信與義的前提。而就預表論跨兩約結構看，中央環圈『向門徒顯現』主圖，跟左右兩圖的關係，主要是建立在生死或分離後的相認，亦有關耶穌復活的論述，以及如親情般慈愛的類比學上。至於冊頁右圖『浪子回頭』設置於『向門徒顯現』一旁，雖咸屬於《新約》文本的破格而非預表，但反如神來之筆，將耶穌復活顯現門徒眼前此一冊頁主題，移轉至無條件的父子親情關係上，開啟通往現實的渠道，猶如增添活水，提升感召力，也有助於記誦與深層認同。

31、『疑惑的多瑪』（Doubting Thomas）

圖31：『疑惑的多瑪』冊頁單元（左側『天使向基甸顯現』、右側『雅各與天使摔跤』）（fol. 9r, above）
© Die Stiftsbibliothek St Florian

　　本冊頁收納4則「耶穌復活顯現」當中最後一則，如抄寫在環圈上方「顯示傷痕」（Ostensio vulner(um)）所示；藝術史亦慣稱『疑惑的多瑪』（德：Ungläubiger Thomas；英：Doubting Thomas）（約翰20：24-29），講述耶穌復活受到了質疑，門徒多瑪向耶穌要求一個記號做為證據的經過。配置在此圖左右的，為兩幅《舊約》敘事圖：取材自〈士師記〉的『天使向基甸顯現』（德：Gideon und der Engel；英：An Angel appears to Gedeon）（士師6：11-14），以及取自〈創世紀〉的『雅各與天使摔跤』（德：Jacob ringt mit dem Engel；英：Jacob Wrestles with the Angel）（創32：23-30）皆為藝術史上十分著稱的圖像，尤其後者。環圈外側的4角落有4位《舊約》先知，他們是以賽亞、大衛王、耶利米以及西番雅等人。全冊頁講述耶穌遭到質疑，然經過驗證耶穌的復活確鑿為真，亦即是關於因信得義的一段經過。

〈約翰福音〉為4大福音成書最晚的書卷，本冊頁再現耶穌生平『疑惑的多瑪』的文本，即出自該書的記載。由於如上一則冊頁敘事所示，耶穌顯現給門徒時，門徒多瑪適巧錯過，因而未親眼目睹，他便心存疑慮說到：「除非我看見他手上的釘痕，用我的指頭探入那釘痕，用我的手探入他的肋旁，我絕不信。」（約翰20：25）8天過後，耶穌知悉此事，便毫不遲疑向多瑪顯現並跟他說：「把你的指頭伸到這裏來，看看我的手；把你的手伸過來，探入我的肋旁。不要疑惑，總要信！」（約翰20：27）

不同於前冊頁『勿觸碰我』敘事單元中，耶穌直接一口回絕了抹大拉的瑪利亞的近身接觸，"因為我還沒有升到父那裏"。本冊頁『疑惑的多瑪』相反，耶穌主動提出，讓多瑪"探入我的肋旁"，一如「基督！讓你觸摸，使你信他。」（Te pa(te)ris, Christe, palpari credat ut iste.）如上方文本區的短詩句直接了當如此寫到。

在視覺圖像上，『疑惑的多瑪』畫幅上，左二右一，共為三人現身，聚在一座城門口前。耶穌頭戴聖雙十字圈，一人筆直站立在右，坦然地高舉右手。在他的面前是老邁側身過來的門徒多瑪，緊跟在後還有一名年輕門徒，他們神色頗為曖昧。畫面上毫不遲疑的多瑪此時伸出右手來，以食指中指直搗耶穌右腋的聖痕。而且圖繪者為了凸顯刺腋的傷口，特地塗上一圈紅色，以示創傷的真實。耶穌對於此一僭越，不為所動，左手拉開衣襟，右手高高舉起，儼若古羅馬帝王凱旋勝利之姿，為門徒現身說法也做了最佳示範。不過，聖弗里安冊頁上將耶穌高舉出右手的表現，係源自中世紀早期5世紀後通行的圖像傳統；之後巴洛克時期畫家，如卡拉瓦喬等則另闢蹊徑，耶穌右手不再舉起，而是參與到觀看傷口的行動中。

從文本的角落看，耶穌在說完"把你的手伸過來，探入我的肋旁"之後，兩人接著互動，先是多瑪聽完耶穌對他質疑所做的回應，之後是耶穌的答覆，這段經過如下，多瑪說：「『我的主！我的神！』耶穌對他說：『你因為看見了我才信嗎？那沒有看見卻信的有福了。』」（約翰20：28-29）這段經文涉入視覺、聽覺、觸覺之間的優先性，引起古代教父及中古作者熱衷討論的，也在於多瑪的質疑是否付諸行動，或僅是口頭表述？據芝加哥大學學者Glenn W. Most在《疑惑的多瑪》（Doubting Thomas）一書文獻回顧時指出，中古神學家阿奎那（Thomas Aquinas, 1225-1274）找到一條中間路線，也就是基於至高的尊敬，多瑪未敢去觸碰聖體，但為了

讓他相信，耶穌拉著他的手一探究竟。這般觀點到了後來，特別在反宗教改革地區受歡迎，見諸在繪畫上如前述巴洛克的創作中。（Most, 2005, 150-152）

　　搭配在『疑惑的多瑪』一圖左側，選自《舊約》〈士師記〉書卷的『天使向基甸顯現』。這一則有關士師基甸以寡擊眾，敗潰米甸人大軍的英勇事蹟，也跟質疑有關。因在初始，基甸接受到蒙召時，他前後兩天要求羊毛沾露的神蹟記號，方才心悅誠服接受天主所交託的任務。在冊頁圖像上，基甸一身軍戎，手持盾牌以及一根長矛，英姿威風凜然。在他面前，是一位頭戴聖圈的年輕天使，雙肩配上羽翼，十分俊秀，線條優美，也是身著一襲筆直及地的長衫。天使此時伸出右手，做傳達神諭狀，左手中拿著一條細長字捲軸，上寫到：「大能的勇士啊，耶和華與你同在！」（Do(mi)n(u)s tecum viro(ru)m fortissimo.）（士師6：12）基甸（Gedeon）與天使（Angelus）的名字抄錄在他們上方，交待他們的身份。畫幅上方的短詩句對於此圖也做小結寫道：「基甸受到天使的鼓舞，無所懼。」（Angelus hortat(ur) Gedeon, ne q(u)id vereat(ur).）表明不再猶豫接受天主徵召的基甸，無所畏懼堅定地投入拯救族人戰事中。

　　『天使向基甸顯現』跟環圈中『疑惑的多瑪』主圖的互動關係，在上方頌經文中，做了仔細的敘述，它如此寫道：

> 我們在士師記中讀到，天使來到基甸面前，跟他說：大能的勇士啊，耶和華與你同在！基甸便接受也完成拯救以色列的任務。他是使徒多瑪的預表。而無所不知從天而降的天使，亦預表耶穌。因他堅定多瑪的信心說：把你的手伸過來，探入我的肋旁。不要疑惑，總要信[170]。

在聖弗里安古帙起始冊頁『聖告圖』中，基甸已曾出現在冊頁右圖『基甸與羊毛神跡』一圖中。該圖再現接受徵召前，基甸向天使要求眼見為憑羊毛神跡的記號。本冊頁頌經文上因而不再重覆書寫，直接表述基甸是"使徒多瑪的預表"。此外，天使手中字捲軸上"耶和華與你同在！"這句話，在聖經中出現只運用在兩人身上，另一

170　拉丁釋文如下：In li(bro) Judic(um) l(egitu)r, q(uo)d, c(um) v(en)isset ang(e)lus ad Gedeon et dixit ad eu(m), d(omi)nus tecu(m), virorum fortissime, q(uo)d ip(s)e p(o)p(u)l(u)m isr(ae)l liberare debebat, si(cu)t et fecit. Gedeon (e)nim ap(os)t(ol)um Thoma(m) f(i)g(uraba)t, ad que(m) venit angel(u)s magni consilii, s(cilicet) Christus, e(t) eu(m) confortans in fide ait: Mitte manu(m) tuam in latus meu(m) e(t) noli e(ss)e i(n)cre(dulus), sed fidelis.

次是報佳音時，天使向瑪利亞說到的問候語。因而基甸地位崇高，卻存有疑惑，跟耶穌門徒多瑪眼見為憑的要求，彼此遙相呼應。除此之外，這則頌經文中，凸顯天使與耶穌合一的觀點，也是全冊頁重點之一。

　　冊頁上另一端的《舊約》『雅各與天使摔跤』一圖也遠近馳名。它勾繪以色列12支派的始祖雅各與天使摔跤的經過。從深夜到黎明，憑著一股蠻牛般的拗執，及堅定不移的信心，雅各最終折服了天使，如願得償天主的祝福。在冊頁的圖上，雅各（Jacob）與一名天使（Angelus），一左一右，兩人狀似親密擁抱，實則你死我活於交鋒中。一頭捲髮的雅各在左，伸出右手直取天使胸前要害，天使則是右手盤繞住雅各肩上，左手捉拿住他的腰際，而腳下踩住了雅各左腳，似將絆倒雅各而勝出的情景。經書上對此的記載則不然，指出勝出者是雅各，它寫到：「那人見自己勝不過他，就摸了他的大腿窩一下。雅各的大腿窩就在和那人摔跤的時候扭了。那人說：『天快亮了，讓我走吧！』雅各說：『你不給我祝福，我就不讓你走。』那人說：『你叫甚麼名字？』他說：『雅各。』那人說：『你的名字不要再叫雅各，要叫以色列，因為你與神和人較力，都得勝了。』」（創32：25-28）圖像上，兩人雙目交會，雅各流露略為狡點的目光，天主的祝福似已到手。在『雅各與天使摔跤』一圖的上方，以紅字書寫的短詩句，綜括此圖旨趣寫到：「雅各改名以色列，因與神摔跤得到祝福。」（Isr(ae)l e(st) d(ic)tus lucta(n)s Jacob e(st) b(e)nedictus.）

　　冊頁上方左側的頌經文針對『疑惑的多瑪』主圖，跟『雅各與天使摔跤』兩圖關係，循慣例也做了如下的闡釋：

> 我們在創世記讀到，雅各見到天使，便捉住他，跟他摔跤，得不到祝福，不肯鬆手。雅各意表使徒多瑪，因多瑪也得到天使，亦耶穌的賜福，得用手去碰觸他，成為耶穌復活的見證人[171]。

『雅各與天使摔跤』與冊頁『疑惑的多瑪』主圖像的關係，十分獨特，建立在《舊約》與《新約》兩事蹟彼此的觸覺類比上。雅各近身跟天使肉搏，多瑪伸手探入耶穌聖體的刺腋傷口，這都是人與神間第一手直接的觸接，且出自榮寵下天主所賜予的福緣。（Elowsky, 2007, ACCS, 365-375）

171　拉丁釋文如下：In Gen(esi) l(egitu)r, q(uo)d, c(um) angel(u)s ve(n)isset ad Jacob, ipse angelum app(re)hendens c(um) eo luctabatur, donec eu(m) dimist, ubi eum b(e)nedixit. Jacob i(ste) Thomam ap(os)t(olu)m s(i)g(nifica)t, ang(e)lum (tangens), hoc est Christum tangens b(e)ned(ic)t(ioni)bus, h(oc) est testificari de sua resurrectione meruit.

在中央環圈外4角的《舊約》先知們，他們手中都拿著一如證詞的字捲軸；而當中左下一幅字捲軸的內文卻留白，未做抄繕[172]；其餘的3幅捲軸，出自以賽亞、耶若米、以及西番雅先知之手。它們依序如此寫道：

「我看到他的行為，要醫治他，引導他。」（Vidi eu(m) vidi et dimisi eum et re.）（以賽亞57：18）

「耶和華啊，求你使我們回轉歸向你，我們就得以回轉。」（Converte nos d(omi)ne ad te et convertem(ur).）（哀歌5：21）

「只要你敬畏我，領受訓誨。」（Veru(m)tam(en) timebis me suscipiens.）（西番雅3：7）

這3則出自〈以賽亞〉〈耶利米哀歌〉與〈西番雅〉《舊約》3書卷的摘引文，跟冊頁敘事圖像的關係，不盡然顯而易見。第一句先知以賽亞的經文，刻劃行為偏離正軌者，天主有如給予病人療癒且引導回歸正軌，揭示天主寬容、關懷與慈悲，以及底層是神應許的幫忙與協助，（Elliot, 2007, ACCS, 203-204）自然在新環境中是耶穌對多瑪的疑惑給予開導。接著兩句，從上下文的原脈絡看，環圈右上〈耶若米哀歌〉書卷的摘引文，則為先知為民請命於天主的詩句：「耶和華啊，……你為何全然忘記我們？為何長久離棄我們？耶和華啊，求你使我們回轉歸向你。」（哀歌5：20-21）具有祈求神助與關照愛護之意，透露神人互動，後者的無助，祈求神開示與介入的必要。至於中央環圈右下〈西番雅〉書卷的引文，則為耶和華的一句口諭：「只要你敬畏我，領受訓誨；其住處就不會照我原先所定的被剪除。」有訓誡之意也包含承諾及義務。這3句引言，大體上關涉基督教信仰核心價值與雙方互動盟約的關係，在信與義之下，申表天主與聖子對信徒不離不棄的關照與慈愛。

本冊頁主題為「耶穌復活顯現」4則敘事單元中最後一則。主圖像『疑惑的多瑪』主要勾勒門徒多瑪對耶穌復活的質疑，經兩幅《舊約》圖像『天使向基甸顯現』與『雅各與天使摔跤』的並置與類比下，關涉信義的主題得到彰顯。基甸主動要求天主展神跡，為門徒多瑪先行的案例牽出典故及史脈淵源。雅各因與天使摔跤，透過身體感知的觸覺，建立與多瑪伸手入聖體類比的連接基礎，進而為『疑惑的多

---

172 經與《貧窮人聖經》維也納抄本比對下，此字捲軸內文，或可能出自〈詩歌〉書卷86章4節：「你使你的僕人心靈歡欣。」（Letifica Domine animam servi tui.）參見Schmidt（1959），36。

瑪』冊頁上，有關耶穌復活顯現的事蹟，進一步提升到有關信與義的深刻課題，以及人神互動上的案例。除此之外，兩幅《舊約》圖像，一名自天而降的天使咸露出，造形外觀典雅，且這位"天使意表耶穌"，如兩則頌經文中所寫，便將耶穌從解疑惑的行動者身份提升，如先知字捲軸所寫，"我看到他的行為，要醫治他，引導他"，轉而闡釋敘明神人互動模式，為『疑惑的多瑪』此一事件做了貼切的註腳，成為行為典範準則，助於信徒遵行奉從。

32、『耶穌升天圖』（Ascension of Jesus）

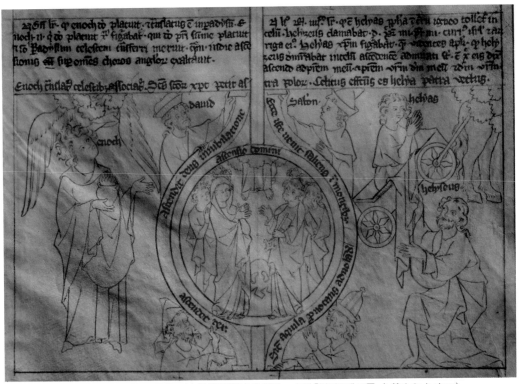

圖32：『耶穌升天圖』冊頁單元（左側『以諾隨主升天圖』、右側『以利亞升天圖』）（fol. 9r, below）
© Die Stiftsbibliothek St Florian

　　聖弗里安本冊頁主題是耶穌聖體被舉揚升天的經過，亦如環圈上方所寫「主的升天」（Ascensio domini），傳統慣稱為『耶穌升天圖』（德：Christi Himmelfahrt；英：Ascension of Jesus）（使徒1：9-11；路加24：50-53；馬可16：19-20），屬於基督教信仰宣認《信經》中基本教義之一。配置在主圖左右的《舊

約》預表圖，為左側的『以諾隨主升天圖』（德：Die Entrückung Henochs；英：Henoch taken to Paradise）（創世5：18-24）以及右側的『以利亞升天圖』（德：Die Entrückung Elias；英：Elias taken up in the Fiery Chariot）（列下2：9–14），分享不死升天的榮耀。環圈外側4位《舊約》先知群像為大衛王、摩西、以賽亞與彌迦等4人，組成冊頁7視覺圖像。

耶穌入殮後第3天復活，曾在不同時間不同地點向信徒顯現，前後約計10次。之後到了第40天，眾門徒「在他們觀望中，被舉上升，有塊雲彩接了他去，離開他們的眼界。」（使徒1：9）這是冊頁中央『耶穌升天圖』再現的情景。在畫幅上，耶穌已高高"被舉上升"，身體懸空，上身淹沒在兩朵雲彩中，惟雙膝以下可見下垂縐折的袍衣，還有留在地面上的鞋具等物。此一表現模組，屬於『耶穌升天圖』的3種再現方式之一。其餘兩種分為：耶穌在天使簇擁下置身於聖榮光圈（mandorla）中，以及比照摩西登西奈山獲頒十誡，採耶穌側身邁大步攀登峰頂來呈現。不過它們圖式雖然有別，在場的見證人卻大同小異，皆為諸位門徒與聖母齊聚一堂。（Schmidt, 1970, LCI, 268-276）聖弗里安冊頁上也不例外，聖母瑪利亞設置在左，面頰豐腴，兩側各4徒，包含手持天堂之鎖的彼得跟手握書卷的保羅，他們流露詫異不捨神情。對此，『耶穌升天圖』上方文本區短詩句，以紅筆寫到：「萬聖的耶穌，直抵天堂之星。」（S(an)c(tu)s s(an)c(t)or(um) Christus petit astra polor(um).）這顆星也指涉耶穌誕生時，引導東方3賢士前來瞻仰的伯利恆之星。（馬太2：1-2）

在冊頁環圈『耶穌升天圖』的左右，是兩幅《舊約》的預表圖，描繪尊榮的以諾及以利亞兩人，也受榮寵接引升天的情景。左側『以諾隨主升天圖』中，雙手端捧著火燄罐的以諾（Enoch）一人位居畫幅的中央，上方雲層一對天使翅膀中，神正伸出一手將以諾的頭髮一把提拎而去，因「以諾與神同行，神把他接去，他就不在了。」（創世5：24）原來，以諾是上帝為懲罰世人降下大洪水時諾亞的曾祖父，根據《次經》所載，他後來成為天堂諸眾天使的總管，也是月令的督導者。篇幅僅含5章的〈以諾書〉，後雖未能收錄於正典中，但《新約》書卷作者對於以諾隨主升天一事，曾多次提及，津津樂道。（路加3：37；希伯11：5；猶太1：14–15）在『以諾隨主升天圖』上方短詩句中，便再次重申〈創世記〉這段記載：「以諾接引升上天國。」（Eoch t(ra)nslat(es) celestibus e(st) sociat(us).）引人注意地，年輕人樣貌的以諾在圖

像上手拿火燄罐，誠如經書所寫，耶和華召喚摩西上西奈山時：「西奈山全山冒煙，因為耶和華在火中降臨山上。」（出埃19：18）據此看，那只火燄罐是神靈表徵的信物，適將"以諾與神同行"此段經文，以視覺圖像方式表現出來。

　　冊頁中央環圈設在右側的『以利亞升天圖』，則描述大衛統一前掃羅為王時期，先知以利亞榮寵天主，為火輪車接引升天的情景。跟他同行的，還有衣缽的傳人先知以利沙，在師徒「他們邊走邊說話的時候，看哪，有火馬和火焰車出現，把二人隔開，以利亞就乘旋風升天去了。」（列下2：11）以利沙好整以暇，立即上前「拾起以利亞身上掉下來的外衣。」（列下2：13）冊頁刻劃的正是這個時刻。在畫面上，一人站在一輛單側兩火輪長方形的車斗裡，外型十分年輕，這是先知以利亞，正由一匹僅露出後足雙蹄的後半身駿馬前引下，朝斜右方向正欲往天上奔馳而去。那匹前導駿馬的後肢孔武有力，且前半部為朵朵雲片所覆蓋，頗是生動。前景下方則為以利亞的衣缽傳人以利沙，外觀為一位蓄鬚長者，上揚單腳蹲踞的身姿，十分恭敬地接下以利亞傳世的法衣。全圖整體構圖安排細緻，火輪車騎座呈對角斜向朝上的方式處理，垂直落下的以利亞法衣，還有以利沙因為起風略為圓鼓的衣袍，再加上駿逸良駒跟雲片的處理，搭配整體上頗為悅目。不過，在人物造形上的表現，先知以利亞面容年輕，反是做為晚輩的以利沙一臉鬍鬚，似隱射天庭裡的青春永駐。在『以利亞升天圖』上方文本區的短詩句中，對於這幅圖如下寫到：「以利亞乘火輪車升入天國。」（Celicus eff(ec)tus es helya patra vectus.）為此幅《舊約》經典敘事圖像恰如其分做了精確地摘要。

　　聖弗里安卷帙冊頁這3幅敘事圖的主題，共同分享蒙受天主恩寵，3位尊貴人士接引升天的景象。冊頁上方的兩段頌經文循此便寫到：

　　我們在創世記中讀到，天主喜愛以諾，引領他上天。受天主喜愛的以諾，他是耶穌的預表，耶穌因受天父無比的愛，在眾天使聖樂中被引領上天[173]。

　　我們在列王記下讀到，以利亞乘火輪車升天，以利沙高喊到：「我父啊！我父啊！以色列的戰車、以色列的馭師！」以利亞他是耶穌的預表，以利沙是耶穌

173　拉丁釋文如下：In G(e)n(esi) l(egitu)r, q(uo)d Enoch deo placuit e(t) tra(n)slatus e(st) in p(ar)adysum, Enoch e(n)i(m), qui deo placuit, Christum fig(ur)abat, qui deo p(at)ri su(m)me placuit e(t) ideo i(n) p(ar)adysu(m) celeste(m) t(ra)nsferri meruit, c(um) (e)nim in die asce(n)sionis eu(m) sup(er) omnes choros angelo(ru)m exaltavit.

門徒的預表。門徒看著耶穌升天，聽著耶穌向他們說：「我要升上去見我的父，也是你們的父，見我的神，也是你們的神」[174]。

以諾跟以利亞在《舊約》中擁有一定的地位，特別是後者以利亞，他曾瓦解巴力神的勢力，數次顯示神跡，也是耶穌寶山變相跟摩西一道現身的先知。雖然以諾跟以利亞兩人相隔千百年，但《舊約》記載中，他們是惟二得接引升天的人。因而，上頌經文闡述到他們是耶穌升天的預表，具有相關濃厚類比色彩。同樣，頌經文中提到"以利亞是耶穌門徒的預表"，也因涉及衣缽道統的承傳，因此做平行觀。

聖弗里安冊頁中央環圈外側有4位先知見證人，他們分別是取自《舊約》的大衛王、小先知彌迦、所羅門王以及摩西等4人。他們手中字捲軸，為其相關《舊約》書卷的引言，上寫道：

「天主上升，有歡呼聲護送[175]。」（Ascendit deus in iubilatione.）（詩篇47：6）

「他們的君王走在前面[176]。」（Ascendet rex.）（彌迦2：13）

「看哪！他穿山越嶺而來。」（Ecce iste venit saliens i(n) montibu(s).）（雅歌2：8）

「如鷹誘導幼鷹飛翔[177]。」（Si(cu)t Aquila provocans ad voland(um).）（申命32：11）

這4則字捲軸上的經書摘引句，綜括而言傳遞兩訊息：一是對於耶穌升天的頌讚，一是他對子民的眷顧及疼惜跟引導。具體來看，起首第一則（詩篇）引言跟摩西堂兄可拉有關，因曾叛亂，可拉後幡然悔改，後裔子孫銘記在心，因而高歌頌讚全知萬能天主，如書卷中所載：「天主上升，有歡呼聲護送，上主騰空，有號角聲相從。你們應歌頌，歌頌我們的天主，你們應歌頌，歌頌我們的君主。因為天主是普世的君王，

174　拉丁釋文如下：In li(bro) Reg(um) quarto legi(tur), q(uo)d c(um) helyas p(ro)pheta in c(u)rru igneo tolle(re)tur in celu(m), Helyseus clamabat d(icens): P(ate)r mi, p(ate)r mi, curr(us) is(rae)l e(t) auriga ei(us). Helyas Christum fig(u)rabat, q(uem) videntes ap(osto)li, q(uos) helyseus dem(on)strabat, in celu(m) asce(n)dente(m) admirati s(un)t, c(um) Christus eis d(i)xit: Ascendo ad p(at)rem meu(m) et p(at)rem v(est)rum, d(eu)m meu(m) et D(eu)m v(est)rum. 文尾為一摘引句，參見：「我要升上去見我的父，也是你們的父，見我的神，也是你們的神」（約翰20：17）為『勿觸碰我』一圖中，耶穌讓抹大拉轉知門徒的話。
175　此摘引文中譯取自思高版（詩篇47：6），因與武加大古拉丁文版相近。
176　此摘引文中譯取自思高版。
177　思高版及和合版中譯文，經查與武加大古拉丁文版本不盡相同，本摘引文由筆者自譯。

你們都應該以詩歌讚揚。」（詩篇47：6-8）第二則出自小先知彌迦的引言，勾勒天主對子民的呵護，前面親自引領邁向信義正確的道路。如全句經文寫到：「他們的君王走在他們前面，上主親作他們的嚮導。」（彌迦2：13）〈雅歌〉的經文，則屬新娘神學的經文文本，是對耶穌殷切期盼的描述，似盼望基督最終再臨。最後一則，則為摩西臨終前，對以色列人的諄諄告誡之語，也含護佑引導之意。因稍早耶和華說：「我如鷹將你們背在翅膀上，帶你們來歸我。」（出埃19：4）。這4句先知摘引文，擁有位格頗高的4個不同主詞，對於耶穌升天賦予頌揚、歡呼、禮讚、崇奉之意，盡在不言之中。

　　本冊頁以『耶穌升天圖』為主敘事主圖，鋪陳耶穌在眾信徒眼前，被舉起升天的景象。《舊約》惟二不死的以諾與以利亞視覺化，為左右『以諾隨主升天圖』跟『以利亞升天圖』刻劃的主角，具超驗密契象徵色彩，圖上物件細節可觀性頗高，以諾上方天使碩大的翅膀從雲層中穿透而出的一隻手具魔幻色彩，為主圖制式化表現添增神聖性。本冊頁文本類的頌經文、短詩句、先知字捲軸引文也各司其職，為視覺圖像提供輔佐性的文字解說及闡釋，共同編織出一幅耶穌升天華麗聖化的情景，讓信徒參與分享此一榮景，跟神交融受其關照。

33、『聖靈降臨』（Pentecost）

圖33：『聖靈降臨』冊頁單元（左側『摩西獲頒十誡』，右側『以利亞與祭壇天火』）（fol. 9v, above）
© Die Stiftsbibliothek St Florian

聖弗里安本冊頁主題「聖靈的使命」（Missio sa(ncti) sp(iri)t(us)），繕寫於環圈正上方，意表教會傳教機制的啟動。在中央環圈內視覺再現題材一般名為『聖靈降臨』（德：Pfingsten；英：The Descent of the Holy Spirit，Pentecost），勾勒聖靈顯現在耶穌眾門徒前，載於《新約》〈使徒行傳〉2章1至4節。

冊頁編輯依慣例，收錄兩幅《舊約》預表圖像，其一為家喻戶曉的『摩西獲頒十誡』（德：Moses empfängt die zehn Gebote；英：Moses receiving the tablets）（出埃24：12）；其二為取自〈列王記〉上的『以利亞與祭壇天火』（德：Brandopfer des Elija；英：Fire of heaven consumes the Sacrifice of Eliah）（列上18：21-39），兩圖都涉及天主世間代理人跟天主的互動。接著，在中央環圈外側4角，為大衛王、以西結、西拉、及約珥等4位《舊約》人士半身像；搭配傳由他們所寫〈詩篇〉、〈以西結書〉、〈智慧篇〉、〈約珥書〉等4書卷各1則的摘引言，工整繕寫在雙環圈內，一起組成全冊頁7圖9文跨兩約的視覺元素。

根據〈使徒行傳〉所載，聖靈突然降臨顯現，發生在耶穌升天後的第10天，亦為耶穌復活的第50天，如書卷中寫：「五旬節那日到了，他們全都聚集在一起。門徒都聚集在一處。忽然，從天上有響聲下來，好像一陣大風吹過，充滿了他們所坐的屋子，又有舌頭如火焰顯現出來，分開落在他們各人頭上。他們就都被聖靈充滿，就按著聖靈所賜的口才說起別國的話來。」（使徒2：1-4）這也是後世普遍認知主張教會成立的誕生日，門徒因在聖靈充滿之下成為使徒，並經聖靈"所賜的口才說起別國的話"下，開始長途跋涉前往萬邦異國從事宣教的事工。

　　基督教信仰前後發展兩千年不墜，教會機制中傳教佈道的工作尤其扮演關鍵角色。本冊頁『聖靈降臨』來到源頭，闡述教會肇興來自聖靈的經過，因而在『聖靈降臨』這幅圖像中，共以10位門徒齊聚一堂共襄盛舉來表現。他們以左右對稱、前坐後站的方式，做整體設計構圖規劃。居中是正襟危坐的使徒彼得，表情肅穆，雙手一上一下握持耶穌親自交給他的天堂鎖匙，（馬太16：19）身負重大任務不敢稍有懈怠。左右兩側使徒井然有序，沿環圈弧形框緣依序排列，使畫面不顯擁擠，給予彼得居中一個寬敞不受干擾的位置，也凸顯他的身份地位。在《新約》〈使徒行傳〉記載寫道，"有舌頭如火焰顯現出來，分開落在他們各人頭上"，但冊頁上並未對此句話處理；而在門徒及彼得的正上方，安排象徵聖靈的聖鴿則翩翩然展翅，自5片雲彩中穿越而降，點出此幅作品的主題。誠如上方短詩句所寫正是：「聖靈佈滿聖人的心」（Pectora sac(roru)m replet alm(um) pneuma virorum.）。

　　細看圖像本身，『聖靈降臨』一圖中，使徒們並未冠上聖圈，另外更讓人意外的還有聖母瑪利亞的缺席，因後者為教會的表徵及代言，約自12世紀起至巴洛克時期為『聖靈降臨』圖的核心人物，圖像正中央的主位非她莫屬。（Mâle, 2013, 194）

　　在聖弗里安主圖『聖靈降臨』兩側設置的《舊約》敘事圖像，左為耳熟能詳的『摩西獲頒十誡』一圖，再現摩西上西奈山領取天主頒予的十誡石版。冊頁就此表現及刻劃頗為細緻。在周邊環境上，數株婀娜多姿、造形不一的草木與花卉，散佈在山際，予人心曠神怡的空間感。兩名頭戴丁字帽的猶太人，隱身於山後，露出上身，以見證人方式守候此神聖時刻。那座山丘造形外觀，一實線一虛線勾勒，平行彎曲呈弧形狀，跟十誡律法雙石版造形，及冊頁頂端在天主背後兩朵齒狀雲彩遙

相對應，處理不俗。摩西做為圖像意涵的承載者，以挺身跪姿全身側面的表現，造形微幅放大。蓄鬚身著及地長袍，年邁已老的摩西一邊仰首恭敬虔誠地看著天主，一邊則伸出雙手，托著接住天主親手交給他的兩塊十誡石版。在石版上有一段紅字的銘文，但並非十誡律法的內文，而是取自《新約》〈馬可福音〉一段著稱文本：「你要盡心、盡性、盡意、盡力愛主－你的神。」（Diliges dominum deum tuu(m) ex toto corde tu(o) e(t) ex to(ta) an(im)a t(ua).）（馬可12：30）這句話雖然溢出《舊約》圖像本身的時空軸，但它卻出自耶穌之口，是他在被徵詢十誡第一條時所做的回覆。（馬可12：29-30）以紅筆書寫在上方的短詩句中，回歸圖像的主題則總結道：「天主的律法，在西奈山交給摩西。」（Lex e(st) di(vi)na Moysi data v(er)tice syna.）

　　『摩西獲頒十誡』圖上還有一細節也須一提，即是摩西的外罩長袍不尋常地做了渲染層次性的處理。聖弗里安古帙基本上，除了首發『聖告圖』冊頁出現過將人物衣衫完整的做了上色圖繪，之後冊頁上一律採白描、線性方式來做造形勾勒經營。『摩西獲頒十誡』此處有著圖繪上一個偶發的試作，實屬特殊。

　　在聖弗里安『聖靈降臨』主圖右側，編排嵌入的圖像是『以利亞與祭壇天火』，也關涉一則神跡顯現，先知以利亞跟天主互動的經過。在北國以色列哈拿王朝時期，因王后耶洗別崇奉異教巴力神，違綱亂紀，耶和華的先知一一遭其迫害。當時先知以利亞奮不顧身地站出來，挑戰巴力神祭司多達450人。在冊頁圖像上以極簡濃縮化方式處理，僅安排先知以利亞與身後一老一少兩人、一張祭壇桌、其上一隻火燄中獻祭的牛犢，來做場景的鋪設與安排。『摩西領授十誡』一圖上，天主自左上角顯身，『以利亞與祭壇天火』一圖這個位置，也是雲層中天主伸出手來的所在。根據經書記載，此時天主正下達神跡：「於是，耶和華降下火來，燒盡燔祭、木柴、石頭、塵土，又燒乾溝裏的水。」（列上18：38）原來，這是一場代理人兩造先知比武的賽事。以利亞與巴力神的先知相互約定，在祭壇上獻上牛犢，而勝出的一方屬於「那降火顯應的神，就是神。」（列上18：24）結果任憑巴力神的先知一再求告，毫無所動靜；而以利亞祈求天主，天主便降下炯炯大火，讓「眾民看見了，就俯伏在地，說：『耶和華是神！耶和華是神！』」（列上18：39）就此，冊頁上方文本欄短詩句即寫到：

「天降大火，感動眾人歸依。」（Celica fla(m)ma ven(it) e(t) pleb(is) p(ec)tora lenit.）記錄下『以利亞與祭壇天火』一圖的結果。

　　冊頁上『摩西領授十誡』及『以利亞與祭壇天火』這兩幅《舊約》圖像，安頓在『聖靈降臨』主圖的左右，循慣例它們之間有著關鍵性的互動對話以及預表關係。冊頁上方文本區兩則左右的頌經文便闡釋道：

> 我們在創世記讀到，天主對摩西說：上山到我這裡來，我要給你律法的兩塊石版。摩西獲得銘刻律法的兩塊石版，在聖靈節這天，新的律法也銘刻在齊聚一堂使徒的心中[178]。

> 我們在列王記讀到，先知以利亞架起牛犢燔祭，放妥薪材，四周圍著民眾，便向天主大聲求助。這時天降大火，將祭物燒毀殆盡。聚集民眾全體便信了。天降大火，這是聖靈節降下大火的預表，它以火耗盡門徒身上所有的罪[179]。

　　由這兩則頌經文所述可知，主圖『聖靈降臨』跟『摩西領授十誡』的關係，建立在聖三論的神學基礎上。天主頒賜十誡律法給摩西，這是舊律法；耶穌受難犧牲帶來新的救贖福音，出於天主賜贈聖子給世人而來，因而這是新律法。頌經文上寫到"在聖靈節這天，新的律法也銘刻在齊聚一堂信徒的心中"，指的正是耶穌帶來的新的救贖福音，新律法將取代摩西代表的舊律法時代。此之外，摩西獲頒十誡的紀念日，在古代希伯來時正落在五旬節這天，因而從節慶端上看，『聖靈降臨』跟『摩西領授十誡』也有密不可分的關係。（Park, 2008）

　　再就『以利亞與祭壇天火』跟『聖靈降臨』兩圖看，誠如上頌經文已敘明，"天降大火"是它們主要的接榫點。前者的神蹟由耶和華降旨所施行，後者由聖靈親臨現場所展露，聖父聖靈之間有著三位一體神學基礎。另外，天主及聖靈之火也彼此呼應。因前者讓聚集"民眾便信了"；後者則"耗盡門徒身上所有的罪"，兩相扣合，新舊約彼此呼應，為預表論貼切不過的示範。

178　拉丁釋文如下：In Exodo legi(tur), q(uod) Do(minus) dix(it) ad Moysen: Asce(n)de ad me i(n) montem et dabo t(ibi) duas tabulas testimonii. Si(cu)t Moysi lex fuit data in tabulis lapideis inscriptis, sic in die pentecostes fuit lex nova i(n) cordibus fideliu(m) sc(ri)pta, q(ua)ndo ignis di(vi)nus in linguis sup(er) crede(n)tes in unu(m) congregatos apparuit.

179　拉丁釋文如下：Leg(itur) in lib(ro) Re(gum) quarto, q(uod) helyas p(ro)ph(et)a, c(um) i(m)po(s)uisset holocaustum bovem unu(m) sup(er) ligna et c(ir)cu(m)stante p(o)p(u)lo i(n)vocavit do(minum) (et) ig(n)is ve(n)iens de celo c(on)su(m)psit o(mn)ia et sic p(o)p(u)lus cred(idit) do(mino). Iste ignis celi(cus) fig(ur)abat illu(m) ig(n)em di(vi)num, q(ui) i(n) die p(e)nt(ecostes) venit su(per) discip(u)los e(t) eos p(ur)gavit et o(m)nia vicia p(e)cc(at)oru(m) in eis consumpsit.

針對本冊頁的3敘事圖，特別是就『聖靈降臨』主圖而言，中央環圈外側的《舊約》大衛王（David）、以西結、西拉[180]（Syrach）、約珥等4位先知見證人，與傳由他們所寫的〈詩篇〉、〈以西結書〉、〈智慧篇〉、〈約珥書〉等4書卷，編纂者各精選摘引文一則，共襄盛舉，做為神學論述的延伸。這4句先知摘引文如此寫道：

　　「諸天藉耶和華的話而造。」（V(er)bo d(omi)ni celi firmati sunt.）（詩篇33：6）

　　「我必將我的靈賜與你們心中。」（Sp(iritu)m meu(m) ponam in medio v(i)ri.）（以西結36：27）

　　「天主的靈充滿了世界[181]。」（Sp(iri)t(us) d(omi)ni replevit orbem t(er)rarum.）（智慧1：7）

　　「我要將我的靈澆灌我的僕人和使女。」（Sup(er) servos meos (et) ancillas.）（約珥2：29）

這4則《舊約》摘引句，基本上後面3則從字面上皆可切入直接理解，都跟聖靈有關。取自〈詩篇〉經文的第一句，則底部涉及一個隱示意，亦直指天主創造天地人類，咸以邏各斯（logos），亦語言畢盡其功，此為基督教西方文明一大特色。如同聖靈現身，便"有舌頭如火焰顯現出來，分開落在他們各人頭上"，或"按著聖靈所賜的口才說起別國的話來"，皆不脫邏各斯、話語這個媒介。使徒任重道遠未來前往萬邦諸國傳播福音，也仰賴口語。因而〈詩篇〉這句引文出現在『聖靈降臨』一旁，同時也貼合『摩西領授十誡』所涉的文字底蘊。

　　接續3則《舊約》摘引文，則環繞在聖三論中聖靈的主題上，且進一步闡述『聖靈降臨』主圖，亦聖靈不單單降落在使徒的頭上，"讓他們被聖靈充滿"，聖靈此外亦無所不在，"充滿了世界"，"充滿我的僕人和使女"，如恩典般"賜與你們心中"，可說為諸眾信徒所共同分享。如此申表闡述聖靈的角色功能及本質所在，凸顯教會立足於聖靈的訊息、教會源起的神聖性，以及教會不可動搖的權威性。

180　冊頁右上先知身旁，加註西拉（Syrach）之名，不過，此句摘引文出自《舊約》〈智慧篇〉，相傳為所羅門王所寫。《舊約》中傳由西拉所寫的〈西拉書〉，思高譯名為《德訓篇》，此二書卷於新教中屬《舊約》次經，做註敘明。
181　思高版中譯，經查與武加大古拉丁文版本不盡相同，本引句由筆者自譯。

本則冊頁單元圖文設計編排四平八穩，預表論結構也堪稱完整。純視覺層面看，兩幅《舊約》圖像納入自然界的植物與動物，也交待含山坡的背景空間，可觀性頗高；摩西跟以利亞兩位先知他們身上袍衣皺折渲染處理，也饒富變化。聖靈降臨，在基督教亦稱五旬節，具神秘宗教色彩，也為一異象。聖靈為聖三位格中的一員，由聖靈所創設的教會，則具宣講聖父聖子救贖福音的重大使命，在本冊頁中有完善的呈現。對於教會底層修道院的基層而言，認知所屬機制歷史源頭出處，自屬不可稍忘的重要課題。

　　繼耶穌復活升天之後，擴充兩則跟耶穌生平事蹟並無直接關係的敘事單元，即本則的『聖靈降臨』，與隨後的第二則『聖母之死』冊頁。

34、『聖母之死』（Coronation of the Virgin）

圖34：『聖母之死』冊頁單元（左側『巴示拔與所羅門王』，右側『以斯帖封后』）（fol. 9v, below）
© Die Stiftsbibliothek St Florian

聖弗里安《貧窮人聖經》卷帙最後一則敘事單元為『聖母之死』（德：Tod Mariens；英：Coronation of the Virgin）（使徒2：1-4），顧名思義，描繪耶穌母親瑪利亞往生辭世經過。聖弗里安古帙啟首以報佳音『聖告圖』揭開序幕，現以瑪利亞『聖母之死』收尾，前後呼應，結束古帙總計34則耶穌生平代表事蹟的敘事。

被置在本冊頁『聖母之死』環圈主圖兩側的《舊約》預表圖像，分為取自〈列王記〉上所記載的『巴示拔與所羅門王』（德：Batseba vor Salomon；英：Solomon enthrones Bathsabee）（列上2：19-20）、跟出自〈以斯帖〉一書的『以斯帖封后』（德：Ester vor Artaxerxes；英：King Assuerus honors Esther）（以斯2：15-23）。這兩幅敘事圖像跟主圖『聖母之死』的結合，乍看並不明顯，但底層仍密合不分。在中央環圈外側4角落配置的先知半身像，分為大衛王、以賽亞、所羅門王、西拉等《舊約》顯赫人士，他們手邊皆持有一段摘引文，工整地書寫在環圈內，再加上另兩則頌經文、3則短詩句，組成本冊頁7圖9文的總體物件。

在基督教發展史上，聖母瑪利亞的身份地位自4世紀起揚升攀高。325年尼西亞大公會議（The Council of Nicea）決議頒定「童貞瑪利亞」（Virgin Mary）頭銜，431年以弗所大公會（The Council of Ephesus）後明定「天主之母」（Theotokos、God-bearer）之名；649年拉特朗大公會（Council of the Lateran）決議中，再賦予「終身童貞」頭銜（Perpetual Virginity of Mary），至西元7世紀之際，聖母瑪利亞在基督教中崇高地位已無可動搖。（Berceo, 1997; Foskett, 2003）

另一方面，誠如早期教父薩拉米斯的伊皮法紐（Epiphanius of Salamis, c. 315–403）所言，《新約》中對於聖母瑪利亞的辭世經過未做任何的記載，對於聖母之死或未死或是入眠，還有關於她的安葬所在地，都不曾提及。惟5世紀末至9世紀之間，這段空白因大量文本出爐而得以補齊。（Tavard, 1996, 24；Schoemaker, 2003）在視覺藝術上，聖母之死相關圖像，在中世紀盛期約10至12世紀間，由拜占庭藝術進入西歐，之後廣泛地露出在手抄彩繪、象牙書盒、鑲嵌畫、教堂門楣浮雕等跨媒材創作上，前所未有地受到重視。（Beckwith, Krautheimer, & Ćurčić, 1986）

就聖弗里安本冊頁而言，雙環圈正上方循照慣例以硃砂色筆書寫在冊頁上的主題，是「聖母升天」（Assu(m)pc(i)o marie）字樣。不過，環圈內的主圖像，並不是聖母升天，而是稍早臨終往生的情景，藝術史上擁有獨立圖像，稱為『聖母入眠』（Dormition of the Mother of God）。

在本冊頁的圖像上，聖母往生臨終場景設置隆重莊嚴肅穆。在一張水平向碩大的床鋪上，聖母微微側身躺在其上。全身跟雙腳都裹在衣袍裡，僅露出臉部五官，跟交叉於胸前的雙手。她的眼皮也垂下，呈往生之狀。左右各6名門徒全數到齊，或搥胸，或驚愕啞口無言，流露無比哀悼的神情。前景上，十分別緻地擺著兩兩一組4根豎立燭台，襯托聖母往生聖潔及祝禱氛圍。畫面居中還有一個不尋常的情節─蓄鬚的耶穌不單現身在現場，且手中抱著一名頭戴冠冕的捲髮女童，十分獨特。原來這是聖母靈魂的象徵，耶穌此時顯現，如生前所承諾引領她升天[182]。正如上方短詩句寫到：「聖母瑪利亞與耶穌重逢在天堂。」（Iu(n)git(ur) assu(m)pta Christo pia vi(r)go Maria.）這句短詩距焦點在聖母往生後升天，並與聖子"耶穌重逢在天堂"，正面直接回應如前述，本冊頁以「聖母升天」為 主標的原因。

配置在環圈左右的兩敘事圖採自《舊約》，為『巴示拔與所羅門王』及『以斯帖封后』兩圖。在整體畫幅構成上同質性頗高，皆以皇族人士，頭戴冠冕，一男一女，雍容華貴，高坐寶座來表現。如左側圖『巴示拔與所羅門王』，一左一右坐寶座上的，是母后巴示拔（B(er)sabee）及所羅門王（Salo(mo)n），依經書明載：「拔示巴去見所羅門王，……；王起來迎接，向她下拜，就坐在位上，吩咐人為王母設一座位，她便坐在王的右邊。」（列上2：19-20）在右側圖像『以斯帖封后』上，也是頭戴冠冕的一男一女，他們是以斯帖（Hester）及亞哈隨魯（Assverus）國王，兩人動作姿態也猶似正在對話中。根據經書寫到：波斯的「亞哈隨魯王第七年十月，就是提別月，以斯帖被引入宮見王。王愛以斯帖過於愛眾女，她在王眼前蒙寵愛比眾處女更甚。王就把王后的冠冕戴在她頭上，立她為王后。」（以斯2：16-17）圖像上，以斯帖頭戴冠冕，手上握著一支權杖，受王寵愛，可見一斑；另外，亞哈隨魯王手中也拿著一枚戒子，

---

182 根據Stephen Schoemaker對聖母入眠及升天早期文獻的研究，大約5、6世紀出現諸多版本關涉此一主題的著述，及至10世紀以多國語言撰寫多達60多種；視覺藝術創作之後開始回應，約起自9、10世紀及至於文藝復興時期。從《巴多羅繆福音書》（*Gospel of Bartholomew*）中記述知悉，耶穌是在大天使加百利及彌迦勒隨同下前往接迎聖母的，不少視覺圖像亦循此加以處理，如今藏慕尼黑國立立圖書館，神聖羅馬帝國皇帝奧圖三世（Otto III, c. 980-1002）所屬的福音書繪本象牙外盒上（編號ms. Clm 4453，約10世紀末完成）即可見兩天使現身的視覺案例。參見Schoemaker (2003); Beckwith, Krautheimer, & Ćurčić (1986), 圖版194。

則是原屬密謀屠殺猶太人未果，朝中大臣哈曼所有，現贈給一手扶養以斯帖長大且揭發密謀的末底改（以斯8：1-2）。對此，圖像上方兩則短詩句分別寫到：「母親前來宮中，所羅門王賜予寶座。」（In t(ro)no m(at)rem Salo(mo)n locat adve(n)iente(m).）「聖子跟他的母親，也是亞哈隨魯王跟以斯帖。」（Rex d(eu)s, et m(ate)r hic est assverus et hester.）針對『巴示拔與所羅門王』及『以斯帖封后』兩《舊約》敘事圖的主題，做了直接跟預表關係兩種不同的表述。

　　對於上面這3幅敘事圖的並置原因，在本冊頁上有更進一步的闡釋，上方文本區一左一右寫下兩則頌經文，它們是如此寫的：

> 我們在列王記上讀到，所羅門王的母親巴示拔來到宮中，所羅門王親自下令，在自己的王位一旁，給母親一個寶座。巴示拔是榮耀聖母瑪利亞的預表。在接引升天之後，聖母的寶座在真正的所羅門王，也便是我們的主耶穌一旁[183]。

> 我們在以斯帖中讀到，亞哈隨魯王在以斯帖來到宮中時，尊榮地接待她，讓她坐在自己的身旁。以斯帖皇后是榮耀聖母瑪利亞的預表。亞哈隨魯王意表耶穌基督。在接引升天後，聖母尊榮的寶座，在天國耶穌的一旁[184]。

聖母瑪利亞/耶穌、巴示拔/所羅門王、以斯帖/亞哈隨魯，在上面的頌經文，工整的將聖經這3組舉足輕重的人士做了平行觀。後面兩組出自《舊約》，前一組為《新約》人士，這樣便如頌經文中所述，形成《舊約》預告《新約》，亦"預表"的概念。從視覺端的角度看，『巴示拔與所羅門王』及『以斯帖封后』兩圖，一男一女頭戴冠冕，雍容華貴並排坐在寶座上，其尊榮身份，便如鏡像般，似可將未來的事，亦天堂裡「聖母加冕封后」（Coronation of the Virgin）的意象，迴映在環圈內的主圖上。

　　從視覺及頌經文上來看，環圈主圖再現主題為『聖母之死』；環圈主標題繕寫的是「聖母升天」；上面頌經文寫到，在聖母"接引升天後，聖母尊榮的寶座，在天國

183　拉丁釋文如下：Legitur in libro Regum quarto, quod, cum Bersabee mater salomonis fuisset ingressa ad eum in palatium suum, ipse rex salomon iussit poni matri sue thronum iuxta suum. Bersabee virginem gloriosam significat, cuius thronus in die assumptionis positus fuit iuxta verum salomonem, scilicet dominum nostrum Jesum Christum.

184　拉丁釋文如下：Legitur in libro Hester, quod, cum regina Hester venisset ad assverum in suum palatium, ipse rex assverus eam honorando iuxta se posuit. Hester regina virginem gloriosam significat, quam assverus, id est Christus, in die assumptionis sue in gloria iuxta se collocavit.

耶穌的一旁"。聖母往生、升天、在天國耶穌一旁,這一共3個訊息,讓聖弗里安本冊頁含有多義性與複合時間性,而且所涉議題,並不受限於『聖母之死』的主圖上。

在環圈外側,4位《舊約》先知半身像集結大衛王、以賽亞、所羅門王、西拉等人,以及傳由他們所寫的〈詩篇〉、〈以賽亞書〉、〈雅歌〉、〈智慧篇〉等書卷的4則摘引文,同樣不單設限在『聖母之死』,也對天上聖母禮讚與祈願。它們依序如此寫道:

> 「民中的富足人也必向你求恩。」(Voltu(um) dep(re)cabu(n)t(ur) om(n)es divites.)(詩篇45:12)

> 「將獲得黎巴嫩的光華[185]。」(Gl(ori)a liba(n)i data est ei.)(以賽亞35:2)

> 「那上來的,是誰啊[186]?」(Que e(st) ista que ascendit.)(雅歌3:6)

> 「純潔的後代,在美德的光輝下,多麼美麗[187]!」(Q(uam) pulc(hra) e(st) casta generatio c(um) caritate.)(智慧4:1)

這4句揀選自《舊約》的引文所傳遞的聲音,頗如當代對話理論家巴赫汀(Michel Bakhtin)提示的眾聲喧嘩(heteroglossia);宛若各自一把號,各吹各的調。譬如,特別從原脈絡來看,〈詩篇〉為一婚宴的讚辭,〈以賽亞書〉描述的是神聖信義的大道,〈雅歌〉則刻劃由曠野來的新娘,而〈智慧篇〉是在義人與惡人排比下,對前者的讚譽。然聖弗里安編纂者裁切編輯跟重組再脈絡化後,則無縫接合,產生跟「聖母升天」及「聖母加冕封后」完滿扣合為一體的意象。按照排序順次看,則先是對於聖母恩典不分階層地同為子民所共享、再是對她光耀華麗燦爛美德的頌讚、跟她往之後升天的預告,最後來到對無垢聖母與聖子共同的禮讚。

在《關於童貞瑪利亞入眠與升天的古代傳統》(*Ancient Traditions of the Virgin Mary's Dormition and Assumption*)一書中,基督教史學者Stephan J. Scheomaker提到,關於聖母瑪利亞之死,在西元5至9世紀間大量書寫的描述經

---

185 此句〈以賽亞〉摘引文,取自思高版中譯。
186 此句〈雅歌〉摘引言,依卷帙拉丁文由筆者自譯。
187 此句〈智慧篇〉摘引文,取自思高版中譯。

過雖然不一，但分享下幾個觀點：瑪利亞應是在耶路撒冷辭世；臨終時，數名門徒在場，還有耶穌奉迎母親靈魂以及她的身體，或是靈魂進入天國。（Shoemaker, 2002, 2）這些接續西元7世紀前，聖母受官方欽定的身份，如「童貞瑪利亞」、「天主之母」、「終身童貞」等，為瑪利亞生平事蹟進行了補完工程。

綜括之，聖弗里安本敘事冊頁可謂繁複多義。『聖母之死』作為環圈視覺上的主圖，底層卻關涉聖母升天以及加冕封后的議題。此一複合多意象的共融，為本冊頁一大特色。現存於大英博物館的《貧窮人聖經》單印本，於1460年後就此重整，以『聖母加冕封后』取代『聖母之死』主圖，這則跟左右兩圖『巴示拔與所羅門王』及『以斯帖封后』合諧融入為一。最後就冊頁引進《舊約》先知及摘引文而言，他們翩然降臨現身見證，齊聲吟誦聖樂章，為這位基督教史上獨一無二的母親—耶穌生母瑪利亞，致上無與倫比的崇拜與頌揚，而聖弗里安《貧窮人聖經》古帙從報佳音起始，經耶穌誕生、公開宣教、受難犧牲、復活升天，及至聖母辭世，至此也為之劃下34則敘事完美的句點。

結語

本書以聖弗里安修道院圖書館珍藏的《貧窮人聖經》為考察對象。中世紀晚期1310至1320年間成書的這本繪本，是今傳世70餘手抄古帙中最早的一本，纖細線條，風格流暢，人物修長飄逸身姿，屬於中古哥特式風格脈絡創作，質地優而典雅有致。

基督教視覺藝術圖像淵遠流長，其首要任務乃在佈道與宣教，聖弗里安《貧窮人聖經》自不例外。耶穌生平系列圖像為卷帙主題，計分耶穌童年時期、公開宣教時期、受難犧牲時期、以及復活升天登基等4區塊，共34則於其中娓娓道來，有條不紊，並在每冊頁上，以7圖9文組織，進而闡揚耶穌一生道成肉身、受難犧牲、基督救恩福音神學。此一橫跨耶穌基督一生的布局鋪設，企圖宏偉，雄心壯志，尤其適用於宣教佈道，透過圖文元素的巡禮，可逐一進行描述、闡說、聯結、以及延伸論述，便足以耶穌生平事蹟圖的底蘊要義宣講發揚出來。這正是《貧窮人聖經》成為一本教科書基礎性讀物的功能及職責所在。

聖弗里安《貧窮人聖經》最大特色在於引進基督教預表論神學觀，據此運用貫穿在全帙的編輯上。一幅《新約》記載的耶穌主視覺圖，搭配兩幅《舊約》敘事圖，在底層面上後者做為原型、前者為其對範的預表論結構，不僅僅古為今用地拉出歷史縱深，更是孕釀出神秘預告、預表的扣合一體的底蘊意涵。也因此，此一視覺表述手法帶含論述色彩，這與傳統基督教藝術一般再現式的創作模組製程不一，也跟傳統聖經手抄本逐字抄繕聖經全書或特定章節，截然不同。聖弗里安全書配備32幅耶穌事蹟圖、64幅《舊約》敘事圖、136則《舊約》摘引句、136位《舊約》先知半身像。再由編纂者嵌入64則頌經文、136則短詩句，整體有如超聯結、多維向外擴張的網脈，以基督中心論為槓桿軸心基座。

經剖析之後，我們也發現，該卷帙雖然運用基督教預表論神學觀，然在冊頁具體實務操作上，未必一成不變。如在耶穌復活後『向門徒顯現』冊頁單元上，搭配兩幅的《舊約》圖像中，右側圖為『浪子回頭』的敘事，意外地來自《新約》。或在耶穌童年時期『入聖殿』的冊頁上，左右《舊約》配置圖為『長子獻主』與『撒母耳聖殿獻主』圖，後二者跟預告應驗關係偏弱，主為古代獻子儀禮的再現。而其他跨新、舊兩約的配置，仰賴圖像類比學的不在少數，反足證預表論神學的應用，未必死守應驗上的內容，更是並置對照平行觀的一種結構，可因地制宜，靈活運用與開發。

《貧窮人聖經》的編纂手法運用預表論神學的模組製程，將古代至少三種類的文本重做組裝，也值得大書特書。這三類文本，一是西元前2世紀之前陸續成書的希伯來人《塔納赫》，亦後《舊約》聖經各別書卷內文；二是西元5世紀前，基督教早期東西方教父及神學家，就預表論神學所撰就豐富的解經著述、三是收錄約西元1至3世紀書寫完成，記載耶穌生平傳記的4大《新約》福音書。這些取自不同時空地域的文本，在中世紀晚期14世紀初《貧窮人聖經》卷帙中薈萃集結，齊聚一堂，共構完成，一方面反映中世紀神學家阿奎那「永恆統一的時間觀」，或「永恆共時的現在」；另一方面，類如晚近法國藝術評論家及策展人布里歐（Nicholas Bourriaud）在當代視覺藝術所看到的一種名為「後製作」（post-production）的創作模式。去線性結構的時間觀，在20世紀下半葉後現代主義中佔一席之地，《貧窮人聖經》所呈現的跨時空超聯結，有其自身歷史文化發展脈絡以及條件，然其繁複多皺折組裝的結構及規模，可為當代提供參照。

此外，《貧窮人聖經》還提出一個跟時間有關的議題，在此也需做強調及彰顯。那便是在視覺機制跟抽象神學知識間的關係，前者不單先行，也足以提供更為真實的歷史現實感。這也是說，《貧窮人聖經》冊頁上在同一視覺平台，各樣式圖文物件的並陳，讓它們產生時間上的臨場性，便弭平了其出處來源的異質紛歧性，同時克服時間上的隔閡。這對基督教教義、信理的推廣與傳播有著重大貢獻。尤其隨著時代嬗遞與變遷，基督教知識不斷堆累下，當跨媒體轉換為視覺圖像時，則所有過去歷時性的知識便共時地攤展在同一平面平台，亦即觀者的眼前。如此視覺圖像擁有了凝結時間的力量，遠遠非抽象知識可以比擬。循此看，《貧窮人聖經》做為基礎讀物教科書，彌足珍貴，為後世留下中世紀晚期，基督救恩神學知識在生產與傳遞上，一份難得的視覺歷史性文獻。

最後，《貧窮人聖經》對於《舊約》圖像文本的徵引與再運用，也有另一個長遠的影響。它讓任何《舊約》圖像，不免在視覺預表論圖像的觀視角度下，皆折射映照耶穌基督中心論救恩史的福音。誠如奧爾巴所言，"預表論神學的詮釋，改變以色列民族有關律法與歷史的舊約，成為一系列有關耶穌基督的預表、以及有關耶穌的救贖觀……。"《舊約》原本的史書規模，因而轉移為針對耶穌基督作為彌撒亞身份的表述。1508至1511年底，米開朗基羅完成西斯汀天庭曠世壁畫，題材咸取自《舊約》文本，而其旨趣底蘊在闡揚天主聖父聖子拯救世人恩典計畫，也反映此一方法論的實踐。綜括之，《貧窮人聖經》做為系統性展呈耶穌生平事蹟，收納預表論神學當中豐碩的知識果實，成為中世紀末期14世紀初視覺文化史見證之一，有其本身獨樹一格的本質特色。

西方中世紀手抄繪本，為國內藝術史研究關照的邊緣區塊。不同於實體藝術品遙不可及，今天在高科技傳播載體巨大變革下，數位典藏已十分普及，西方中古時期及古代重要手抄繪本，在西方各公立圖書館的古書網頁上，已垂手可得，且畫值不俗，成為研究分析對象，頗具有潛力，也值得開發。本書就聖弗里安《貧窮人聖經》繪本卷帙考察，拋磚引玉，期與國內讀者分享，或也為國內此領域研究推開一扇窗。

附錄
互涉圖像與並置型創作的實踐：
16世紀前基督教預表論神學的7種視覺圖式

本文最早發表於2012年《藝術學報》10月號期刊（頁1-29），為筆者繼〈大英博物館藏《貧窮人聖經》編號C.9 d.2啟首頁『聖告圖』為例〉一文後所寫。惟當時蒐尋預表論神學視覺圖像相關書籍，僅查獲*Dictionary of art*及*Lexikon der christliche Kunst*兩學術工具書中參考性資料，於是便依當中的介述按圖索驥地考察，方撰就本文，作為針對預表論神學宏觀之視覺發展的初步釐清。

筆者在文中主要關照重點，在預表論圖像的表現模組上，依上引的兩工具書所列的範疇內容，釐析自基督教早期藝術至16世紀初文藝復興盛期，共計為7種的視覺表現圖式：（一）平行對稱型、（二）局部混合型、（三）隱涉暗喻型、（四）系列整合型、（五）從屬邊緣型、（六）置換轉向型，以及（七）融入共生型等，並各篩選一件代表性視覺創作來做闡述。現今回顧，此文篇幅不長，然註腳中將文藝復興前視覺預表論相關重要代表性作品蒐羅其中，在今天國外有關視覺預表論概論書籍仍未見出刊下，仍具參考價值。

本論文撰寫於2012年，回顧過去10年來西方藝術史學界針對視覺預表論的研究，實出人意表地有重要成果產出，反映視覺預表論作為藝術史學門關鍵詞，態勢明朗化。本書第一章中就此做了梗概性地介述，在此不再重複，惟兩點須做提及：其一是在分期斷代上，本論文以16世紀初為下限，晚近研究則延伸至巴洛克時期創作，換言之，視覺預表論的文獻持續出土中，研究能量及範疇也在拓展中；其二在研究焦點端上，本文探討視覺預表論並置手法，從事跨時代層面的關照。此一面向取徑相對少見，期待未來能出現交集，促進議題進一步探討跟發展。

最後，本書羅列該論文於附錄中，幾個技術面細節，仍需說明：一是文稿已經過重新修潤，然內容則維持原樣，未做任何更動。二是所引用得資料與格式，為求與本書統一，乃做了調整，且為免重複，參考書目整併納入本書書尾，以便於檢索。三是原論文摘要因與內文重疊，故刪除之。

前言

在現當代藝術認知中，並置（juxtaposition）型的創作在20世紀初立體派平面畫作與杜象現成物中最早露出。「美麗一如縫衣機和雨傘在解剖台上偶發邂逅」，出自法國詩人杜卡色（Isidore Ducasse, 1846-1870）的這句超現實名言，無疑為並置性創作的詩意魅力下了最佳註腳。

不過，異質物件遇合所構成的並置型創作，並非現當代藝術的專利。依筆者觀察，基督教「預表論神學」的視覺創作實踐，媒合不同出處文本於同一平台，應視為古老並置型創作的先聲。

源自西元5世紀前基督教早期教父論述的預表論神學（typology，另譯預像學、預兆學、預示論、表記學等），主要標的在接合（articulate）[1]希伯來聖經（舊約）與基督教（新約）聖經的一門解經（exegesis）詮釋學。其主要功能，誠如兩位學者晚近所說，在於將希伯來聖經「基督教化」（Christianization）。（Magdalino & Nelson, 2010, 3）因而落實在視覺載體上。基督教預表論圖像，有兩大表現特色：一為新舊兩約文本的共時並置展呈，另一為它們之間具有視覺解經（visual exegesis）色彩，亦指在同一視覺平台上，新舊兩約文本產生強制性的互涉結構及主從關係，進而可「主動建構解經意涵，而非被動再現它。」（actively constructed exegetical meaning, rather than passively representing it. Hughes, 2006a, 180）。

基督教預表論神學圖像的創作實踐與神學理論同步發展，貫穿西方藝術各斷代期。追溯當今已知預表論圖像的最早案例，羅馬地下墓窟壁畫約在3世紀時已出現，中世紀盛期11至13世紀為其發展的高峰期。14世紀時，不同修會自我宣稱運用其載體；而在文藝復興冠冕—西斯汀小教堂卓絕的壁畫上，有著最終集大成與全面性的展呈。自此之後，因受宗教改革衝擊，預表論神學圖像逐漸退潮也趨沒落；不過，巴洛克重要代表性藝術家如魯本斯、林布蘭特等人畫作中仍零星可見其蹤。然19世紀英國維多利亞時期，有如迴光返照，環繞在畫家、著名理論家羅斯金（John

---

1 articulation本文使用含意，採自文化研究學者 Stuart Hall挪用後馬克思主義學者Ernesto Laclau於1977年最早提出之「接合理論」（articulation theory）。接合一詞在Hall移轉下，跟宗教發生關係。他說：「宗教沒有必然的、本質的、超歷史的屬性，宗教的政治與意識型態意義，直接發生它在不同形構中的位置，……由於這些接合關係並非無可避免，也不是必然如此，因此也具有被轉化的潛在可能性。」在該訪談中，Hall純就理論層面談，未涉入任何特定宗教，此須做強調。參見Hall & 陳光興 (1998)，127。

Ruskin，1819–1900）四周，先後有相關重要創作品產出，其影響幅面及重要性可見一斑。（Bloch, 1972, 395-404; Sears, 1996, 498-501; Landow, 2004）

　　就學術研究發展上看，基督教預表論神學圖像，過去長期來並非視覺藝術史的主流研究區塊[2]。依美國中古藝術學者Christopher Hughes之見，這個身處邊緣化的現象，主要因百年來預表論神學相關圖像被「*視為是圖像學範疇，……鎖定在原型（type）與對範（antitype）的辨識，再檢索文獻出處所在。*」（Hughes, 2001, 185）反映辨識為主以及文獻先行於圖像的思考模式。針對過去預表論圖像相關的西方學術研究看，主要已有區隔圖像學，從預表論獨立角度進行單一作品的專題研究，還有便是晚近斷代史的探討，或屬跨學科、跨媒材交叉影響等的研究逐漸展開[3]。然整體上不諱言地實處於起步當中，也尚未將預表論新舊約共時互圖的並置表現，視為一藝術表現創作的手法，加以系統化彙整與歸納分類。

　　本文即以此為題，探討基督教預表論圖像並置結構，其底層新舊兩約圖像互涉，包括共構、兼併、排擠、替代等主客體關係的嬗變，以及預表論神學圖像並置的原型結構所在及操作方式，進而釐清預表圖式的發展樣貌。全文循此設計，自基督教早期至文藝復興盛期16世紀初，分析歸納綜括7種預表論視覺圖式：（一）平行對稱型、（二）局部混合型、（三）隱涉暗喻型、（四）系列整合型、（五）從屬邊緣型、（六）置換轉向型、以及（七）融入共生型創作實踐，並循斷代史分期，以抽樣案例代表作品聚焦分析討論，共6章進行。在此前，第一章則先就基督教預表論神學源起，及其視覺藝術主要特色闡述敘明，全論文因而共計7章，下依序展開。

2　1939年圖像學創立者潘諾夫斯基（Erwin Panofsky, 1892- 1968）在奠定該研究取向《圖像學與圖像詮釋學》（*Iconography and iconology*）一文中，略去了預表論圖像相關討論。貢布利西（E. H. Gombrich, 1909- 2001）1950至2006年發行16版暢銷書《藝術的故事》（*The history of art*），預表論字眼不曾出現。同屬通史、鎖定學院讀者的《西洋藝術史》（*History of art*）一書，由美國學者健生H. W. Janson（1913-1982）1962年撰寫完成，至2004年第6次再版時，首度開始論及預表論圖像。獲此殊榮，被提的作品是文藝復興深具個人色彩西紐瑞里（Luca Signorelli, c. 1445- 1523）1500年前後為奧維多（Orvieto）大教堂聖布里奇亞小教堂（San Brizio）繪製壁畫代作表。上引資料依序參見；Panofsky（1939）；Gombrich（2006）；Janson & Janson（2004），446。

3　牛津大學1996年出版34冊《藝術大詞典》（*Dictionary of art*）書中，「預表論系列作品」（Typological cycles）詞條下共列有21書目，其中針對作品的專論研究，有中古盛期手抄繪本10條，關於壁畫、彩色玻璃、琺瑯畫等專論研究4條。餘探討主題含：預表論神學宗教、跨媒材交互影響、夏娃/瑪利亞預表圖像學、工具書、預表論神學與文學、以及聖經評注、與預表論等各一條。參見Sears（1996），Vol. 31. 501。另，1968至1976年出版8冊德語系《基督教圖像詞典》（*Lexikon der christlichen Ikonographie*）學術工具書Typologie詞條下，計收16筆書目。除少數重疊，作品專論研究包括：早期石棺雕塑1條、中古盛期默茲（Mosan art）琺瑯畫、手抄繪本、及絮吉修長聖德尼彩色玻璃各2條；餘含1條的有：「終身童貞」瑪利亞預表圖像、克拉納（Lucas Cranach the Elder, 1472- 1553）祭壇畫、魯本斯地氈畫、以及2條有關林布蘭特畫作書目。參見Bloch（1972），404。另，未列入前二書單，德國知名學者Wolfgang Kemp，1987至1996年間發表有關預表論中古彩色玻璃學術專論，貢獻頗豐。晚近Sabine Schrenk、Sabine Rehm、Bern Mohnhaupt及Christopher Hughes等4學者，從早期基督教藝術考古雕塑、文藝復興時期彩色玻璃、與中世紀盛期跨媒材作品等切面做斷代專題研究。參見：Kemp（1987）；Schrenk（1995）；Rehm（1999）；Mohnhaupt（2000）；Hughes（2001, 2006a）。

一、預表論神學概要及其視覺實踐的不確定性

預表論神學是基督教長期發展下的一門解經學問，跟詮釋學（hermeneutics）關係密切。在一般學科中，typology一詞多中譯為類型學，屬於分門別類，組織基礎性資訊重要程序之一。然在基督教預表論神學中，初始也跟分類有關，亦在《舊約》跟《新約》兩約當中，尋索彼此呼應互涉的關聯性群組。然其標的在使「前者的事件或人物不單示意（signifies）自身，也示意後者；而且後者包含前者，且使之應驗。」（Auerbach, 1984, 53）易言之，分類對象是在宗教信仰認知前提下展開，且應驗為一重要指標。

由字源上看，typology一詞源自希臘古文tupos，含敲打、母模、印刻之意，後經基督教移轉，形成type、antitype兩專用語；前者type（或prefigure），中譯為預表（或預像）或是原型，為屬《舊約》專用；後者對範（antitype），則為跟前者呼應扣合的載體，亦來自於《新約》。由於長期解經詮釋的成果累積，預表論業已發展為獨立而龐大的神學知識體系。根據《國際標準聖經百科全書》（*International Standard Bible Encyclopedia*）詞條界定，預表論它是

> 一詮釋性概念（hermeneutical concept），聖經中的地點（耶路撒冷、錫安山）、人物（亞當、麥基洗德）、事件（洪水、銅蛇）、制度（節慶、盟約）、職務（先知、祭司、國王）、物件（會幕、祭壇、香火），成為詮釋後來人或地方的一個範式（pattern），因為在救恩史內部所有事件是一體的（due to the unity of events within salvation-history）。（Osborne, 1988, 930）

由此知，基督教預表論所涉範疇十分廣泛，含人、地、事、物、制度、及職務等等。同時，預表論詮釋概念基本認知，也十分地清楚地建立在兩約一體的前提上。基督犧牲受難的救恩史（Heilsgeschichte）為核心價值，符合基督教宗教信仰—「基督中心論」（Christology）信念。（Daniélou, 1960; O'Keefe & Reno, 2005; Young, 2007）

基督教預表論神學，雖是西元5世紀前基督教早期教父解經詮釋的成果，然在新約中已不乏雛型案例，如〈馬太福音〉摘引耶穌説：「約拿三日三夜在大魚腹中，人

子也要這樣三日三夜在地裡頭。**4**」（馬太12:39-40）（Goppelt, 1982）或如〈約翰福音〉也摘引到：「摩西在曠野怎樣舉蛇，人子也必照樣被舉起來，叫一切信他的都得永生。」（約翰3：14-15）然基督教早期教父神學家，如殉道者游斯丁（Justin the Martyr, 103-165）、俄利根**5**（Origen, c. 185-254）、聖安博（Saint Ambrose, c. 337-397）、聖奧古斯丁（St. Augustine, 354-430）等人論述貢獻致為關鍵。（Caspary, 1979; Lupton, 1996; Fitzgerald & Rapids, 1999）當中尤以《懺悔錄》、《上帝之城》兩書作者聖奧古斯丁所説：「新約隱於舊約，舊約顯於新約。」（Novum Testamentum in Vetere latet, et in Novo Vetus patet）傳頌千古，為預表論神學精髓做一結語。

　　然就視覺創作發展上看，預表論神學圖像中，兩約主客體間的關係並非如此密合、一陳不變。相反地，預表論神學可以去兩約化，成為單獨一種思維模式（Denkform），透過並置表現手法，做為創意性接合兩物件的操作框架。1987年德國學者Wolfgang Kemp在中世紀教堂彩色玻璃的研究心得，為當時預表論圖像做出三分類，便已透露預表論並置結構的轉變。如他曾説，除了：

> 來自聖經文本的預表論圖像，從新約、舊約兩端產生；半聖經文本的預表論圖像也有，其中宗教傳奇、神話、自然史、日常生活現實，成為類比物**6**（Analogon）取代兩約中一端的文本；此之外還有非聖經文本的預表論圖像，則是透過形象化的"思維模式"[加標出自原著，筆者註]，將古典或中世紀人物、祖先、或後代，串成一起。（Kemp, 1987, 106）

　　在Kemp的勾勒下，預表論神學圖像，設置在新舊約兩端的物件並不穩定，內容可以遞補甚至抽換。若從宏觀的角度看，基督教早期地下墓窟壁畫經中世紀初期、盛期、末期，及至16世紀初文藝復興盛期，便反映多元繁複互圖並置創作表現的演進跟變遷。

4　本論文聖經摘引文句，未特註記，以合和版中譯為準，取自香港聖經公會，網址參見書尾參考書目所列。

5　聖經出自天主之言，句句皆有所指，為基督教早期教父從事解經索其真義的起點。Gerard E. Caspary（1979, 42）探討俄利根舊約詮釋方法論，總結出4重閱讀詮釋取徑：字面身體含意（律法與歷史的）詮釋、寓意含意（基督與教會的）詮釋、喻説性詮釋（tropological），以及密契或末世（anagogical, eschatological）詮釋。4世紀神學家聖卡西恩（Saint John Cassian, ca. 360–435）整合歸納為兩大種類：歷史詮釋及精神含意，後者精神含意下再分：道德喻説性（tropological）、寓意含意（allegorical）、神祕含意（anagogical）三種；此與中古著名「聖經四義」（the four senses of Scripture）內容接近。參見Casiday（2007），244。另，《西方文學批評史》美國權威文學學者Northrop Frye（1912–1991）晚年發表The Great Code（1982）一書，全書8章，兩章標題 typology，涉入預表論在西方文學史的廣泛運用，提出供參。見Frye（1982）。

6　Wolfgang Kemp引文中提及類比（analogy）概念，形成第3種"非聖經文本的預表圖像"，此與前註「聖經四義」所提各詮釋取向不一，惟在視覺作品中常見。

下面章節，依藝術史斷代分期架構，筆者聚焦討論基督教預表論7種視覺圖式特色、兩約文本並置主客關係，以及互涉圖像解經等三議題。同時，根據此7圖式的名稱、外顯特徵、兩端並置關係、發展期，以及作品案例等五項類，綜括製表如下，以為後各章闡述指引：

圖式名稱	外 顯 特 徵	並置關係	起始時期	作 品 案 例
平行對稱型	新約舊約文本在數量與造形上，以對等方式呈現	對等共構	基督教早期	『聖母與聖子圖』
局部混合型	新約舊約文本以局部並置方式呈現，包含非預表論圖像	部份共構	基督教早期	巴索斯石棺槨
隱涉暗喻型	舊約文本單獨出現、隱涉不在場的新約文本	實物共構	中世紀初期	聖維托教堂鑲嵌畫
系列整合型	新約文本為軸心，系統化整合2組以上舊約文本	兼併共構	中世紀盛期	『凡爾登祭壇畫』
從屬邊緣型	舊約文本在造形上邊緣化，出現在不顯眼位置與新約文本並置呼應	排擠共構	中世紀末期	喬托阿雷納壁畫
置換轉向型	新約文本取代舊約文本，非聖經文本進入新約位置共構	易位替代	中世紀末期	『聖阿奎那登基圖』
融入共生型	非聖經文本與聖經文本合而為一	融入混體	文藝復興初期	唐納太羅『大衛』

（製表：筆者自製）

二、基督教早期藝術的「平行對稱型」與「局部混合型」預表論圖式

在歷史與特定時代氛圍與條件下，基督教預表論神學於西元5世紀前由早期教父所建立。在313年基督教合法化前，同步發展的早期基督教藝術仍遭迫害，屬地下宗教，因而創作不僅私密進行，且多跟喪禮祭儀有關。救贖與復活，為兩大表現主題。在傳世今天各類型題材作品中，《新約》《舊約》並置的預表論神學圖像，主要可以歸納「局部混合型」以及「平行對稱型」兩種圖式，反映視覺藝術跟預表論神學的遇合，起自基督教早期藝術[7]。一如美國波士頓大學藝術史學者Fred S.

7　基督教早期藝術中，有一組完成3世紀初極富盛名作品需要提及，那是上世紀20年代，在今敘利亞東境Dura-Europos古城發現的猶太會堂壁畫，包含許多《舊約》以及少數《新約》圖像。據Marchitak Mauck說，這些看起來沒有關聯（seemingly disconnected）的作品，主要刻劃天主無所不能各種的拯救人類工程，並嘗試回答「Who is our God？」的問題。因該作品嚴格說非為基督教藝術範疇，然圖像學上深受學界所重視，此處暫做擱置。參見：Mauck（2006），818。

Kleiner說：

> 一開始，舊約在基督徒生活與藝術中，便扮演著重要角色。因為一方面耶穌本
> 身是猶太人，許多歸宗基督教的第一代信徒也是猶太人；另一方面許多舊約中
> 的人物與事件，基督徒都認為是新約人物與事件的預表（prefiguration）。
> （Kleiner, 2009, 213）

在早期「局部混合型」的預表論圖式當中，359年羅馬執政官朱尼斯巴索斯
（Junius Bassus, 317-359）棺槨，為當時「所有石棺中最為高貴」（Milburn, 1988,
73）的作品。棺槨的正面，工整地並置《新約》跟《舊約》共10組高浮雕的作品。（圖
1）其中部分屬於預表論神學圖像，但也有與之毫無關係的，反映預表論圖像雛型樣
貌，亦為本文綜理納入「局部混合型」圖式的主要原由。下從兩約並置關係、其互涉
圖像視覺解經等兩個面向做解讀分析。

圖1　朱尼斯巴索斯（The Sarcophagus of Junius Bassus）棺槨，359年，高浮雕，1.2×2.4 m（正面），
Storico del Capitolino di San Pietro, Rome收藏 ©TPGimages

根據《羅馬帝國與基督教的勝利》（*Imperial Rome and Christian Triumph :
the art of the Roman Empire,* AD 100-450）一書作者Jas Elsner之分析，巴索斯
棺槨正面高浮雕中，新舊兩約6與4比的圖像配置，主要傳遞二訊息，一是透過「4段
上古時期[的敘事]，來預表、預告、以及解釋耶穌受難的經過」；二是透過「使徒保羅

與彼得在羅馬的被捕拘提與殉道」兩圖像，來凸顯巴索斯個人「羅馬行政官的政治身分，回溯基督教傳教初期，兩位使徒在羅馬的佈道及逮捕。」(Elsner, 1998, 196)

巴索斯棺槨在預表論神學的實踐上，依據芝加哥大學藝術史教授Elsner上文所述，第一個預表論訊息，運用"4段上古時期"，亦4幅《舊約》圖像傳達。它們主要解釋居中圖像，亦耶穌凱旋進入耶路撒冷（下中）以及耶穌寶座圖（上中），以及耶穌犧牲受難共4個向度，亦即：一、藉由『亞當與夏娃』圖（下左二）申論有關耶穌犧牲的目的，亦拯救人類的墮落；二、透過『亞伯拉罕獻子』（創世22：1-13，上左一）一圖來闡述耶穌犧牲的必然，出自於天主的計劃；三、藉由『灰爐上的約伯』（約伯2：7-10，下左一）一圖來表述耶穌受難後得到神的公義；以及最後四、透過『獅穴但以理』（但以理6：17-24，下右二）的不死，預告耶穌最終復活。

預表論互圖指涉的操作及詮釋機制，在此仍需進一步剖析，因其中有三方面訊息十分關鍵。第一是關於圖像的指涉性上，巴索斯石棺10個高浮雕作品，共構並置於同一視覺平台，但彼此非獨立事件，而含有隱性內在邏輯跟神學的關係。第二是在不可見的預表論神學關係中，耶穌基督是真正敘事的主體，《舊約》原型圖像在敘事位階上，附著從屬於他，而此一結構，取決自《舊約》原型圖像挪用（appropriation）、去脈絡化（decontextualised），而吸納為《新約》對範圖像所用而產生。（例如『獅穴但以理』的在場，跟但以理受誣陷洗刷清白無關，而在他神助下大難不死，指向寶座上"復活"的耶穌）。由此亦可知，第三高浮雕作品中任一幅《舊約》圖像（如『亞當與夏娃』），它們彼此間的關係不鮮明、也不重要，主要是透過跟《新約》圖像（如「善牧者」耶穌）間互涉連接，潛藏意義方得全然彰顯。此即為預表論神學圖像互圖指涉、視覺解經操作程序之重點與特色所在。

Elsner所提的第二個訊息，是關於使徒彼得與保羅兩人被捕的圖像，在凸顯巴索斯個人"羅馬行政官的政治身分"。簡言之，所指涉的兩圖『彼得的拘捕』（上左二）與『保羅赴刑場』（下右一），實屬羅馬行政官巴索斯身後形象的塑造，意在展現銜續使徒後塵，藉此留名青史。循此看，跟往生祭儀有關的巴索斯棺槨浮雕，傳遞往生者個人信仰認同以及自我歷史定位兩個方面，本文將之納入「局部混合型」預表論神學圖式中，主要在彼得與保羅兩浮雕作品在棺槨上非預表論圖像之故。

此外在基督教早期藝術中，還有一種「平行對稱型」的預表論圖式，是由《新

圖2 『聖母與聖子』，3世紀初，壁畫，羅馬普奇莉亞地下墓窟
（Catacomb of Priscilla, Rom）©TPGimages

約》《舊約》文本各一、比例造形相當所並置組成的創作。此類型作品相對有限也不多，其中具代表性的，為羅馬普奇莉亞地下墓窟（Catacomb of Priscilla）中，一組3世紀初『聖母與聖子』壁畫創作。（圖2）

這件今天傳世最早的瑪利亞與聖子圖像，保存現況頗差但無礙閱讀。在壁畫牆面上，聖母居坐右側，手中抱著聖子耶穌，呈現親暱的哺乳情景；左邊有一位長袍男子，以站姿伸出雙手，指向瑪利亞上方的一顆星星。他是早期基督教史中，被認定「比較是福音作者，而非舊約先知」（Sawyer, 1996, 45）的以賽亞（一說為巴蘭[8]）。基督教信奉救世彌賽亞由童貞女受孕誕生的著名預言，即出自以賽亞之口：「主自己要給你們一個兆頭、必有童女懷孕生子、給他起名叫以馬內利。」（以賽亞7：14）『聖母與聖子』一圖，在先知以賽亞與聖母與聖子（非寫實）的共時表現下，為一預表論神學的視覺翻轉創作，因而作品不單是一幅聖像崇拜的圖，同時強調瑪利亞聖靈受孕產子，亦"必有童女懷孕生子"，以及聖子救世主彌賽亞身份，召喚預告跟應驗並陳的密契結果。（Moffitt, 1997, 77-87）

綜言之，基督教早期預表神學圖像[9]，由上述篩選出「局部混合型」及「平行對稱型」兩種預表論圖式，後者以對等平行方式呈現新舊兩約各一圖像元素來做並陳；而前者則在作品中包含無法配對的非預表論元素，導因往生喪禮功能優先於神學考量所致。除此外，我們也注意到，在圖像詮釋上，預表論圖像與一般作品圖像

8　羅馬普奇莉亞地下墓窟『聖母與聖子』壁畫上男子身分，由於《舊約》〈民數記〉提及異教徒巴蘭預言：「有星要出於雅各、有杖要興於以色列。」（民數24：17）部分學者指認瑪利亞身邊是巴蘭。美國藝術史多產學者John F. Moffitt 10年前專文，從早期教父解經文本檢索，追溯巴蘭預言「出於雅各」的星星，在壁畫完成前，跟先知以賽亞經文：「從耶西的本〔原文作檊〕必發一條、從他根生的枝子必結果實。」（以賽亞11：1）業合一。因而星星附件可與先知以賽亞做接合。Moffitt文中另提及一視覺證據，在圖像上方還有一顆茂盛果子樹，再現以賽亞經文中"必結果實"的木，具說服力。參見Moffitt (1997), 77-88。

9　4世紀末、5世紀中，有兩件作品在此需提及。一件是布雷西亞象牙浮雕聖骸盒（Brescia casket），一件是5世紀中羅馬莎賓娜教堂（Basilica of Saint Sabina, Rome）木門浮雕。這兩件作品引起學界矚目，也被公推為基督教早期藝術的預表論圖像代表作，特別是後者作品中「新舊約事件，以系統對應排比」（systematic correspondences between Old and New Testament events, Sears, 1996, Vol. 31. 498）。聖莎比娜教堂木門浮雕在預表論結構鋪陳上，在原28塊木雕、今僅存18塊中，包括摩西帶領族人出埃及在荒野中的瑪拉苦水變甜、固食嗎哪餅與鵪鶉、擊岩出水圖像，與耶穌醫治盲人、麵包及魚、跟水變酒等3神蹟相呼應；以及耶穌與以利亞昇天的並置圖。整體上，木門作品全貌未詳，猶待文獻出土，確認預表論神學具體思維實況。另木門上有摩西蒙召三段敘事作品一件，學者Kemp從敘事學角度做精闢分析闡述，值推薦，收錄於Critical terms of art history一書narrative專文中。上引書目依序參見：Jeremias (1980)；Watson (1981)；Tkacz (2002)；Kemp (2003)。

閱讀不一致：前者更需透過互圖方式，仰賴圖與圖之間的解經詮釋，這是它在訊息傳達上機制所在。

三、基督教中世紀初的「隱涉暗喻型」預表論圖式

　　基督教預表論神學圖像，具有並置的獨特表現手法，同時也仰賴互圖閱讀的解經程序。除此之外，美國著名中世紀藝術史學者Herbert L. Kessler撰文也指出，預表論視覺圖像實踐上還有一特色，來自於其與預表論神學理論比較時，

> 有一個優勢，它允許舊約預表，跟它新約應驗，做共時性的呈現，於是在同一脈絡下提示歷史的現實。（within a context that suggests historical reality, Kessler, 2000, 54）

上述"提示歷史的現實"，確實是預表論神學視覺圖像一大特色，反映視覺作品在宣教推廣有利位置，遠非預表理論可以比擬。例如對「不識字的，……無法從經文閱讀的」（Davis-Weyer, 2003, 48）觀者信徒，可發揮眼見為憑的效益，一如前引3世紀初『聖母與聖子』羅馬墓穴壁畫，先知以賽亞預告，聖母聖子應驗所示。此一歷史現實將在下面接續論及，因它鞭僻入裡地反映預表論視覺圖像一種特定時間觀的效益。

　　就預表論圖像發展上看，6世紀中葉，在義大利拉維納（Ravenna）聖維托（San Vitale）教堂祭壇後殿左右鑲嵌畫（圖3），其中出現可稱為「隱涉暗喻型」的預表論圖式。其主要特色在於《舊約》原型的單獨露出，而《新約》對範缺席並不在場，然為底部隱涉暗喻的對象。下面本節以這件頗富盛名、也罕見的作品為例，釐析其預表論圖式的表現手法及策略所在。

圖3 拉維納聖維托教堂（San Vitale, Ravenna）後殿祭壇及左右牆作品
©TPGimages

圖4 『亞伯拉罕設宴天使』與『獻子圖』，540-547年，鑲嵌畫，拉維納聖維托教堂（San Vitale, Ravenna）祭壇北牆 ©TPGimages

圖5 『亞伯與麥基洗德的祭獻』，540-547年，鑲嵌畫，拉維納聖維托教堂（San Vitale, Ravenna）祭壇南牆 ©TPGimages

　　屬於「隱涉暗喻型」的這組預表論圖式，是拉維納聖維托教堂祭壇上方左右的兩幅半月形鑲嵌畫。（Deichmann, 1976）完成於540到547年間，亦屬東羅馬帝國查士丁尼大帝（Justinian I, 482-565）在位期間。這兩幅鑲嵌畫的主題都跟教堂祭禮有關，北牆上方作品，為希伯來人始祖亞伯拉罕的兩則故事。（圖4）其一為左側化身凡人的三位天使，在亞伯拉罕與高齡未孕妻子撒拉招待下，告知以撒即將誕生的喜訊。（創世18:1-18）其二右側圖則為以撒長大之後，著名『亞伯拉罕獻子圖』，刻畫亞伯拉罕舉劍祭殺親子為天使適時所制止的場景。（創世22:1-14）在其對面南牆的半月拱形牆上，同樣也由兩個情節拼組而成，（圖5）左側高高捧起羔羊的年青人是亞伯，亦亞當與夏娃的長子。（創世4:4）右邊頭戴聖圈為亞伯拉罕生前的祭司長麥基洗德，同樣高舉手中麵包做祭獻狀。（創世14：18）他們安頓在同一張供桌的兩側，便產生共時性。

這兩幅跟奉獻祭祀有關鑲嵌畫，普林斯頓大學教授C. R. Morey早在1942年時便已觀察到，亞伯與麥基洗德兩人中間的那張「祭壇供桌上，擺放兩塊麵包跟一只聖餐酒杯，象徵意涵在這裡顯而易見，……同樣的象徵意涵，啟發對牆另一個非真實的並置場景：備妥聖餐給三位天使的亞伯拉罕，以及他祭獻親子以撒……」（Morey, 1942, 84）

Morey文中所說"顯而易見"的"象徵意涵"，指的便是基督教預表論神學原理。在考察聖維托教堂祭壇後殿其他鑲嵌作；比較跨時代同類創作，也做圖像學上的溯源後，德國藝術史女學者Sabine Schrenk進一步補充道：不論是「亞伯的祭獻、麥基洗德的祭獻、或是亞伯拉罕的祭獻，都屬耶穌犧牲受難、十字架上身亡、及教會聖餐禮的前置圖像，亦皆預表。」（Schrenk, 1995, 14）

基督教預表論神學示意機制，如前引，在《舊約》跟《新約》"前者的事件或人物不單示意自身，也示意後者，而且後者包含前者，且使之應驗"上。在聖維托教堂祭壇上方兩幅鑲嵌畫中，三位《舊約》人士—亞伯、麥基洗德、跟亞伯拉罕現身在場，他們是《舊約》原型，但"示意"及"使之應驗"的標的對象，亦即《新約》對範，卻是缺席不在場的。然如前述Sabine Schrenk所提，兩幅鑲嵌畫的三組祭獻"亦皆預表"，因而這些《舊約》原型圖像便產生有關耶穌及聖餐禮的意象。換言之，預表論神學這裡的實踐是透過《新約》對範文本不需在場，單由《舊約》圖像所獨立完成。此之外，美國基督教早期藝術學者Robin Margaret Jensen，也提及作品的「場所性」不容忽視地扮演了一個重要角色。因 兩幅鑲嵌畫所在空間正是舉行聖餐禮祭壇空間兩側的上方，作品本身與儀式便產生呼應關係，如她寫：《舊約》原型「圖像，跟祭壇桌，前者以非語言方式進行闡述，後者以語言舉行祭儀禮聖事，兩者完美和諧共生。」（Jensen, 2002, 146）

有關中世紀初預表論互圖並置的創作手法[10]，本章節提出「隱涉暗喻型」預表論圖式，主要以兩幅聖維托教堂祭壇上方鑲嵌畫為代表。這一組運用空間實體物（祭壇）以及《舊約》原型圖像其象徵涵意，若用來獨自代言《新約》對範的創作，開發一個新的視覺預表論表達方案，且部分如同當代藝術現地製作（in situ）風格。

---

10 西元1000年前後，有兩組預表論作品頗具盛名，在此略一提：一件是德國柏林普魯士國家博物館藏，於德國特里爾（Trier）製作約990年完成的象牙製雙聯作，主題為摩西領取十誡與使徒多馬的懷疑。這件作品引人注意，在於其預表神學概念，「顯然沒有解經文本出處，在新舊約並置上，為一件創新之作。」（Hughes, 2001, 185; Kessler, 2004, 80）另一件為邊瓦主教（Saint Bernward of Hildesheim, c. 960-1022）於羅馬參訪後，為轄區希德斯罕大教堂（Hildesheimer Dom）設計的銅門浮雕，收錄新舊約文本8比8則的並置浮雕圖像。左側為創世記創造人類至亞伯之死，右側為天使報佳音至耶穌復活，完成時間1015年。此組作品特點，在將夏娃與瑪利亞兩人預表關係，透過互圖視覺解經細膩架設。參見Kessler（2004），79；Aloys（2004）。另，本文因篇幅考量，未針對中世紀初期聖經彩繪抄本插圖多著墨，惟提法國皇室委製《道德化聖經》一帙跟本文相關，參後內文詳述。

綜括説，聖維托教堂這兩件鑲嵌畫，雖然並未啟用並置創作手法，但在實踐上完成預表論神學的功能，故將之列入「隱涉暗喻型」預表論圖式，是主要原因所在。

四、基督教中古盛期的「系列整合型」預表論圖式

12至13世紀，預表論神學圖像進入中世紀盛期的黃金鼎盛時段。從權力關係上看，預表論並置新舊兩約的互涉圖像結構實具有從屬階級關係；從時間的角度上看，在"互圖"的背後，因為《舊約》為《新約》所用，《舊約》的時間亦屬猶太教的過去，宛如失根的碎片併納入「基督教的現在」（Christian present）（Biddick, 2003, 1），這也是預表論圖像的一大特色。

中古盛期預表論圖像最引人矚目的發展，是由早期「平行對稱型」圖式衍發形成「系列整合型」的預表圖式。這種以《新約》為軸心，系統化全面整合《舊約》預表的表現手法，從時間性上來看，反映以耶穌救恩史為中心的「永恆共時的現在」（synchronous permanent present）（Barkan, 1991, 13），或如阿奎那（St. Thomas Aquinas, 1225-74）在《神學大全》（*Summa Theologica*）所説「永恆統一的時間觀[11]」（totem simul）。這是中古盛期「系列整合型」預表論圖像一大特徵，見證中世紀神權凌駕君權、以及士林經院哲學蓬勃的發展史。

圖6 尼可拉·凡爾咎（Nicholas of Verdun），『凡爾登祭壇畫』（Verdun Alter），1181年，鍍金琺瑯，30.5×23 cm×（51塊），維也納克羅斯騰堡修道院（Klosterneuburg Monastery, Klosterneuburg）收藏
©TPGimages

---

11 阿奎那所提「永恆統一的時間觀」概念，主指天主是永恆的，而所涉及時間也是統一恆定的，載於《神學大全》第10問第2節中。參見拉丁文網址：http://www.corpusthomisticum.org/sth1003.html；英譯網址：http://www.newadvent.org/summa/1010.htm#article2。（最後瀏覽日：2010/09/03）另，美國比較文學、普林斯頓大學學者Leonard Barkan亦運用此一概念到視覺藝術上，所列舉圖證之一，為拉斐爾在梵諦岡簽署廳的著名作品；他説：「『雅典學院』構圖來自約定俗成的預表論神學（conventional typology），將過去與現在，異教與基督教，相對毫無問題的置放一起，產生平行關係。」參見Barkan（1991），13。

12世紀中古盛期，大規格地並置新舊約預表圖像的第一件作品，當屬一座光彩奪目的黃金十字架。這是1147年位於巴黎北郊聖德尼修道院（Saint-Denis Abbey）院長絮吉（Abbot Suger, 1081-1151），為他同名教堂擴建成為哥德式教堂所委製的作品。這件專為教堂中廊所設計的高6公尺的巨大十字架底座上，一共鑲嵌68幅琺瑯圖像，「新舊約圖像系統化的並置[12]」（systematic juxtaposition of scenes from the Old and the New Testament）。（Panofsky, 1979, 180）。隨後，1181年歐洲當時最富盛名金工師尼可拉凡爾登（Nicholas of Verdun, 1130-1205）則為維也納北郊克羅斯騰堡修道院（Klosterneuburg Monastery）製作今稱『凡爾登祭壇畫』（Verdun Alter）的鉅作。（圖6）它原屬於教堂講經壇，1331年重新裝設成為獨立的三聯祭壇畫，今天仍供世人瞻仰，也是中世紀盛期預表論神學視覺系統化表現的指標代表作。（Buschhausen, 1980, 116-120）

　　具有「尼德蘭登第一個文藝復興」的默茲藝術（Mosan art 或Arte mosana），以金工製品遠近馳名，金工師凡爾登為其主要代表人物。在他三聯作『凡爾登祭壇畫』上，共集結51塊鍍金琺瑯銅版圖像，每塊30.5×23公分；在祭壇作品上中下三層中的每層17幅圖像的結構裡，耶穌救恩史事蹟，起自天使報喜、出生、三王朝聖、宣教、進入耶路撒冷城、最後晚餐、被捕、受刑、復活至最後審判等17幅敘事圖設置在中間層，上下兩層則各搭配一幅《舊約》預表圖像。譬如，在『耶穌誕生圖』的上下（左二），配置以撒（創世21：1-3）與參孫（士師13：24）的出生。祭壇居正中央處，是十字架耶穌受難圖，上為以撒的犧牲、下為木竿上的葡萄串（民數13：1-26）（圖7）。『凡爾登祭壇畫』整體設計，呈現基督教宇宙神學觀的3個階段：（一）上層是摩西領取十誡前的「前律

圖7　『亞伯拉罕獻子圖』（上）、『耶穌受難圖』（中）、『木竿上的葡萄』（下），1181年，30.5×23 cm×（3塊），『凡爾登祭壇畫』（Verdun Alter），（右側細部）©INTERFOTO / Alamy Stock Photo

---

12 潘諾夫斯基對絮吉修院長開啟哥特藝術風格推崇備至，1946年將絮吉的3篇拉丁論文：〈絮吉任職報告〉（de rebus in administratione sua gestis）、〈聖德尼教堂啟用祭禮〉（de consecration ecclesiae sancti Dionysii）、〈1140或41年頒定條例〉（ordinatio a.d. MCXL vel MCXLI confirmata）加註解譯為英文出版。關於絮吉黃金十字架的重建與基底復原相關討論，潘氏並未涉入，但文中列了20條參考書目。見Panofsky（1979），180。

法時代」（ante legem）；（二）下層是十誡頒行後的「律法時代」（sub lege），以及（三）居中耶穌降臨人間的「恩典時代」（sub gratia）。『凡爾登祭壇畫』3階段的歷史宇宙觀，主要根據聖奧古斯丁的宇宙世界觀所架設，回映克羅斯騰堡修院本身隸屬奧古斯丁教團背景。（Buschhausen, 1980; de Lubac, 2000, 249）

在『凡爾登祭壇畫』製作前後，1179年教宗亞歷山大三世（Alexander III, c. 1100/1105-1181）欽定《聖經標準評注》（glossa ordinaria）一書（Matter, 1997, 83-112），取代聖經原典而成為神職人員與經院學子必讀的教科書。整合5至12世紀聖經註解於原典經文四周的這本《聖經標準評注》，其「功能宛如一張張教學地圖，宣達眾所周知中古預表論神學（medieval typology）或預表論思維（figural thinking）。」（Biddick, 2003, 2）進而成為預表論神學知識推廣與普及化的沃土。隨後3部著名屬於「圖解聖經」（picture Bible）的手抄繪本，包括《道德化聖經》（Bible moralisée）、《貧窮人聖經》（Biblia pauperum）、與《救贖之鏡》（Speculum humanae salvationis）於13至14世紀間陸續問世。這3本古卷帙咸屬於「系列整合型」預表圖式的創作，亦根據預表論神學編纂成書。其中後二抄本為民間修院所抄錄製作，全書約10到40頁上下，主題為耶穌基督救恩史，採每頁一幅耶穌事蹟圖，搭配7或3《舊約》圖文以及註解編排設計，供應宣教實務需求用，成為中世紀末最暢銷的兩本著作[13]。（Wormald, 1975; Rasmussen, 1996）

同屬「圖解聖經」的《道德化聖經》，1220年前後則由法國皇家委製於巴黎抄經坊完成，為上述3本手抄「圖解聖經」中最具野心，也成書最早的一部。（Stork, 1992; Lowden, 2000; Hughes, 2006b; Haussherr, 2009）該書近600餘頁，在每頁共8幅環狀預表圖像當中，《舊約》為其主要抄繕與圖繪對象，在對應的《新約》區塊，前提德國學者Kemp奇特也罕見地以「泛預表論神學情結」（pantypologischer Komplex）一詞描述其組織結構。他說《道德化聖經》的繪本：

在新約對範（Antitypus）空位上，塞進了聖徒的故事、世俗史、社會生活、自
然界的事物，毫無章法，將正面的、負面的、教條的、以及風俗類、或約定俗

<hr>

13 中世紀盛期為預表論視覺作品產出尖峰時段，重要代表性作，除內文所提之外，另有：今藏倫敦維多利亞艾爾伯博物館，約1150年製作的「奧爾頓塔三聯作」（Alton Towers Triptych）、比利時皇家歷史暨藝術館藏，於1160年完成的「斯塔沃洛移動式祭壇桌」（Stavelot Portable Altar），這兩件作品皆屬默茲地區金工琺瑯製精品。彩色玻璃部份有，1200-1207年完成的坎特伯利大教堂（Canterbury Cathedral）後殿中央耶穌受難史彩窗、布爾日大教堂（Bourges Cathedral）1210-1215年後殿環廊左三的好撒馬利人（good Samaritan）以及左四的浪子回頭（Prodigal Son）二彩窗、夏特大教堂（Chartres Cathedral）1215-1220年右廊南牆三浪子回頭彩窗、1250年科隆聖瑪利亞律茲教堂（St. Maria in Lyskirchen）中廊十字肋拱上壁畫、1275年德國格拉德巴赫（Mönchengladbach）聖維托教堂（St Vitus）彩窗等等。參見Sears（1996），Vol.31, 501; Bloch（1972），Bd.4., 404。

成以及主觀尖銳的、傳統的以及當代的，一一嵌入。（Kemp, 1987,107）

《道德化聖經》今天傳世7部抄本分散在歐美各國家圖書館中，引人矚目的主要特色即在作品並置結構上，正如上德國藝術史學者Kemp所言，尤其在預表論神學"新約對範"文本這一端湧現大量非聖經文本（extra-biblical）的表現風格。在"泛預表論神學情結"的底層下，傳統一比一的「平行對稱型」預表論圖式並未全然缺席。譬如摩西與參孫誕生兩圖下方，新約預表位置並置的是基督誕生圖；該隱殺戮亞伯圖像一旁，配置了十字架上耶穌，或是雅各的天梯搭配最後晚餐約翰的神入圖[14]，咸屬對仗工整的預表結構。（創世28：11-19；約翰13：23）不過，在雅各天梯的這組屬「平行對稱型」圖像上，同時我們也發現，耶穌及身旁神入的門徒約翰周邊嵌入了當代人士，包括僧侶、主教、國王等3人皆一塊依偎耶穌身旁。（圖8）

圖8 《道德化聖經》（Bible moralisée）『雅各的天梯』（上）與『使徒約翰入神圖』（下），約1248-69年，手抄彩繪，法國皇家委製，維也納國家圖書館藏（Codex 1191, fol.12）© Österreichische Nationalbibliothek

法國皇室委製的《道德化聖經》具有在地當代化強烈色彩。在預表論圖像操作上，則催生「置換轉向型」下一階段預表圖式的發展。約於同時，一部非屬貴族皇室、出自修院、且專為創作者所寫的預表論工具書問世，也相當引人矚目。據傳由英國西妥修會僧侶所編纂的這本《詩詠畫家》（Pictor in Carmine）手抄卷帙並未配圖，是作者有感於晚近「天主聖殿充斥愚蠢圖像與怪誕獸物」（Rigg, 1992, 130）發展而寫。作者為求移風易俗、匡正風氣，全力蒐羅新舊約各相關案例，並一口氣提出138則《新約》對範文本，及與之對應的508則《舊約》預表原型，一方面反映中世紀盛期預表論神學結構的延展性，另一方面則呼應聖阿奎那《神學大全》宏觀系統化思維觀的主流發展潮流。

---

14 內文引圖像出處分別為：摩西誕生圖（維也納國家圖書館Codex 2554, fol. 16）、參孫誕生圖（維也納國家圖書館fol. 62）、該隱殺戮亞伯（托雷多大教堂聖物所Vol. 1. fol. 8）、雅各的天梯（維也納國家圖書館Codex 1191, fol. 12）等。另據學者Hans-Walter Stork針對《道德化聖經》主題內容彙整，取得11類別：天主與基督、教會、猶太會堂、舊盟約、罪與罪人、酬庸、異教徒與非教徒、哲學天文與辯證學、負面動物、反基督、美德與建築等，可概知《道德化聖經》在新約空位嵌入物件的多樣種類。參見：Stork (1992), 292-322。

五、基督教中世紀末的「置換轉向型」與「從屬邊緣型」預表論圖式

　　隨著中世紀末城市與中產階級的興起,教廷掌擁的神權削弱,以及士林經院哲學與大學的崛起,預表論並置互圖的結構持續地發展與變遷。兩個預表論新的圖式此時孕生,一個是「置換轉向型」,另一個是「從屬邊緣型」。前者在預表論新舊約文本的兩端做介入,較先前《道德化聖經》改寫幅度更為大膽。後者則將《舊約》原型邊緣化,壓縮成為附件物,相當程度上宛如裝飾圖案。這兩種圖式產生的背景,前者跟基督教修道院自主意識抬頭有關;後者則意味《舊約》接合《新約》的歷史任務開始日趨沒落。

　　預表論「置換轉向型」圖式指標性作品,出自13世紀初成立、深具群眾魅力的道明修會(Dominican Order)轄屬堂區教堂,由畫家安德烈(Andrea di Bonaiuto,另稱Andrea da Firenze, act. 1343-1377)1365至68年在佛羅倫斯新聖母教堂西班牙小教堂(Spanish Chapel,稱Chapter House, Santa Maria Novella)所繪製的壁畫鉅作。該小教堂壁畫十分壯觀地佈滿所有牆面,包含耶穌受難題材創作以

及道明修會3位主腦:創會人聖道明(Saint Dominic, 1170-1221)、殉道彼得(Saint Peter Martyr, 1206-1256)相關的壁畫,以及聖阿奎那的生平圖像。以下關注對象為其中『阿奎那登基圖』(另稱『阿奎那的勝利』)以及其上方十字肋拱內的『聖靈降臨』二圖。(圖9)它們可做單獨閱讀及觀視,但從旨趣及企圖端觀之,納入典型預表論「置換轉向型」圖式再貼切不過。下就此敘明及討論。

　　『阿奎那登基圖』具有「靜態對稱性構圖,且有效地反映阿奎納提供道明修會宇宙知識論」(Polzer, 1995, 264),整體上一如聖師《神學大全》知識體系本身,可視為一幅微觀圖。聖師阿奎那本尊於圖像正中央

圖 9　安德烈(Andrea di Bonaiuto),『聖靈降臨』(上)與『阿奎那登基圖』(下),1365-68年間,西牆壁畫,新聖母教堂西班牙小教堂(Spanish Chapel, Santa Maria Novella, Florence)©TPGimages

居坐寶座上，挪用了羅馬墓窟最早露出、傳統的『耶穌尊嚴圖』，或更接近的『聖母尊嚴圖』（Maesta）樣式來完成構圖。阿奎那受到眾星拱月，在他的左右以及下方，廣泛地齊聚歷代宗教哲學的前輩，代言列席者包括聖師左右《舊約》的先知、國王，跟《新約》福音書作者。在下一層列席就位的有神聖科學與人文科學的擬

圖10 安德烈（Andrea di Bonaiuto），『阿奎那登基圖』，1365-68年間，西牆壁畫，新聖母教堂西班牙小教堂（Spanish Chapel, Santa Maria Novella, Florence）©TPGimages

人化代表。接著底層上，左側為早期教父、右側為古代人文科學家，還有翱翔並列空中、擬人化的7美德，以及聖師本尊腳下踩踏的3名異教徒學者。（圖10）在『登基圖』上方的『聖靈降臨』圖像上，主題刻劃耶穌復活五十天後，門徒相約齊聚一堂，此時聖靈自天而降，門徒一一為聖靈所充滿的密契異象，於焉基督教教會正式啟動。（Polzer, 1993, 29-70; Dieck, 1997; Klerck, 2002, 307-316）

　　『聖靈降臨』與『阿奎那登基圖』兩圖，構成預表論的並置型圖式，初看並不明顯，主要仰賴書寫在圖像外側或上方建築元素鑲嵌置入的字捲軸文本上，必須納入一併觀視。（Offner & Steinweg, 1979, 73）它們節錄自《新約》或《舊約》經文，包括摘引摩西選立70長老時，天主從雲中降臨跟他說：

　　「靈停在他們身上的時候，他們就說預言。」（民數11：25）

其餘配置在『聖靈降臨』圖像一旁的摘引經文也一一寫道：

　　「你賜下你良善的靈教導他們。」（尼希9：20）

　　「從高天派遣你的聖神，……能知道你的旨意。」（智慧9：17）

　　「差來的聖靈，他要把一切的事教導你們。」（約翰14：26）

在『阿奎那登基圖』的上方，一如『聖靈降臨』圖的左右，也鑲嵌4則《舊約》經文如下：

「他有謀略和知識」（約伯12：13）

「探察江河之源流」（約伯28：11）

「你大發光明，是來自遠古的山陵」（詩篇76：4）

「美是長者的智慧，榮者的領悟」（傳道書25：7）[15]

　　道明修會神學導師聖阿奎那在新舊約引言烘托下，尊榮至高無上，得到各方各面的頌讚，他跟聖靈一脈相承的關連性，主要出自『聖靈降臨』所在位置，亦上下排比並置的處理。此外是編碼脈絡的貼合。1323年冊封聖人的阿奎那，在中世紀神學家中地位崇高無人能出其右。『聖靈降臨』跟『阿奎那登基圖』之間預表論的關係顯見也具創意，因它們之間並置的結構，不再是《舊約》原型跟《新約》對範，而是前者由後者（亦『聖靈降臨』）所取代；且後者原本的位置，現由當代人事蹟（亦即『阿奎那登基圖』）所替換。這裡透露的訊息是：在預表論概念上，聖靈與阿奎納之間宛如鏡像的相互映照，無須其他的中介，意味著基督中心論的觀視角度擱置退場[16]，且開放非聖經文本（extra-biblical）的出入。在道明修會本位主義在地的需求下，預表論神學凝視的主體轉而成為道明修會尊奉的精神導師，群聚基督教史上各學門精英及傑出人士於寶座四方，而聖靈的現身成為其配對接合的客體。（Kessler, 2004, 80）本文因此將之納入「置換轉向型」預表圖式。

　　佛羅倫斯西班牙小教堂中『聖靈降臨』與『阿奎那登基圖』的接合，兩畫作外側建築裝飾圖中的捲軸經文，也扮演訊息承載的重要角色。這些文本所佔據的位置如同微型縮圖，實屬畫面裝飾性元素，易為觀者所忽略。13世紀末、14世紀初，這種表現處理然自成一格，本文下一個視覺創作案例，可稱之為「從屬邊緣型」的預表論圖式，即由此面向著手。

　　喬托1304至13年間，在帕多亞（Padua）斯克洛維尼亞小教堂（Cappella Scrovegni，另稱Arena Chapel）所繪壁畫（Bellinati, 2005），開啟義大利文藝復

15　內文聖經摘引文共計為8則，當中（民數11：25）、（智慧9：17）、（約翰14：26）、（約伯28：11）、（詩篇76：4）等取自思高版中譯；餘取自和合版中譯。惟（傳道書25：7）引文，因和合版、思高版該書卷皆止於12章，中譯出自筆者。

16　阿奎那『登基圖』中寶座處理，可與今藏比薩聖凱塞琳教堂（Chiesa di Santa Caterina d'Alessandria, Pisa），由西耶納畫家梅米（Lippo Memmi, c. 1291–1356）稍早繪製另一幅『阿奎那的勝利』圖像做對照觀。在該圖上，阿奎那置身畫面中央光環圈內，左右周遭也是階層化人物排列式構圖。在阿奎那正上方嵌為一幅耶穌正面半身造形圖，9道光芒自耶穌口中射出，正中3道筆直落在阿奎那頭上，其他6道分散於他左右外側5位使徒與摩西身上。這幅『阿奎那的勝利』完成1323年聖師尊榮封聖品的前後，從該圖阿奎那與其他使徒分享耶穌/聖靈之光，以及耶穌與阿奎那上下互圖並置呈現，到內文中『阿奎那登基圖』中聖靈與聖師配對，兩圖構思大同小異，聖師皆為或基督或聖靈恩典的收受者。另亦值得一提的是，『阿奎那登基圖』中寶座，較一般『聖母尊嚴圖』中聖母顯赫居中造形相對則是含蓄，有所收斂。參見Polzer（1993），29-70；Dieck（1997）。

興的視覺藝術創作。當中
基督教預表論神學思維也
出現於作品而未缺席，展
示出「從屬邊緣型」預表論
圖式的表現樣式。

　　喬托這組以繪畫手段
架構聖殿立體空間的壁畫
鉅作，西牆上為『最後的審
判』圖像，其他三面牆共繪
有38幅瑪利亞與耶穌生平
敘事壁畫。除了這些吸引
注目的主體作品，喬托更

圖11 喬托（Giotto di Bondone），『聖殤』與『約拿吞入鯨腹』（左側），
1304-13年，壁畫，斯克洛維尼亞小教堂（Cappella Scrovegni, Padua）
©Archivi Alinari, Firenze

在教堂虛擬建築裝飾元素中，嵌入屬於《舊約》文本及人物肖像在教堂四周各處，
而設計構思則依循預表論神學觀而來。譬如，在北牆的耶穌事蹟『迦納婚禮』圖像
一旁為『摩西擊岩出水』；在『拉撒路的復活』一旁為『創造亞當』；『聖殤』一旁的
『約拿吞入鯨腹』，『耶穌復活』圖像一旁的『以利亞的昇天』等等（圖11）。喬托表
現的這一系列《舊約》原型圖像，即便裝飾性圖案化，安頓在耶穌生平主圖像的側
邊毫不顯眼的位置上，但底層卻若啟動碼，刻劃耶穌救恩聖子的身份、他跟亞當以
及天主的關係，還有對犧牲受難升天的預告等等，則一一取自預表論神學解經的衍
繹上。如此設計處理，因而搭建一幅宏觀圖像，傳達所有恩典一切榮耀，最終回歸
神愛世人天主的創世造人，（Ladis, 2009）亦基督教核心教義所在。

　　預表論神學各類視覺圖式中，「從屬邊緣型」及至文藝復興初期仍深受歡迎，
尤其在法蘭登繪畫創作中。譬如凡艾克（Jan van Eyck, 1385-1441）今藏布魯日
格羅尼博物館（Groeninge Museum, Bruges）的『卡農聖母』（The Madonna
with Canon van der Paele）或華盛頓國家畫廊『聖告圖』作品中[17]，室內建築
元素柱頭區塊部位咸嵌有《舊約》預表圖像。

---

17 潘諾夫斯基在《早期尼德蘭繪畫》一書中，針對凡艾克華盛頓國家畫廊藏『聖告圖』一作，指認圖上各《舊約》"裝飾"圖像跟其《新約》
對範（prefiguration），亦『報佳音』互圖下產生意涵。他認為凡艾克構思概念在於「與其凸顯新舊約的對立性，這些裝飾[圖像更]強調其
間的延續性。」Panofsky（1953），138。

六、義大利文藝復興初期「融入共生型」預表論圖式

　　預表論互涉圖像並置型創作，在中世紀盛期發展進入鼎盛期，反映基督教神權支配主導地位，如『凡爾登祭壇畫』所示。中世紀末期在修會勢力崛起典範需求、及自我地位宣稱及鞏固下，出現預表論在地化的發展轉向，如前西班牙小教堂兩幅壁畫所示。從整體發展演進及變遷來看，法國巴黎十大中世紀藝術史教授Colette Deremble曾就預表論圖像，並做以下回顧及總結描述。她說：

> 早期教父思想受預表論神學支配；在圖像上呈現，既未如此地早熟，也未如此對立化。……直到12世紀是預表論藝術輝煌期。……在聖事禮器、聖骸存藏器、大型祭壇畫、可攜帶祭壇桌、十字架或聖餐杯等等之上，藝術家爭先恐後地做出創新，線性式、活潑、系列化或整合型作品，常也隨著作品物理結構來調整。……13世紀中葉起，預表論神學的低俗化，告別祭禮聖事功能與菁英色彩。藝術家開始尋求原創性（originality），避開新舊約彼此相互映照的原則。
> 預表元素不再全盤取自聖經：而從偽經、聖徒傳、諸傳奇故事這些龐大的象徵清單去揀選。（Deremble, 2000, 1473-4）

　　時序至15世紀義大利文藝復興，視覺藝術與預表論神學的互動有新一波的發展。上引文所提"藝術家開始尋求原創性"，扮演著重要角色。從幾件具指標性作品中顯示預表論本質上互涉之圖像並置的概念，可進一步成為跨文化接合及表達新思潮的理想中介載體。

　　在文藝復興初期多如繁星的卓絕作品中，跟本文關係最為密切的是一種「融入共生型」的創作樣式。最具代表性的案例，當屬雕刻家唐納太羅（Donato di Niccolò di Betto Bardi, c.1386-1466）成名後所製、等身獨立的『大衛』銅雕像。（圖12）這件自古典時期來第一件裸體的人像雕塑，主在刻劃

圖12　唐納太羅（Donato di Niccolò di Betto Bardi），『大衛』像，1440-1460，銅雕，158cm，佛羅倫斯巴傑羅美術館藏（Museo Nazionale del Bargello, Florence）©Raffaello Bencini/Alinari Archives, Firenze

年少時期的大衛砍殺大力士歌利亞的英姿。有關於大衛形象外觀塑造，誠如文藝復興藝術史家瓦沙利（Giorgio Vasari, 1511-1574）所說，「不可能不是依照真實少年所摹鑄」。當代藝術史學者則入微地觀察到，大衛挑釁的裸體、輕佻的站姿，「邀請凝視目光的佇留與觸摸欲望。」（Crompton, 2006, 263）而且唐納太羅對大衛重做詮釋，併納入古典神話信差默丘利（Mercury, 古希臘名：赫耳默斯）的意象於其中。兩位美國學者John T. Paoletti與Gary Radke近年在合著《義大利文藝復興藝術》（*Art in Renaissance Italy*）一書中，即主張『大衛』雕像具多義性（polysemy），是古典文化與基督教舊約英雄大衛融為一體[18]。他們如下綜括寫道：

> 一些現代歷史學者，挑戰作品人物是大衛的意見，他們倡議以默丘利來取代之。默丘利這位神祇，15世紀形像都戴著一頂寬沿翼帽（petasus），跟大衛頭上戴的那頂很像。……將默丘利視為作品人物的詮釋，可讓麥迪奇家族免除遭到將公眾形象據為私己的控訴。默丘利既是商業也是藝術神，這對麥迪奇家族為合宜的象徵。作品的人物，事實上無需二擇一，既是大衛也是默丘利。（Paoletti & Radke, 2005, 268）

繼『大衛』這件銅雕作品後，15世紀70年間另一件也跟麥迪奇家族有關的頂級畫作問世，那便是『春之祭』，由波提切里（Botticelli, c.1445-1510）所繪。這件直接以古典神話為題材的作品，畫家將謙卑聖母瑪利亞的造形，融入維納斯女神形象中[19]，這跟唐納太羅『大衛』銅雕所呈現「融入共生」的預表論圖式，有著異曲同工之效，也從單一視覺平台共構接合了兩個不同、甚異質的視覺文本。

在文藝復興這兩件含帶菁英品味、也屬小眾的作品中，傳遞文藝復興復甦古典文化前沿的氛圍。古典愛神維納斯與默丘利兩神祇，宛偌文化上的「它者」，在作品中跟基督教聖母、與古代大衛王，交媾成跨文化雜揉體。在視覺藝術的脈絡上，古

---

18 唐納太羅的『大衛』未列入James Elkins所提西方藝術史上「怪獸般曖昧畫作」（monstrously ambiguous paintings）清單中，非無道理。『大衛』作品人物身分確認的幾種選項中，《舊約》英雄大衛可說是穩定因子。文藝復興雕塑學者Jenö Lányi，1940年最早以「綜合兼併」（syncretic merger）一詞提出大衛/默丘利混體的建議。1980年初，義大利學者Alessandro Parronchi、以及美國文藝復興雕塑及唐納太羅專家John Pope-Hennessy兩人對此未做排拒。今唐納太羅作品人像身分議題在學術圈仍塵埃未定，如反對此一閱讀的有：F. Ames-Lewis及Sarah Blake McHam兩學者。惟近年學者通史專書中，傾向採納大衛/默丘利（David-Mercury）命名。2008年佛羅倫斯巴吉羅博物館（National Museum of Bargello）發佈唐納太羅『大衛』進行修復報告的新聞稿中亦同。上提參考書目依次序為：Elkins（1993），227-247；Parronchi（1980），101-115；Pope- Hennessy（1984），122- 127；Ames-Lewis（1989），235-251；McHam（2001），32-47,兩通史專書為Fossi（2000），91；Paoletti & Radke（2005），268、巴吉羅博物館修復新聞稿見Firenze, Museo Nazionale del Bargello, ed. Restauro del David di Donatello, 網頁http://www.polomuseale.firenze.it/restaurodonatello/（最後瀏覽日：2010/09/05）

19 波提切里『春之祭』作品中維納斯與聖母的混體，最早Ernst H. Gombrich於1945年提出，主從新柏拉圖人文主義者Marsilio Ficino（1433 - 99）觀點取徑詮釋。見Gombrich（1945），7-60。『春之祭』維納斯身份議題近年相關討論可參下兩專文：Rohlmann（1996），97-132；Michalski（2003），213-222。

典文化與基督教如此密契結合的，唐納太羅與波提切里上面作品為首創。在文學傳統中，文藝復興早期人文三傑之一的薄伽丘（Giovanni Boccaccio, 1313-1375），在1350到67年編纂完成《異邦神祇族譜》（*On the Genealogy of the Gods of the Gentiles*）一書當中，有一段記述帕修斯刺殺美杜莎時的描繪，反映此一思維的脈動，在此可轉譯如下。他是如此寫的：

> 根據詩體小說所記載，宙斯的兒子帕修斯殺死蛇髮女怪（Gorgon）之後，乘風凱旋昇天而去。從字面上看，這可說是智者戰勝邪惡，並取得美德。從寓意上看，這故事形象化一個虔誠者，對塵世的棄絕，心智超拔進入神界。再從密契上看（anagogical），它便象徵基督戰勝世界的王[亦撒旦，譯者按]，而後昇天進入神界。（Boccaccio, 1930, 18）

詩人運用基督教早期教父發展「聖經四義」詮釋方法[20]，將古典神話英雄帕修斯刺殺美杜莎跟耶穌基督戰勝撒旦這兩事件聯結，形成"創意"性的類比。（James, 2003, 124-5）唐納太羅與波提切里兩位文藝復興初期傑出的視覺藝術家，也在作品中召喚文化雜揉共生體，可視為對薄伽丘詩句在視覺圖像上一種正面的回應，不單是本文7組預表論圖式中最為獨特的案例，也如Colette Deremble所言，將預表論神學理論在內涵及形式上做出"原創性"的發揮[21]。

預表論神學圖像，在文藝復興藝術冠冕般的西斯汀小教堂壁畫中，有著最後總結的呈現。

1481到83年間，教宗西斯托四世（Pope Sixtus IV, 1471-84）廣召托斯坎尼當時優秀畫家，完成小教堂南北牆上摩西與耶穌各六件「平行對稱型」預表論典型圖像。在天庭拱頂上，米開朗基羅1508至12年鉅作則可說包含「局部混合」、「隱涉暗喻」、「置換轉向」等三種不同預表論圖式。其中，「局部混合」的圖式概念，出自於拱頂壁畫含有非預表論圖像元素（8件族人曠野遷徙圖）。「置換轉向」作品，則

20　參前註5。
21　9世紀中葉之前，在法國圖爾（Tours）聖馬丁修道院（The Abbey of Saint-Martin）著名抄經坊（scriptorium）完成《默提-格蘭瓦聖經》（*The Moutier-Grandval Bible*）抄本中亦含一「融入共生」圖式案例，出現在《出埃及記》首頁插圖上。舊約摩西與新約使徒保羅為融入共生體，主要在該彩頁中，上圖為摩西火荊棘山上領取十誡，下圖為保羅在眾人面前宣教講經場景。因上圖下圖主角外觀同一，皆為落腮鬍禿頭頂，此為保羅一貫造形，且下圖宣教者手中石版上非十誡內文，為《馬太福音》摘引《申命記》6章5節耶穌所說：「你要盡心、盡性、盡意愛主——你的神。」（馬太22：37）所以在彩繪上便產生「創意性再現」（innovative representation）、以及意向性角色的取代或僭越（supersession）。該插圖今藏倫敦大英圖書館編號（Cod. Add. 10546, fol. 25V）。參見St Clair（1987），22；Dutton & Kessler（1997），65。

見於接合古典文化與基督教的5位古典女預言家。在「隱涉暗喻」圖式上，一如前引6世紀聖維托教堂鑲崁畫所示，藉由外在空間實體物（亦祭壇），召喚出「對應」的《新約》客體。9幅拱頂上《舊約》〈創世紀〉敘事圖像、4幅舊約英雄事蹟圖、以及7位《舊約》先知，其所對應的《新約》文本，雖不在場，但「大多數場景有著多個新約對範選項」，（Jensen, 2004, 110）其隱涉暗喻對象，對於出入小教堂頂級神職人員、神學家，還有天主人間園丁而言，無藏身遁逸可能。（Wind, 2001; Gill, 2005）

七、結論

綜觀基督教預表論神學新、舊兩約接合概念，在視覺表現平台上是一種受矚目的創作實踐。在形式層面上，產出並置型創作模組；在意涵內容面上，則運用互圖的指涉進行視覺解經，具有「永恆共時的現在」、或阿奎那所説「永恆統一的時間觀」特色。本文以精簡壓縮的方式，針對預表論原型對範並置的7種圖式進行相關闡述及分析，在神學知識與視覺創作互動的議題上，可總結歸整為以下4點：

（一）「平行對稱型」與「系列整合型」兩圖式作品為預表論神學實踐標竿，為視覺圖像對神學理論可見化，最具體、跨媒體之翻轉意圖。「隱涉暗喻型」圖式，同樣以預表論神學為依歸，在表現手法上則另具創意性構思。

（二）「從屬邊緣型」及「局部混合型」兩圖式，反映預表論神學觀非為創作上支配性思考；視覺作品因地制宜，本身具能動性，可與預表論神學可做選擇性的對話。

（三）「置換轉向型」的圖式反映預表論神學接合新、舊兩約核心概念已受到挑戰；預表論並置兩端的物件，或遭淘汰、或位移、或替換，出現轉向的變化。預表論神學互圖指涉機制，以及並置結構，在此圖型中，成為提供在地化當代化的操作實踐策略。

（四）最後，文藝復興初期「融入共生型」圖式，兩方面立足於之前「置換轉向型」圖式的基礎上：其一是並置當中一端的物件，脫離了基督教範疇；其二在表現上，以創意改寫預表論二元並置架構迷思，最後成為兼併它文化的實踐平台。

參考書目

中文參考資料

- 輔仁神學著作編輯會編輯。(2005)。《基督宗教外語漢語神學詞語彙編》。台北：光啟文化。
- 羅馬教廷信理部特別委員會主編,李子忠譯。(2011)。《天主教教理簡編》。臺北：天主教臺灣地區主教團出版社。
- 布里奧著,熊雯曦譯。(2014)。《後製品.文化如劇本：藝術以何種方式重組當代世界》。北京：金城出版社。
- 羊文漪。(2010)。〈預表論神學跨新舊兩約的互圖文敘事與教義論述：以大英博物館C.9 d.2《貧窮人聖經》(*Biblia pauperum*) 首頁『聖告圖』為例〉,《藝術學報》(87,10),頁1-29。
- --------。(2011)。〈互涉圖像與並置型創作的實踐：16世紀前基督教預表論神學的7種視覺圖式〉,《藝術學報》(88,04),頁27-62。
- --------。(2012)。〈歐洲中世紀末《貧窮人聖經》圖文形制流變探討—兼論單印版與早期繪本的互動關係〉,《書畫藝術學刊》(13,12),頁23-87。
- --------。(2017)。《舊約》文本的去/再脈絡化：聖弗里安《貧窮人聖經》耶穌童年時期8則敘事圖像,《書畫藝術學刊》(22,06),頁1-63。
- --------。(2018)。〈基督神學知識的後製作：聖弗里安《貧窮人聖經》耶穌受難犧牲13則敘事圖像〉,《書畫藝術學刊》(24,06),頁1-78。
- --------。(2018)。〈視覺解經與多文本論述：聖弗里安《貧窮人聖經》耶穌領洗宣教5則敘事圖像〉,《藝術學報》,(103,12),頁61-90。
- --------。(2018)。〈預表論神學與類比學的運用：聖弗里安《貧窮人聖經》耶穌復活升天8則敘事圖像〉,《書畫藝術學刊》(25,12),頁35-80。
- Hall & 陳光興 (1998)。《文化研究：霍爾訪談錄》。台北：原尊文化。

外文參考資料

- Achtemeier, Paul J. (2008). *Jesus and the Miracle Tradition*. Eugene, Oregon: Cascade Books.
- Allen, P. (2003). Basil of Caesarea. In Johan Leemans, Wendy Mayer, Pauline Allen, & Boudewijn Dehandschutter (Eds.) *Let us die that we may live*, pp. 67-77. London: Routledge.
- Ames-Lewis, F. (1989). Donatello's David and the Palazzo Medici courtyard. *Renaissance Studies*, 3 (3), 235-251.
- Aloys, Butzkamm. (2004). *Ein Tor zum Paradies: Kunst und Theologie auf der Bronzetür des Hildesheimer Domes*. Paderborn: Bonifatius.
- Auerbach, Erich. (1984). *Scenes from the Drama of European Literature*. Ralph Manheim & Catherine Garvin. (Trans.). Manchester: Manchester University Press.
- Backhouse, Janet、Marrow James H. & Schmidt, Gerhard. (1993-1994). *Biblia pauperum: Kings MS 5*. 3 vols. London: British Library.
- Baert, Barbara. (2006). *Mary Magdalene: One Person, Many Images*. Leuven: Peerters.
- Baert, Barbara. (2012). The Gaze in the Garden: Mary Magdalene in Noli me tangere. In Michelle Erhardt & Amy Morris, (Eds.). *Mary Magdalene, Iconographic Studies from the Middle Ages to the Baroque*, pp. 187-221. Leiden: Brill.
- Barkan,Leonard. (1991). *Transuming passion: Ganymede and the erotics of humanism*. Stanford, Calif.: Stanford University Press.
- Bandy, Alan S. (2013). Vengeance, wrath and warfare as images of Divine Justice in John's Apocalypse. In Heath A. Thomas, Jeremy Evans, Paul Copan. (Eds.). *Holy war in the Bible*, pp108-132. Downers Grove, Il: InterVarsity Press.
- Beckwith J., Krautheimer, R. & Ćurčić, S. (1986). *Early Christian and Byzantine Art*. New Haven and London: Yale Univeristy Press.

Beier, Christine. (2011). Six fragments d'une biblia pauperum. François Avril, Nicole Reynaud et Dominique Cordellier (Hg.), pp. 30-37. *Les Enluminures du Louvre: Moyen Age et Renaissance*. Paris: Hazan: Louvrre ed.

Bellinati, Claudio. (2005). *Giotto: map of the Scrovegni chapel, 1300-1305*. Ponzano, Treviso: Vianello.

Berjeau, Jean Philibert. (1859). *Billia pauperum. Reproduced in facsimile from one of the copies in British museum; with an historical and bibliographical introduction*. London: J. Russell Smith.

Biddick, Kathleen. (2003). *The typological imaginary: circumcision, technology, history*. Philadelphia, Pa.: University of Pennsylvania Press.

Blaising, C.A. & Hardin C.A. (2014). *Psalms 1-50*. In Thomas C. Oden. (Ed.). *Ancient Christian Commentary on Scripture (ACCS)*. Downers Grove, Il.: InterVarsity Press.

Bloch, Peter. (1972). Typologie. In Engelbert Kirschbaum und Wolfgang Braunfels (Hrsg.), *Lexikon der christlichen Ikonographie*, Bd. 4. (S. 395-404). Rom/Freiburg/Basel/Wien: Herder.

Boccaccio, Giovanni. (1930). *Genealogia deorum gentilium* 1:3. (Charles Osgood Trans.). *Boccaccio on poetry*. New York: The Liberal Arts Press.

Bourriaud, Nicolas. (2002). *Postproduction: Culture as Screenplay: How Art Reprograms the World*. Jeanine Herman. (Trans.). New York: Lukas & Sternberg.

Buschhausen, H. (1980). *Der Verduner Altar: das Emailwerk des Nikolaus von Verdun im Stift Klosterneuburg*. Wien: Ed. Tusch.

Camesina, Albert und Heider, Gustav A. (Eds.). (1863). *Die Darstellungen der Biblia pauperum in einer Handschrift des xiv. Jahrhunderts, aufbewahrt im Stifte St. Florian im Erzherzogthume Österreich ob der Enns*. Vienna: Kaiserlich-königlichen Hof-und Staatsdr./Prandel & Ewald.

Camille, Michael. (1989). *The Gothic Idol: Ideology and Image-Making in Medieval Art*. Cambridge; New York: Cambridge University Press.

Cartlidge, David R. & Elliot J. Keith. (2001). *Art and the Christian Apocrypha*. London: Routledge.

Casiday, Augustine. (2007). *Tradition and theology in St John Cassian*. Oxford: Oxford University Press.

Caspary, Gerard E. (1979). *Politics and exegesis: Origen and the two swords*. Berkeley, Calif.: University of California Press.

Clancy, Finnbar, G. (1997). The cross in Augustine's tractatus in Johannem. In *Augustine and His Opponents, Jerome, Other Latin Fathers After Nicaea Orientalia*, (pp. 55-62). Elizabeth A. Livingstone (Ed.). Leuven: Peters.

Clarke, Michael & Clarke, D. (2010). *The Concise Dictionary of Art Terms*. Oxford: Oxford University Press.

Cohick, L.H. & Hughes, A.B. (2017). *Christian Women in the Patristic World*. Grand Rapids, MI.: Baker Academic.

Conti, Marco & Pilara, Gianluca. (2008). *1-2 Kings, 1-2 Chronicles, Ezra, Nehemiah, Esther*. In Thomas C. Oden. (Ed.), *Ancient Christian Commentary on Scripture (ACCS)*. Downers Grove, Il: InterVarsity Press.

Cornell, Henrik. (1996). *Biblia Pauperum*. Stockholm: Thule-tryck.

Crompton, Louis. (2006). *Homosexuality & civilization*. Cambridge, Mass.: The Belknap Press of Harvard University Press.

Czerny, A. (1871). *Die Handschriften der Stiftsbibliothek* St. Florian. Linz: Verlag der Franz Ignaz Ebenhöch'schen Buchhandlung.

Daniélou, Jean. (1960). *From shadows to reality: studies in biblical typology of the fathers*. London: Burns & Oates.

Davis-Weyer, Caecilia. (2003). *Early medieval art, 300-1150: sources and documents*. Toronto: University of Toronto Press.

Deichmann, Friedrich Wilhelm. (1976). *Ravenna: Hauptstadt des spätantiken Abendlandes*. 3. Bde.Wiesbaden : Steiner.

Delcorno, Pietro. (2017). *In the Mirror of the Prodigal Son: The Pastoral Uses of a Biblical Narrative (C. 1200-1550)*. Leiden: Brill.

Denny, Don. (1998). Baptism. *Encyclopedia of Comparative Iconography: Themes Depicted in Works of Art*. Helene E. Roberts, (Ed.) (pp. 103-108), Chicago, Ill. [u.a.]: Fitzroy Dearborn Publish.

Deremble, Colette. (2000). Typology. In A. Vauchez, B. Dobson, & M. Lapidge (Eds.)Vol. 2., pp. 1473-4. *Encyclopedia of the Middle Ages*. Cambridge: Clarke.

Didi-Huberman, G. (1995). *Fra Angelico: Dissemblance and Figuration*. Chicago, Il: University of Chicago Press.

Dieck, Margarete. (1997). *Die Spanische Kapelle in Florenz: das trecenteske Bildprogramm des Kapitelsaals der Donimikaner von S. Maria Novella*. Frankfurt am Main: Lang.

Docherty, Susan E. (2009). *The use of the Old Testament in Hebrews*. Tuebingen: Mohr Siebeck.

Duft, Johannes. (1971). *Die Bibel von Moutier-Grandval Bible. British Museum, MS. Add. 10546*. Bern: Schweizerischer Lithographiebesitzer.

Dutton, Paul E. & Kessler, Herbert L. (1997). *The poetry and paintings of the First Bible of Charles the Bald*. Ann Arbor: University of Michigan Press.

Dykema, Bobbi. (2012). Woman, why weepest thou? Rembrandt's 1638 *Noli me tangere* as Dutch Calvinist visual typology. In Michelle Erhardt & Amy Morris (Eds.). *Mary Magdalene, Iconographic Studies from the Middle Ages to the Baroque*. pp. 249-266. Leiden, Boston: Brill.

Eichberger, D. & Perlove, S. (Eds.) (2018). *Visual Typology in Early Modern Europe*. Turnhout: Brepols NV.

Elkins, James. (1993). On Monstrously Ambiguous Paintings. *History and Theory*, 32(3), 227-247.

Elliott, Mark W. (2007). *Isaiah 40-66*. In Thomas C. Oden. (Ed.), *Ancient Christian Commentary on Scripture (ACCS)*. Downers Grove, Il: InterVarsity Press.

Elowsky, Joel C. (Ed.). (2007). John 11-21, In Thomas C. Oden. (Ed.), *Ancient Christian Commentary on Scripture(ACCS)*. Downers Grove, Il: InterVarsity Press.

Elsner, Jas. (1998). *Imperial Rome and Christian triumph: the Art of the Roman Empire, AD 100-450*. Oxford: Oxford University Press.

Erffa, H. M., Schmitt, O. & Gall, E. (Hrg.). (1958). *Reallexikons zur Deutschen Kunstgeschichte*. Bde. 4. Stuttgart: Druckenmüller.

Erhardt, M. A. & Morris A. M.(Eds.) (2012), *Mary Madgalene: Iconographic Studies from the Middle Ages to the Baroque*. Leiden & Boston, MA.: Brill.

Esmeijer, Anna C. (1978). *Divina Quaternitas: A preliminary study in the method and application of visual exegesis*. Assen: Van Gorcum.

Evans, Craig A. (2004). *The Historical Jesus. Critical Concepts in Religious Studies*. London & New York: Routledge.

Ferguson, Everett. (2009). *Baptism in the Early Church: History, Theology, and Liturgy in the First Five Centuries*. Grand Rapids, Michigan: Wm. B. Eerdmans Publishing.

Ferguson, G. (1959). *Signs and Symbols in Christian Art*. London: Oxford University press.

Ferreiro, Alberto. (2003), *The Twelve Prophets*. In Thomas C. Oden. (Ed.), *Ancient Christian Commentary on Scripture (ACCS)*. Downers Grove, Il: InterVarsity Press.

Fitzgerald, Allan & Rapids, Grand. (1999). *Augustine through the ages: an encyclopedia*. Michigan: Eerdmans Publ. Co.

Fossi, Gloria. (2000). *Italian Art: painting, sculpture, and architecture from the origins to the present day*. Catherine Frost (Trans.). Firenze-Milano: Giunti Gruppo Editore.

Franke, John R. (2005). *Joshua, Judges, Ruth, 1-2 Samuel*. In Thomas C. Oden. (Ed.). *Ancient Christian Commentary on Scripture (ACCS)*. Downers Grove, Il: InterVarsity Press.

Freed, Erwin D. (2005) *The Apostle Paul and his Letters*. London & New York: Routledge.

Frye, Northrop. (1982). *The Great Code: The Bible and Literature*. Toronto: University of Toronto Press.

Gill, Meredith Jane. (2005). *Augustine in the Italian Renaissance: art and philosophy from Petrarch to Michelangelo*. Cambridge, Mass.: Cambridge University press.

Gombrich, Ernst H. (1945). Botticelli's Mythologies. *Journal of the Warburg and Courtauld Institutes*, 8, 7-60.

--------. (2006). *The Story of Art* (rev. sixteenth ed.). New York & London: Phaidon press. (Original work published 1950).

Goppelt, Leonhard. (1982). *Typos: The Typological Interpretation of the Old Testament in the New*. Grand Rapids, Michigan: Wm. B. Eerdmans Publishing Company.

Groessinger, Christa. (1997). *Picturing Women in Late Medieval and Renaissance art*. Manchester: Manchester University press.

Haffner, P. (1999). *The Sacramental Mystery*. Trowbridge, Wiltshire: Cromwell press.

Hamburger, J.F. (2005). *The Mind's Eye. Art and Theological Argument in the Middle West*. Princeton: Princeton University Press.

--------. (2011). Typology Refigured: Marian Devotions derived from the Speculum humanae salvationis. In: *Piecing together the Picture: Fragments of German and Netherlandish Manuscripts in the Houghton Library*. Jeffrey F. Hamburger(Ed.), pp. 73–94. Cambridge: Harvard University Press.

Hartt, F. (1950). Lignum Vitae in Medio Paradisi: The Stanza d'Eliodoro and the Sistine Ceiling. *Art Bulletin*, 32/2, 115-145 & 32/3. 181-218.

Hatch, Trevan G. (2019). *A Stranger in Jerusalem: Seeing Jesus as a Jew*. Eugene, OR: Wipf & Stock Publishers.

Haussherr, Reiner. (2009). *Bible Moralisée*. Petersberg: Imhof.

Hornik, Heidi J. & Parsons, Mikael Carl. (2003). *Illuminating Luke: the infancy narrative in Italian Renaissance*. Harrisburg, Pa. [u.a.]: Trinity Press International.

Hughes, Christopher. (2001). Visual typology: an Ottonian example. *Word and Image*, 17(3).185-198.

--------. (2006a). Art and Exegesis. In Conrad Rudolph (Ed.), *A companion to medieval art*. pp. 173-192. Malden, Mass.: Blackwell.

--------. (2006b). Typology and Its Uses in the Moralized Bible. In Jeffrey F. Hamburger & Anne-Marie Bouché (Eds.), *The mind's eye: art and theological argument in the Middle Ages*, pp. 133-151. Princeton NJ.: Princeton Univ. Press.

James, M. R. (1951). Pictor in Carmine. *Archaeologia*, xciv, 141–66.

James, Sara Nair. (2003). *Signorelli and Fra Angelico at Orvieto: liturgy, poetry, and a vision of the end time*. Aldershot, England: Ashgate Publishing Limited.

Janson, Horst Woldemar & Janson, Anthony F. (2004). *History of art: the Western tradition* (rev. 6th ed.). Upper Saddle River, NJ: Prentice Hall. (Original work published 1962).

Jensen, Robin Margaret. (2000). Pictorial typologies and visual exegesis, In *Understanding early Christian art*, pp. 64-93. London: Routledge.

Jensen, Robin Margaret. (2002). *Understanding early Christian art*. London: Routledge.

--------. (2012). *Baptismal Imagery in Early Christianity: Ritual, Visual, and Theological Dimensions*. Grand Rapids: Baker Academic.

-------- (2015). Compiling Narratives: The Visual Strategies of Early Christian Visual Art. pp. 1-25. *Journal of Early Christian Studies*. 23 (1)

Jensen, William M. (2004). Who's missing from Steinberg's 'Who's who in Michelangelo's *Creation of Adam*'? In Heidi J. Hornik & Mikeal C. Parsons (Eds.), *Interpreting Christian art: reflections on Christian art*, pp. 107-138. Macon, Georgia: Mercer University press.

Jeremias, Gisela. (1980). *Die Holztür der Basilika Santa Sabina in Rom*. Tübingen: E. Wasmuth.

Kaiser, Walter C. (1985). *The Use of the Old Testament in the New*. Chicago: Moody Press.

Keener, Craig S. (2013). Jesus and Parallel Jewish and Greco-Roman Figures. In Stanley E. Porter & Andrew Pitts. (Eds), *Christian Origins and Greco-Roman Culture*. pp. 85-112. Leiden: Brill.

Kemp, Wolfgang. (1987). Sermo Corporeus: *Die Erzählung der mittelalterlichen Glasfenster*. Muenchen: Schirmer-Mosel.

--------. (1997). *The narratives of Gothic stained glass*. Cambridge: Cambridge University Press.

--------. (2003). Narrative. In Robert S. Nelson & Richard Shiff (Eds.). *Critical terms for art history*, pp. 51-61. Chicago: University of Chicago.

Kessler, Herbert L. (2000). *Spiritual seeing: picturing God's invisibility in medieval art*. Pennsylvania, Philadelphia: University of Pennsylvania Press.

-------- L. (2004). *Seeing Medieval art*. Toronto: University of Toronto Press.

Kinman, B. (1995). *Jesus' Entry Into Jerusalem: In the Context of Lukan Theology and the Politics of His Days*. Leiden, New York & Koeln: Brill.

Kirschbaum, Engelbert & Braunfels, Wolfgang. (1968-1976). *Lexikon der christlichen Ikonographie*. 8 Bde. Rom/Freiburg/Freiburg/Basel, Wien: Herder.

Klauck, Hans-Josef. (2003). *The Apocryphal Gospels*. London: Bloomsbury T&T Clark.

Kleiner, Fred S. (2009). *Gardner's Art Through the Ages: The Western Perspective*. Belmont, CA: Wadsworth.

--------. (2016). *Gardner's Art through the Ages: A Global History*. Bosten: Cengage Learning.

Klerck, Bram de. (2002). Aquinas' iconography in Late Medieval Italian painting: the Spanish Chapel in Santa Maria Novella, Florence. In Paul van Geest, Harm Goris, & Carlo Leget (Eds.) *Aquinas as authority*. pp. 307-316. Leuven: Peeters.

Labriola, Albert C & Smeltz, John W. (1990). *The Bible of the Poor (Biblia Pauperum); a facsimile and edition of the British Library Blockbook C.9 d.2*. Pittsburgh, Pennsylvania: Duquesne University Press.

Ladis, Andrew. (2009). *Giotto's O: narrative, figuration, and pictorial ingenuity in the Arena Chapel*. University Park, Pa.: Pennsylvania State University Press, 2009.

Laske, K. & Holl, O. (1972). Taufe Jesu. In Engelbert Kirschbaum und Wolfgang Braunfels (Hrsg.), *Lexikon der christlichen Ikonographie*, Bd. 4 (S. 247-255). Rom/Freiburg/Basel/Wien: Herder.

Leemans, J. (2003). Gregory of Nyssa. In Johan Leemans, Wendy Mayer, Pauline Allen, & Boudewijn Dehandschutter (Eds.) *Let us die that we may live*, pp. 82-106. London: Routledge.

Lienhard, Joseph T. & Rombs, Ronnie J. (2001). Exodus, Leviticus, Numbers, Deuteronomy. In Thomas C. Oden. (Ed.), *Ancient Christian Commentary on Scripture (ACCS)*. Downers Grove, Il: InterVarsity Press.

Lipton, Sara. (2014). *Dark Mirror: The Medieval Origins of Anti-Jewish Iconography*. New York: Metropolitan.

Louth, Andrw. (2001). Genesis 1-11. In Thomas C. Oden. (Ed.), *Ancient Christian Commentary on Scripture (ACCS)*. Downers Grove, Il: InterVarsity Press.

Lowden, John. (2000). *The making of the Bibles moralisées*. 2 Vols. University Park, Pa.: Pennsylvania State University Press.

de Lubac, H. (2000). *Medieval exegesis II: The four senses of Scripture* (E. M. Macierowski, Trans.). Grand Rapids, Michigan: Wm. B. Eerdmans Publishing Co. (Original work published 1959).

Lupton, Julia Reinhard. (1996). *Afterlives of the saints: hagiography, typology, and Renaissance literature*. Stanford, Calif.: Stanford University Press.

Lyotard, J.-F. (2011). *Discourse, Figure*. Antony Hudek & Mary Lydon, (Trans.), Minneapolis: University of Minnesota Press.

Magdalino, Paul & Nelson, Robert. (2010). *The Old Testament in Byzantium*. Washington, D.C.: Dumbarton Oaks Research Library and Collection.

Maier, Paul. L. (1998). Herod and the Infants of Bethlehem. In Ray Summers & Jerry Vardaman (eds.) *Chronos, Kairos, Christos II: Chronological, Nativity, and Religious Studies in Memory of Ray Summers*. pp 169-191. Mercer University Press.

Mâle, Émile. (2013). *Religious Art in France of the Thirteenth Century*. Tr. Dora Nussey. Mineola, New York: Dover Publications.

Matter, E. A. (1997). The Church Fathers and the Glossa ordinaria. In Iréna Backus (Ed.) *The Reception of the Church Fathers in the West: From the Carolingians to the Maurists*. pp. 83-112. Leiden: Brill.

Mauck, Marchitak. (2006). Visual arts. In Geoffrey Wainwright, Karen Beth, &Westerfield Tucker (Eds.), *The Oxford history of Christian worship*, pp. 817-840. Oxford: Oxford University Press.

McHam, Sarah Blake. (2001). Donatello's Bronze "David" and "Judith" as Metaphors of Medici Rule in Florence. *The Art Bulletin*, 83 (1), 32-47.

McKinion, Steven A. (2004). Isaiah 1-39. In Thomas C. Oden. (Ed.), *Ancient Christian Commentary on Scripture (ACCS)*. Downers Grove, Il: InterVarsity Press.

Melion, Walter S. (2014). *Imago Exegetica: Visual Images as Exegetical Instruments, 1400-1700*; Emory University, Lovis Corinth Colloquium IV. Leiden: Brill.

Meshcheryakov, Boris G. (2007). Terminology in L.S. Vygotsky's Writings. In Harry Daniel, Michael Cole & James Wertsch, (Eds.), *The Cambridge Companion to Vygotsky*, pp.155-177. Cambridge: Cambridge University Press.

Michalski, Sergiusz. (2003). Venus as Semiramis: A New Interpretation of the Central Figure of Botticelli's "Primavera". *Artibus et Historiae*, 24 (48), 213-222.

Milburn, Robert. (1988), *Early Christian art and architecture*. Berkeley, LA: University of California Press.

Moffitt, John F. (1997). Balaam or Isaiah in the Catacomb of Priscilla? *Konsthistorisk tidskrift*, 66 (2-3), 77-88.

Mohnhaupt, Bernd. (2000). *Beziehungsgeflechte: Typologische Kunst des Mittelalters*. Frankfurt am Main: Peter Lang.

Morey, Charles Rufus. (1942). *Mediaeval art*. New York: W. W. Norton & Co.

Most, Glenn W. (2005). *Doubting Thomas*. Cambridge, Massachusetts: Cambridge University Press.

Murra, Alexander C. (2016). *Companion to Gregory of Tours*. Leiden; Boston: Brill.

Naselli, A. D. (2012). *From Typology to Doxology: Paul's Use of Isaiah and Job in Romans 11:34-35*. Eugene, Or.; Pickwick Publications

Nees, L. (2002). *Early Medieval Art*. Oxford: Oxford University Press.

Norris, R. A. (2003). *The Song of Songs: Interpreted by Early Christian and Medieval Commentators*. Grand Rapids, Michigan: Wm. B. Eardmans Publishing Co.

Offner, Richard & Steinweg, Klara. (1979). *A critical and historical Corpus of Florentine painting*, sec. 4, vol.4. New York: College of Fine Arts, New York University.

O'Keefe, John, J. & Reno, Rusty R. (2005). *Sanctified vision: an introduction to early Christianinterpretation of the Bible*. Baltimore: Johns Hopkins University Press.

Osborne, G. R. (1988). Type, Typology. In Geoffrey W. Bromiley (Ed.), *International Standard Bible Encyclopedia*, Vol. 4. Q-Z, pp. 930-932. Grand Rapids, Mich.: Eerdmans.

Parronchi, Alessandro. (1980). *Donatello e il potere*. Firenze: Portolano.

Panofsky, Erwin. (1939). *Studies in Iconology: Humanistic Themes in the Art of the Renaissance*. New York: Oxford University Press.

--------. (1953). *Early Netherlandish painting: its origins and character*, 2 Vols. Cambridge, Mass.: Harvard University Press.

--------. (1979). *Abbot Suger on the Abbey church of St.-Denis and its art treasures*. Princeton: Princeton University Press. (Original work published 1946).

Paoletti, John T. & Radke, Gary M. (2005). *Art in Renaissance Italy*. Upper Saddle River, N.J.: Pearson Prentice Hall.

Park, Sejin. (2008). *Pentecost and Sinai*. New York: T&T Clark International.

Perlove, Shelley & Silver, Larry. (2009). *Rembrandt's Faith: Church and Temple in the Dutch Golden Age*. University Park. PS: Pennsylvania State University Press.

Poeschke, Joachim. (1983). Der 'Franziskusmeister' und die Anfänge der Ausmalung von S. Francesco in Assisi. *Mitteilungen des Kunsthistorischen Institutes in Florenz*, 27 (2), 125-170.

Polzer, Joseph. (1995). Andrea di Bonaiuto's Via Veritatis and Dominican Thought in Late Medieval Italy. *Art Bulletin*, 77 (2), 262-89 .

Pope-Hennessy, John. (1984). Donatello's Bronze David. In Carlo Pirovano (Ed.), *Scritti di storia dell'arte in onore di Federico Zeri*, pp. 122-127. Milano: Electa.

Rasmussen, Tarald. (1996). Bridging the Middle Ages and the Renaissance: Biblia Pauperum, their Genre and Hermeneutical Significance. In Magne Sæbø. (Ed.). *Hebrew Bible, Old Testament Vol. 2. From the Renaissance to the Enlightenment*, pp. 76-93. Göttingen: Vandenhoeck & Ruprecht.

Rehm, Sabine. (1999). *Spiegel der Heilsgeschichte: typologische Bildzyklen in der Glasmalerei des 14. bis. 16. Jahrhunderts im deutschsprachigen Raum*. Frankfurt am Main; New York: P. Lang.

Reudenbach, B. (2015). Salvation History, Typology, and the End of Time in the Biblia pauperum. In Renana Bartal & Hanna Vorholt (Eds.). *Between Jerusalem and Europe*, pp.217-232. Leiden: Brill.

Ricoeur, Paul. (1995). *Figuring the sacred: religion, narrative, and imagination*. David Pellauer (Trs.). Minneapolis: Fortress Press.

Richardson, Peter. (1996). *Herod: King of the Jews*. Columbia SC.: University of South Carolina press.

Rigg, A. G. (1992). *A History of Anglo-Latin literature, 1066-1422*. Cambridge, Mass.: Cambridge University Press.

Robbins, Vernon K., Melion, Walter S. & Jeal, Roy R. (2017). *The Art of Visual Exegesis: Rhetoric, Texts, Images*. Williston: Society of Biblical Literature.

Rohlmann, Michael. (1996). Botticellis "Primavera". Zu Anlaß, Adressat und Funktion von mythologischen Gemälden im Florentiner Quattrocento. *Artibus et Historiae*, 17 (33), 97-132.

Rosenwein, B. H. (2018). *Reading the Middle Ages: Sources from Europe, Byzantium, and the Islamic World*. Toronto: University of Toronto Press.

Rudy, Kathryn M. (2016). *Piety in Pieces: How Medieval Readers Customized their Manuscripts*. Cambridge: Open Book Publishers.

Sawyer, John F. A. (1996). *The fifth gospel: Isaiah in the history of Christianity*. Cambridge, Mass.: Cambridge University Press.

Schildgen, B. D. (2015). *Heritage or Heresy: Preservation and Destruction of Religious Art and Architecture in Europe*. New York: Palgrave Macmillan

Schmidt, A. A. (1970). Himmelfahrt. In Engelbert Kirschbaum und Wolfgang Braunfels (Hrsg.). *Lexikon der christlichen Ikonographie*, Bd. 2. (S. 268-276). Rom/Freiburg/Basel/Wien: Herder.

Schmidt, Gerhard. (1959). *Armenbibeln des vierzehnten Jahrhunderts*. Graz: Boehlau.

--------. (1962). Die Malerschule von St. Florian. Beiträge zur süddeutschen Malerei zu Ende des 13. und im 14. Jahrhundert (*Forschungen zur Geschichte Oberösterreichs 7*). Graz-Köln.

Schrenk Sabine. (1995). *Typos und Antitypos in der fruehchristlichen Kunst*. Münster: Aschendorff.

Schweicher, C. (1970). Grablegung Christi. In Engelbert Kirschbaum und Wolfgang Braunfels (Hrsg.), *Lexikon der christlichen Ikonographie*, Bd. 2. (S. 192-196). Rom/Freiburg/Basel/Wien: Herder.

Sears, Elizabeth. (1996). Typological Cycles. In Jane Turner (Ed.), *The Dictionary of Art*, Vol. 31, pp. 498-501. New York: Macmillan.

Sheridan, Mark. (2002). Genesis 12-50. In Thomas C. Oden. (Ed.), *Ancient Christian Commentary on Scripture (ACCS)*. Downers Grove, II: InterVarsity Press.

Shoemaker, Stephen J. (2002). *Ancient Traditions of the Virgin Mary's Dormition and Assumption*. Oxford: Oxford University Press.

Simonetti, Manlio. (2001). Matthew 1-13. In Thomas C. Oden. (Ed.), *Ancient Christian Commentary on Scripture (ACCS)*. Downers Grove, II: InterVarsity Press.

Smith, D. Moody, Jr. (1972). The Use of the Old Testament in the New. In: J.M. Efird, ed., *The Use of the Old. Testament in the New and Other Essays*, pp 3-65. Durham, N.C.: Duke University Press.

Sonne de & Torrens, Harriet M. & Torrens, Miguel A. (2013). *Visual Culture of Baptism in the Middle Ages*. Farnham: Ashgate

St. Gregory the Great, (2001). *Reading the Gospels with Gregory the Great: Homilies on the Gospels, 21-26*. Santha Bhattacharji, (Trans.). Petersham, Mass.: St. Bede Publications.

St Clair, Archer. (1987). A new Moses: Typological iconography in the Moutier-Grandval Bible Illustrations of Exodus. *Gesta*, 26 (1), 19-28.

Stead, Michael R. (2009). *The Intertextuality of Zechariah 1-8*. London: T and T Clark.

Stevenson, Kenneth & Glerup, Michael. (2008). Ezekiel, Daniel. In Thomas C. Oden. (Ed.), *Ancient Christian Commentary on Scripture (ACCS)*. Downers Grove, II. Illinois: InterVarsity Press.

Stork, Hans-Walter. (1992). Die Wiener französische Bible moralisée: Codex 2554 der Österreichischen Nationalbibliothek. 2 Bde. St. Ingbert: Röhrig.

Suntrup, Rudolf. (2000). Typologische Heilsgeschichts-Konzepte in mittelalterlicher geistlicher Literatur. In Volker Honemann und Tomas Tomasek. (Hrsg.). *Germanistische mediaevistik*, pp. 227-308. Münster: LIT.

Thomas, Hans Michael. (1989). *Franziskanische Geschichtsvision und europäische Bildentfaltung*. Wiesbaden: Ludwig Reichert.

Thunø, Erik. (2002). *Image and relic: Mediating the sacred in early medieval Rome*. Roma: L'erma di Bretschneider.

Tkacz, Catherine Brown. (2002). *The key of the Brescia Casket: typology and the early Christian imagination*. Notre Dame, Ind.: University of Notre Dame Press.

Twelftree, Graham H. (1999). *Jesus the Miracle Worker: A Historical and Theological Study*. Downers Grove, Illinois: InterVarsity Press.

Unterkircher, Franz & Schmidt, Gerhard. (Eds.). (1962). *Die Wiener Biblia pauperum: Codex Vindobonensis 1198*. Wien, Graz [u.a.]: Styria.

Watson, Carolyn Joslin. (1981). The program of the Brescia Casket. *Gesta*, 20 (2), 283-98.

Weckwerth, Alfred. (1972). Der Name "Biblia pauperum". *Zeitschrift für Kirchengeschichte*, (83), 1-33.

Wenthe, Dean O. (2009). *Jeremiah, Lamentations*. In Thomas C. Oden. (Ed.), *Ancient Christian Commentary on Scripture (ACCS)*. Downers Grove, II.: InterVarsity Press.

Wertsch, James V. (1985). *Vygotsky and the Social Formation of Mind*, Cambridge, Mass.: Harvard University Press.

Wesselschmidt, Quentin F. (2007), Psalms 51-150. In Thomas C. Oden. (Ed.). *Ancient Christian Commentary on Scripture (ACCS)*. Downers Grove, II: InterVarsity Press.

Wimmer, Hanna, Ratzke, Malena u. Reudenbach, Bruno. (2016). *Studien zur Biblia pauperum*. Bern: Peter Lang.

Wind, Edgar. (1951). Typology in the Sistine Ceiling: A Critical Statement. *Art Bulletin*, 33, 41-47.

--------. (2001). *The Religious symbolism of Michelangelo: Studies on the Sistine Ceiling*. Elizabeth Sears (Ed.). Oxford: Oxford University Press.

Wirth, Karl-August (Hrsg.). (2006). *Pictor in carmine. Ein Handbuch der Typologie aus der Zeit um 1200. Nach Ms 300 des Corpus Christi College in Cambridge*. Berlin: Gebr. Mann.

Wormald, Francis. (1975). Bible Illustration in Medieval Manuscripts. In Peter R. Ackroyd & G.W.H. Lampe (Eds.). *The Cambridge History of the Bible, The West from the Fathers to the Reformation*. pp. 309-337. Cambridge: Cambridge University Press.

- Wright, J. R. & Oden, T. C. (2005). *Proverbs, Ecclesiastes, Song of Solomon.* In Thomas C. Oden. (Ed.). *Ancient Christian Commentary on Scripture (ACCS).* Downers Grove, Il.: InterVarsity Press.

- Young, Frances M. (2007). *Biblical exegesis and the formation of Christian culture.* Cambridge: Cambridge University Press.

- Zacharias, H. Daniel. (2017). *Matthew's presentation of the son of David: Davidic tradition and typology in the gospel of Matthew.* London, Oxford, New York: Bloomsbury T&T Clark.

- Zimmermanns, K. (1972). Verlorener Sohn. In Engelbert Kirschbaum und Wolfgang Braunfels (Hrsg.). *Lexikon der christlichen Ikonographie,* Bd. 4. (S. 172-174). Rom/Freiburg/Basel/Wien: Herder.

網路資源

- 香港聖經公會編輯委員會。《和合本修訂版》。網頁http://rcuv.hkbs.org.hk/RCUV_2/GEN/9/

- 香港思高聖經學會編輯。《思高聖經譯釋本》。網頁：http://www.sbofmhk.org/menu2.php

- 聖經思高本。網頁：http://www.ccreadbible.org/Chinese%20Bible/sigao/

- 聖經和合本。網頁：http://rcuv.hkbs.org.hk/RCUV_1/HOS/13/

- 聖經武加大拉丁本。網頁：http://www.latinvulgate.com/

- 輔仁神學著作編輯會。神學辭典。網頁：http://www.apostles.tw/dict/m/dict32m/T578.htm

- 武加大拉丁文聖經。網頁：http://www.latinvulgate.com/

- Aquinas, Thomas. *Summa Theologiae.* q. 10 a. 2. http://www.corpusthomisticum.org/sth1003.html http://www.newadvent.org/summa/1010.htm#article2

- Augustinus. *Questionum in Heptateuchum Libri Septem.* Liber 2, 73. http://www.augustinus.it/latino/questioni_ettateuco/index2.htm

- *Biblia pauper, Cod. III 207.* St. Florian Stiftsbibliothek, Retrieved from http://realonline.imareal.sbg.ac.at/suche/?searchtext=biblia%20pauperum&searchfi eld=suche_alles

- *Biblia pauperum, Cod. Pal. Germ. 148.* Universitaetsbibliothek, Heidelberg. http://digi.ub.uni-heidelberg.de/diglit/cpg148/0159

- *Biblia pauperum, King Mss. 5.* British Library. http://www.bl.uk/manuscripts/FullDisplay.aspx?ref=Kings_MS_5

- *Biblia pauper, Codex Vindobonensis 1198.* Österreichische Nationalbibliothek in Wien. http://digital.onb.ac.at/RepViewer/viewer.faces?doc=DTL_6621817&order=1&view=SINGLE

- Camesina, Albert und Heider, Gustav A.(Eds.).(1863). Die Darstellungen der Biblia pauperum in einer Handschrift des xiv. Jahrhunderts, aufbewahrt im Stifte St. Florian im Erzherzogthume Österreich ob der Enns. Vienna: Kaiserlich-königlichen Hof-und Staatsdr./Prandel & Ewald. https://reader.digitale-sammlungen.de/de/fs1/object/display/bsb10800537_00005.html

- *The Catholic Encyclopedia.* http://www.newadvent.org/cathen/

- *Latin Dictionary.* https://www.online-latin-dictionary.com/

- Landow, George P. (2004)."Victorian Types, Victorian Shadows; Biblical Typology in Victorian Literature, Art, and Thought." Victorian Web. < http://www.victorianweb.org/religion/type/contents.html>.

- Marcos, Juan-José. Fonts for Latin Paleography. 3rd ed., February 2011. "User's Manual." http://guindo.pntic.mec.es/jmag0042/LATIN_PALEOGRAPHY.pdf

- *Reallexikons zur Deutschen Kunstgeschichte,* Zentralinstitute fuer Kunstgeschichte, http://www.rdklabor.de/wiki/Hauptseite

- Maas, A. (1912). The Name of Mary. In *The Catholic Encyclopedia.* New York: Robert Appleton Company. Retrieved January 14, 2020 from New Advent. http://www.newadvent.org/cathen/15464a.htm

- Museo Nazionale del Bargello, ed. Restauro del David di Donatello. Firenze. http://www.polomuseale.firenze.it/restaurodonatello/

國家圖書館出版品預行編目資料

基督救恩史與視覺預表論：《貧窮人聖經》古帙探幽 / 羊文漪著. -- 初版. -- 臺北市：藝術家, 2020.06

240面；26×21公分

ISBN 978-986-282-251-7(平裝)

1.宗教藝術 2.基督教 3.基督救恩史 4.貧窮人聖經 5.耶穌生平系列圖像 6.預表論圖像 7.中古世紀手抄繪本

244.6   109007561

基督救恩史與視覺預表論
《貧窮人聖經》古帙探幽

羊文漪——著

發 行 人　何政廣

編　　輯　洪婉馨

編輯助理　黃慕怡、史辰蘭

美　　編　黃媛婷

出 版 者　藝術家出版社

　　　　　台北市金山南路（藝術家路）二段165號6樓

　　　　　TEL：(02) 2388-6715～6

　　　　　FAX：(02) 2396-5707

郵政劃撥　50035145 藝術家出版社帳戶

總 經 銷　時報文化出版企業股份有限公司

　　　　　桃園縣龜山鄉萬壽路二段351號

　　　　　TEL：(02) 2306-6842

製版印刷　鴻展彩色印刷股份有限公司

初　　版　2020年6月

定　　價　新臺幣380元

I S B N　978-986-282-251-7（平裝）